Ralf Hilgenstock/Renate Jirmann

Mitarbeiterführung in der öffentlichen Verwaltung

D1695439

Ralf Hilgenstock/Renate Jirmann

Mitarbeiterführung in der öffentlichen Verwaltung

Konzepte, Beispiele, Checklisten

GABLER

Die Deutsche Bibliothek – CIP-Einheitsaufnahme
Ein Titeldatensatz für diese Publikation ist bei
Der Deutschen Bibliothek erhältlich.

1. Auflage Juli 2001

Alle Rechte vorbehalten
© Betriebswirtschaftlicher Verlag Dr. Th. Gabler GmbH, Wiesbaden 2001

Lektorat: Ulrike M. Vetter

Der Gabler Verlag ist ein Unternehmen der Fachverlagsgruppe BertelsmannSpringer.

www.gabler.de

Das Werk einschließlich aller seiner Teile ist urheberrechtlich geschützt. Jede Verwertung außerhalb der engen Grenzen des Urheberrechtsgesetzes ist ohne Zustimmung des Verlags unzulässig und strafbar. Das gilt insbesondere für Vervielfältigungen, Übersetzungen, Mikroverfilmungen und die Einspeicherung und Verarbeitung in elektronischen Systemen.

Die Wiedergabe von Gebrauchsnamen, Handelsnamen, Warenbezeichnungen usw. in diesem Werk berechtigt auch ohne besondere Kennzeichnung nicht zu der Annahme, dass solche Namen im Sinne der Warenzeichen- und Markenschutz-Gesetzgebung als frei zu betrachten wären und daher von jedermann benutzt werden dürften.

Gedruckt auf säurefreiem und chlorfrei gebleichtem Papier.

Umschlaggestaltung: Nina Faber de.sign, Wiesbaden
Druck und buchbinderische Verarbeitung: Hubert & Co., Göttingen

Printed in Germany

ISBN 3-409-11512-9

Vorwort

Die letzten fünf Jahre waren für viele Verwaltungen wahrscheinlich die turbulentesten seit Gründung der Bundesrepublik Deutschland. Nun richten wir den Blick auf das neue Jahrtausend. Was wird besonders wichtig, was steht im Vordergrund?

In die Reform zur „bürgerorientierten Verwaltung" wurde viel Energie gesteckt – doch die Menschen konnten dabei mit den an sie gestellten Anforderungen nicht immer Schritt halten. Wir beobachten viel Aufmerksamkeit für die Veränderung von Strukturen, Verfahren und Arbeitsaufgaben in der Verwaltung.

Es mangelt jedoch an Bewusstheit und Selbstreflexion, wenn es um die Gestaltung der Beziehungen zu den Menschen am Arbeitsplatz geht. Manche Führungskräfte haben Visionen von Führungshandeln und klammern sich doch meist an das, was sie von früher kennen. Genauso wie Menschen, die Eltern werden und hohe Ideale von „richtiger" Erziehung haben, im Alltag feststellen, dass das Handeln oft nicht mit den eigenen Vorstellungen übereinstimmt.

Unser Denken und Fühlen hat seine Wurzeln in den Normen, Werten, Glaubenssystemen und Sinnsetzungen, die wir im Laufe unseres Lebens vom ersten Tag an gelernt haben. Wir vergessen und verlernen sie nicht einfach, wenn sie nicht mehr „zeitgemäß" sind. Zu unseren kulturellen Normen gehört es, Produktivität und Ergebnisse in den Mittelpunkt zu stellen. Fortschritt wird an Rentabilität und materiellem Wohlstand gemessen. Arbeitszufriedenheit und Leistungsqualität beeinflussen sich gegenseitig. Doch was macht Arbeit befriedigend? Kann man diese Faktoren aus einem ausgeglichenen Haushalt lesen?

Den meisten Führungskräften ist die Notwendigkeit bewusst, neue Wege in der Zusammenarbeit zu finden. Wir zeigen Ihnen, wie Sie es angehen können. Erst durch Lernen mit allen Sinnen, Denken, Fühlen, Tun erschließen wir uns den Zugang zu unseren Denk- und Glaubensmustern, den „mentalen Modellen", die unsere Sichtweisen erweitern. Sie verschaffen uns einen Zugang zu neuen Qualitäten in der Arbeit. Führungsweisen müssen entwickelt werden, die die Beziehungen zwischen Menschen beim Erbringen von Leistungen in den Mittelpunkt stellen. Wer Arbeit als sinnhaft und befriedigend erlebt, erbringt auch engagiert Leistung.

Es reicht nicht, einzelne Bäume (Mitarbeiter oder Strukturmerkmale) in den Blick zu nehmen und zu reparieren, das „Ökosystem" Wald muss betrachtet werden, wenn ein Baum krank wird. Dieses Buch soll Sie ermutigen, Ihre bisherigen Annahmen über Führung zu erkunden und neue Wege im alltäglichen Umgang mit Ihren Mitarbeiter zu erproben.

Wir stellen Sie persönlich in den Mittelpunkt der Führungsarbeit. Sie sind die wichtigste Person, mit der Sie sich auseinandersetzen müssen. Erst, wenn Sie Klarheit über Ihre Motive, Vorurteile und Annahmen gewonnen haben, blicken Sie klarer auf die Beziehung zu Ihren Mitarbeitern.

Wir stellen Ihnen in diesem Buch eine Menge Fragen, Fragen, die Ihnen beim Reflektieren und Entwickeln angepasster Lösungen helfen. Fangen wir gleich damit an:

— Wer merkt in Ihrer Abteilung, dass Sie führen?
— Woran merkt wer, dass Sie führen?
— Könnte es sein, dass Sie führen und keiner merkt es?
— Angenommen, eine böse Hexe zaubert Ihre Führung weg, was wäre dann anders?
— Angenommen, es käme über Nacht eine gute Fee, und Sie würden morgen so führen, wie Sie es sich immer gewünscht haben, wie sähen die nächsten Tage aus?
— Was ist das Gute an der Führungssituation, so wie sie ist, welche Vorteile haben Sie davon?
— Angenommen, wir, die Autoren, würden nächste Woche bei Ihnen Mäuschen spielen, was würde uns am ehesten auffallen?
— Wem wäre eine Veränderung Ihres Führungsverhaltens am wichtigsten? Wem am unwichtigsten?
— Wenn wir Ihren Chef fragen würden, wie würde er Sie als Führungskraft beschreiben?
— Wie würden Ihre Mitarbeiter Ihren Führungsstil beschreiben?

Auf diese Fragen gibt es keine „richtigen" Antworten. Unsere Erfahrung in Führungstrainings und Beratungen macht deutlich: Die wichtigsten Erkenntnisse sind nicht vorgedacht, sondern entstehen im Prozess der Auseinandersetzung durch Anregungen von außen.

Wir danken unseren Seminarteilnehmern und den Führungskräften, die wir durch unsere Beratung unterstützen durften. Jede Veranstaltung war nicht nur ein Lernprozess für die Teilnehmenden, sondern auch für uns.

Bonn, Juni 2001   Renate Jirmann
                                                         Ralf Hilgenstock

Inhalt

Liebe Leserinnen und Leser, liebe Leser/innen, liebe LeserInnen oder liebe Lesende

Die deutsche Sprache bietet verschiedene Möglichkeiten deutlich zu machen, dass in einem Text Frauen und Männer angesprochen sind. Am häufigsten wird der Trennungsschrägstrich verwendet, wie bei „Mitarbeiter/innen". In vielen Situationen werden die weiblichen und männlichen Bezeichnungen ausgeschrieben: „Mitarbeiterinnen und Mitarbeiter". Immer häufiger wird auch das so genannte große „I" mitten im Wort genutzt („MitarbeiterInnen"). Diese Form halten wir für eine gut geeignete Alternative. Auf absehbare Zeit wird diese Schreibweise jedoch nicht Einzug in den Duden finden. Geschlechtsneutrale Formulierungen, wie z. B. „Beschäftigte" lassen sich nicht immer nutzen.

Die Autorin und der Autor haben dieses Buch, da es auch ihrer sonstigen Praxis entspricht, zunächst konsequent unter Verwendung beider Sprachformen erstellt. Beim Redigieren wurde jedoch deutlich, dass dies besonders bei Aufzählungen und bei der Verwendung des Genitivs den Lesefluss erheblich behindert.

Wir haben uns dann schweren Herzens dazu durchgerungen, die klassische deutsche Schreibweise zu nutzen. Gemeint sind damit immer sowohl Frauen als auch Männer.

Die moderne Verwaltung fordert die Führungskräfte heraus

Nichts bleibt, wie es war – oder? Bürokratien und Verwaltungen gelten als eine der wenigen Konstanten in der modernen Gesellschaft. Diese Außensicht vieler Kritiker der öffentlichen Verwaltung ist genauso richtig wie überholt. Die öffentlichen Verwaltungen werden von vielen Bürgern weiterhin als Fossilien wahrgenommen, die sich mehr an Paragraphen als an den Bedürfnissen der Bürger orientieren. Dennoch, hinter den Pforten der Rathäuser ist seit Ende der 80er Jahre ein massiver Wandlungs- und Veränderungsprozess in Gang gekommen.

Unter den Begriffen „Neues Steuerungsmodell" (NSM) und „New Public Management" (NPM) ist der bislang umfassendste und tiefgreifendste Reformprozess der Verwaltung eingeleitet worden. Seine Grundprinzipien sind die Orientierung der Verwaltungsarbeit an den Leistungen für Bürger und die interne Erhöhung der Kosten- und Nutzentransparenz. Diese Leitorientierungen (Paradigmen) treten an die Seite des bislang allein bestimmenden Grundprinzips der ordnungsgemäßen Rechtsanwendung.

Langgediente Verwaltungsbeamte erleben bereits die dritte Reformwelle in der Verwaltung. Im Unterschied zu den Verwaltungsreformen der 50er, 60er und 70er Jahre ist die Verwaltungsreform der 90er Jahre überwiegend dezentral und beteiligungsorientiert angelegt. Neben einem immer stärker werdenden finanziellen Handlungsdruck sind dies auch die entscheidenden Faktoren für den Veränderungserfolg. Wirklich entscheidende Veränderungen passieren nur selten ohne äußeren Handlungsdruck. Wenn Veränderungen nicht in den Gängen und Amtsstuben versanden sollen, müssen sie alle Hierarchieebenen einbeziehen und dezentral differenzierte Lösungen zulassen.

Kommunalverwaltungen, Landesbehörden, Ministerien und zum überwiegenden Teil auch die Bundesbehörden haben erkannt, dass Wandel notwendig ist, um künftig handlungsfähig zu bleiben. Neue, zusätzlich hinzukommende und veränderte Aufgabenstellungen werden auch in Zukunft den Alltag bestimmen. Während früher weiteres Personal zur Bewältigung gerufen wurde, ist dieser Weg bereits heute und auch in absehbarer Zukunft versperrt. Weder zusätzliche Beamte und Angestellte, noch eine Ausweitung der Sachmittel können zur Lösung der veränderten Aufgaben herangezogen werden. Neue, intelligente Lösungen zur Gestaltung der Arbeitsprozesse sind erforderlich.

Die öffentliche Haushaltssituation ist heute bereits kritisch. Zusätzlich stellen die Pensionslasten, für die es keine Rücklagen gibt, ein Pulverfass dar. Diese Situation verbietet eine Ausweitung der Haushalte durch neue Verschuldungen. Die von allen Parteien geforderte und mittlerweile auch in die Praxis umgesetzte reale Steuerentlastung von Bürger und Unternehmen führt zu einer weiteren Verringerung öffentlicher Einnahmen und einem zusätzlich sich verschärfenden finanziellen Druck. Die Reformprozesse haben in den letzten zehn Jahren die Grundlage dafür geschaffen mit diesen Herausforderungen konstruktiv umzugehen und nicht in Handlungsunfähigkeit zu erstarren. Jedoch zeigen die Reformverwaltungen, dass es nicht ausreicht, neue Steuerungsinstrumente durch Verwaltungsprodukte, Kosten- und Leistungsrechnung und Budgetierung zu schaffen.

Verwaltungen, die mit der Bildung von Produkten und dem Einstieg in die Kosten- und Leistungsrechnung ihre Hausaufgaben als erledigt ansahen, treten heute auf der Stelle. Die erfolgreichsten Kommunen haben neben den Instrumenten zur Beschreibung und Steuerung von Verwaltungsleistungen auch eine neue Steuerungskultur und ein verändertes Leistungsverhalten angestoßen. Nur die kontinuierliche Beeinflussung der verwaltungskulturellen und verhaltensbezogenen Dimensionen stellt dauerhafte Veränderungen sicher.

Die moderne Verwaltung lässt sich demnach nicht durch Dienstanweisungen herstellen. Sie muss von jedem Mitarbeiter jeden Tag praktiziert werden. Weder der Oberbürgermeister, noch der Bürobote oder die Schreibkraft sind davon ausgenommen.

Die Verantwortung für die neue Verwaltungspraxis kann auch nicht von einzelnen Führungskräften oder einzelnen Hierarchieebenen in der Verwaltung alleine übernommen werden. Auch wenn der aktive und sichtbare Einsatz von Ober-Bürgermeister, Landrat und Dezernent von beispielgebender Bedeutung ist, Glaubwürdigkeit der verbalen Aussagen demonstriert und Nachhaltigkeit gewährleisten kann, sind sie noch nicht ausreichend.

Von entscheidender Bedeutung ist die alltäglich praktische Führungsarbeit von Amtsleiter, Abteilungs- und Gruppenleitern. Sie zeigen durch ihr eigenes Vorbildverhalten und das tägliche „Anstoßen" der eigenen Mitarbeiter, wie die moderne leistungs- und kundenorientierte Verwaltung zu gestalten ist. Ihr Führungsverhalten entscheidet, ob es gelingt, die neuen Paradigmen der Leistungs- und Ergebnisorientierung bei steigender Komplexität und zunehmender Veränderungsgeschwindigkeit in allen Handlungsfeldern und zugleich verbesserter Kundenorientierung erfolgreich zu bewältigen.

Mehr Leistung, bessere Ergebnisse, höhere Komplexität bewältigen immer schneller und immer kundenorientierter. Das sind die Anforderungen. Lassen sich diese Anforderungen eigentlich erfüllen? Die Verwaltung ist doch keine eierlegende Wollmilchsau. Was versteckt sich eigentlich hinter den einzelnen Aspekten?

Leistungsorientierung (Output) – Leistungen kennen

Die Diskussion über Verwaltungsprodukte hat vielerorts gezeigt, dass niemand weiß, welche Leistungen in der Verwaltung eigentlich erbracht werden. Manch ein Abteilungsleiter zeigte sich erstaunt, als er von seinen Mitarbeitern erfuhr, welche Tätigkeiten sie alle ausüben. Die Bilanzierung der Tätigkeiten und Leistungen ist jedoch nur ein erster Schritt.

Letztes Ziel ist es, die Erwartungen der Kunden zu ermitteln und auf dieser Grundlage die Frage zu beantworten, ob die Leistung weiterhin und wie sie künftig erbracht werden soll. Dabei fließen die kostenbezogenen Faktoren, also der finanzielle und zeitliche Aufwand für die Leistungserbringung in die Betrachtung als ein Faktor mit ein.

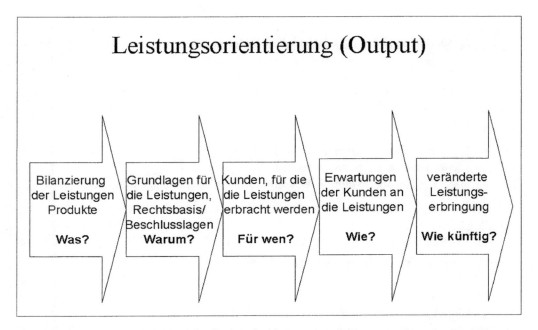

Abb. 1: Produktdefinition als Einstieg in das Leistungsdenken in der Verwaltung

Es geht um Ergebnisorientierung (Outcome)

Leistungs- und Ergebnisorientierung sind eng miteinander verknüpft. Der Leistungsoutput definiert z. B. die Zahl der bearbeiteten Anträge. Der Outcome definiert die Wirkungen der Leistungen, also was damit erreicht wurde. Im Bereich der Sozialhilfe wird die Zahl der erwerbsfähigen Hilfeempfänger, die laufend Hilfe zum Lebensunterhalt erhalten, dem Output zugerechnet. Die Zahl der Vermittlungen in Ausbildung oder Arbeit ist hingegen eine Dimension des Outcomes. In diesem Fall kann der Outcome auch finanziell (z. B. durch jährlich eingesparte Sozialhilfe) beziffert werden. Dies ist nicht immer möglich oder fachlich nicht immer aussagekräftig.

Für die ergebnisorientierte Steuerung sind Zielbestimmungen erforderlich. Mitarbeiter werden in die Entwicklung und Festlegung von arbeitsbezogenen Zielen einbezogen und können ihr Handeln an den Zielen orientieren. Dieser Schritt ist die Voraussetzung für die Dezentralisierung von Verantwortung. Mitarbeiter, die die Ziele ihrer Arbeit kennen und akzeptieren, können eigenverantwortlich über die Art der Leistungserbringung entscheiden. Der Vergleich von angestrebtem und erreichtem Ergebnis führt konsequenterweise zu der Frage, ob die aktuell praktizierten Handlungsweisen verändert oder beibehalten und/oder die Ziele verändert werden sollen. Die Erfahrung zeigt, dass Mitarbeiter, die die Ziele ihrer Arbeit kennen und die Resultate der eigenen Leistungen

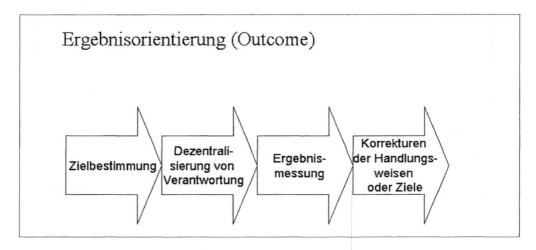

Abb. 2: Prinzip der Ergebnisorientierung für die Verwaltung

beobachten können, zufriedener, höher motiviert sind, mehr Eigeninitiative entwickeln und qualitativ bessere Leistungen erbringen.

Im Rahmen des neuen Steuerungsmodells wird die Ergebnisorientierung zwischen Politik und Verwaltung durch den produktorientierten Haushalt und das Berichtswesen dokumentiert. Zwischen Führungskräften und Mitarbeiter werden die Ziele im Idealfall durch die (Jahres-)Zielvereinbarung oder das Mitarbeitergespräch heruntergebrochen und konkretisiert. Alleine dies wäre bereits genug an Herausforderung für die Führungskräfte. Zu alle dem wird uns die Komplexität des Handels in allen Aufgabenfeldern immer bewusster. Sie muss vorausschauend das Handeln beeinflussen. Gesetze und Verordnungen werden mittlerweile mit begrenzter Gültigkeitsdauer beschlossen und schneller revidiert als die Loseblattsammlung in manch einer Amtsstube aktualisiert werden kann.

- Komplexitätssteigerung

Das Bewusstsein über die Komplexität des Handelns steigt. Dies vereinfacht unser Entscheidungsverhalten nicht. Die Ausweisung eines Baugebietes am Ortsrand beeinflusst sehr viele andere Faktoren: Einige Beispiele: Der Quadratmeterpreis für Bauland in der Region steigt, Ökologen fordern für die Versiegelung der Flächen einen Ausgleich, der Bau von Erschließungsstraßen, der Ausbau des öffentlichen Nahverkehrs, der Bau von Kindergärten, Schulen und Nahversorgungseinrichtungen werden erforderlich. Viele weitere Veränderungen folgen.

Wie bei einem Mobilé hängen viele Dinge zusammen. Bewegung und Veränderung an einer Stelle wirkt sich an anderen, manchmal ungeahnten Stellen aus. Nach dem Bezug eines Wohngebietes stellten die Politiker fest, dass 500 Neu-Bürger auch neue Wähler bei der Kommunalwahl sind. Damit „gewachsene Mehrheitsverhältnisse" nicht in Gefahr geraten, wurden die Grenzen der Wahlbezirke neu festgelegt. Wird an einer Stelle eine Veränderung vorgenommen (z. B. Brachland wird Bauland), so müssen viele andere Stellen mitwirken, weil die Veränderung Auswirkungen auf sie hat.

Die kommunalen Wachstumsstrategien der 60er und 70er Jahre sind an die Grenzen der ökologischen Vertretbarkeit gestoßen und die Baumaßnahmen vergangener Jahre (z. B. Schwimmbäder, Bürgerzentren) sind in ihren Folgekosten vielerorts kaum noch zu bewältigen. Die Komplexität der langzeitwirksamen Folgen und der indirekten Wirkungen muss künftig immer stärker im Bewusstsein der handelnden Personen verankert werden.

- Veränderungsgeschwindigkeit

Wirtschaftsunternehmen sind mit immer kürzer werdenden Produktlebenszyklen konfrontiert. Der heute auf den Markt gebrachte PC ist bereits in drei Monaten „Schnee von gestern", weil die technische Entwicklung und andere Anbieter schnellere und vermeintlich bessere Geräte auf den Markt gebracht haben. Die Produkte unterliegen einem rasanten Preisverfall. Im Dienstleistungsbereich sind die Telefongesellschaften ein gutes Beispiel für die neue Dynamik. Seit der Liberalisierung des Telefonmarktes tauchen fast wöchentlich neue, günstigere und auf speziellere Bedürfnisse zugeschnittene Angebote auf. Die Vielfalt ist für die Kunden kaum noch zu überschauen.

Der immer schnellere Wandel geht an den Verwaltungen nicht spurlos vorüber. Als Käufer von PC's und als Nutzer des Telefons sind Verwaltungen Marktteilnehmer und müssen Entscheidungen über Kauf oder Miete zum richtigen Zeitpunkt zu den richtigen Vertragskonditionen treffen. Es ist nur mühsam zu ermitteln, was hier richtig, angemessen oder auch mittelfristig vorteilhaft ist.

Im Bereich der Rechtsanwendung ergeben sich seit einigen Jahren ähnliche Probleme. Das Sozialgesetzbuch wird in immer kürzer werdenden Abständen geändert. Obwohl Gesetze bereits in Kraft sind, liegen die Ausführungsbestimmungen häufig erst Monate später vor. Sie sind jedoch zwingend erforderlich, um eine einheitliche Anwendung des Rechtes zu ermöglichen. Gerichtsurteile, die die Anwendung des Rechtes weiter konkretisieren, sind vielfach erst Monate nach ihrem in Kraft treten bekannt.

Fachkräfte in der Sozialverwaltung schätzen, dass bis zu 30 % der Bescheide nicht mehr auf der Basis der aktuellen Rechtssprechung ausgefertigt werden, weil diese einfach nicht bekannt ist und nicht zur Verfügung steht. Mitarbeiter einer psychiatrischen Fachklinik entdeckten im Rahmen ihrer Vorbereitung auf die Zertifizierung nach der EG-Öko-Audit-Verordnung ein gutes Dutzend Umweltvorschriften, die für sie Gültigkeit besitzen, aber bis dahin weder bekannt waren noch angewendet wurden.

Bürger werden Partner

„Der Kunde ist König" lautet ein alter Kaufmannsspruch, der zunehmend auch auf die Verwaltung übertragen wird „... und die Monarchie ist seit langem abgeschafft" ist die flapsige Antwort aus manch einer Amtsstube. Der Umgang mit den Kunden ist im Wirtschaftsleben zu den entscheidenden Unterscheidungsmerkmalen zwischen verschiedenen Anbietern geworden. Wenn Produkte und Leistungen (nahezu) identisch sind, entscheiden der Preis, der Aufwand (Fahrtzeiten, Wartezeiten), zusätzliche Serviceangebote (Lieferservice, Reklamationsverhalten) oder die Freundlichkeit der Beschäftigten über Kauf oder Nichtkauf.

Versandhändler setzen den traditionellen Einzelhandel unter Druck, weil ihre Produkte jederzeit umtauschbar sind und ein kostenfreier telefonischer Einkauf rund um die Uhr möglich ist. Internetbuchhändler bieten ihren Kunden für jedes Buch eine Ansichtsfrist von 14 Tagen an. Im Ortsbuchhandel muss manch teures Fachbuch ohne vorherige Ansicht „blind" gekauft werden.

Wer hat sich nicht schon über Handwerker geärgert, die telefonisch kaum erreichbar waren, vage Zeitangaben machen oder unpünktlich waren. Im Wirtschaftsleben besteht Wettbewerb. Jeder kann sich für einen Anbieter entscheiden, der die gleiche Leistung besser, günstiger oder den eigenen Bedürfnissen entsprechender erbringt.

Die Verwaltungen erbringen ihre Leistungen in den meisten Bereichen als Monopolisten. In immer mehr Feldern entsteht jedoch echter oder künstlicher Wettbewerb. Wettbewerb besteht bereits im Kulturbereich (Büchereien, Musikschulen, Volkshochschule, Theater etc.), im Schulbereich (zwischen Schulen und Schulformen) oder in der Wirtschaftsförderung (z. B. Gewerbeansiedlung). Künstlich gefördert wird der Wettbewerb durch Vergleiche, z. B. innerkommunale (zwischen den Gruppen eines Amtes), interkommunale (zwischen Kommunen, z. B. durch Kennzahlenringe) oder direkten Wettbewerb mit privaten Leistungsanbietern (z. B. im Reinigungsbereich, der Kantinenbewirtschaftung oder in der Hausdruckerei).

Von wesentlich größerer Bedeutung für das Alltagshandeln ist die Übertragung der Dienstleistungserwartung an die private Wirtschaft auf die Verwaltungsleistungen durch die Bürger.

Zunehmend fragen sich die Bürger,
– warum sie sich einen halben Tag frei nehmen müssen, um ein Auto anzumelden,
– warum trotz moderner Kommunikationsmittel für manche Vorgänge ein „mehrfacher Gang aufs Amt" erforderlich ist,
– warum in manchen Ämtern nur zweimal in der Woche Besuchersprechzeiten sind,
– warum manche Unterlagen für jedes beteiligte Amt extra zusammengestellt werden müssen,
– warum sich Ämter untereinander nicht vernünftig koordinieren oder
– warum sie von „Pontius zu Pilatus" geschickt werden, weil niemand für ein Anliegen zuständig sein will.

Die positiven und ansprechenden Dienstleistungserfahrungen von Unternehmen werden auf die Verwaltung übertragen und zur Dienstleistungserwartung der Bürger. Da immer mehr Verwaltungen sich als kundenorientierte Dienstleister verstehen, fallen die Abweichungen zwischen der erlebten Realität und der dem Wirtschaftsleben entlehnten Erwartungshaltungen wesentlich deutlicher ins Auge als früher. Die Spirale der steigenden Erwartungen ist wohl unaufhaltsam und stellt ständig neue Anforderungen an die Leistungen und die Art der Leistungserbringung in der Verwaltung. Verwaltung und Wirtschaft sind in dieser Hinsicht eben keine völlig getrennt Systeme. Die Bürger als Kunden leben in beiden „Welten" zugleich und stellen wie selbstverständlich Vergleiche an.

Die öffentliche Verwaltung wird sich daher zwangsläufig von der Hoheitsverwaltung zum Dienstleister entwickeln müssen. Dazu muss sie das Mäntelchen der bürokratischen Verwaltungskultur abstreifen und eine neue öffentliche Dienstleistungskultur schneidern.

- Die Verwaltung hat nicht nur Kunden

Die Diskussion um die Eignung des Kundenbegriffs für die Gestaltung der Beziehung zwischen Verwaltung und Bürger ist kontinuierlich geführt worden und flammt immer wieder auf. Mintzberg hat eine Differenzierung vorgenommen und schlägt die Verwendung von vier verschiedenen Begriffen für die verschiedenen Beziehungen vor: Kunde, Klient, Bürger, Staatsbürger.

Der Begriff „**Kunde**" wird häufig gleichgesetzt mit dem Wunsch, dem Kunden möglichst viele Leistungen oder Produkte zu verkaufen. Dies gilt jedoch nur für einen Teil der Leistungen der öffentlichen Verwaltung. So will ein Museum möglichst viele Eintrittskarten verkaufen. Das gleiche gilt für das städtische Schwimmbad. Hier kann der kaufmännische Kundenbegriff nahezu uneingeschränkt übernommen werden. Gleichwohl ist nicht in jedem Fall damit eine Gewinnerzielungsabsicht verbunden.

Der Begriff **Klient** steht für die Erbringung einer ganz individuellen Dienstleistung für eine Person. Die Verwaltung sorgt für die Erfüllung der berechtigten Ansprüche der Person. Vergleichbar ist dies mit der Arbeit eines Anwaltes oder Arztes. Dies gilt z. B. in Teilen für die Leistungsverwaltung (Sozialhilfe, Wohngeld etc.)

In beiden Beziehungen ist eine ganz enge Anbindung der Leistungsgestaltung an den individuellen Bedürfnissen des Bürgers erforderlich und anzustreben.

Die dritte Beziehung besteht nach Mintzberg zum **Bürger**. Hier stellt die öffentliche Verwaltung eine Leistung der Allgemeinheit zur Verfügung. Dieser kann die Leistung in Anspruch nehmen oder auch nicht. Derartige Leistungen sind z. B. Infrastrukturangebote wie Straßen, Schulen oder Grünanlagen. Die Gestaltung dieser Leistungen hat sich an den abstrahierten Interessen aller Bürger, der Allgemeinheit oder dem Gemeinwohl zu orientieren.

In der vierten Beziehung wendet sich die Verwaltung an den **Staatsbürger**. Er hat gegenüber der Allgemeinheit/der Verwaltung eine Leistung zu erbringen. Dies kann die Einhaltung von Bestimmungen (z. B. Straßenverkehrsordnung) oder das Zahlen von Steuern sein. Die Verwaltung agiert hier ebenfalls als Vertreter des Gemeinwohls und der Allgemeinheit. Sie wirkt daraufhin, dass möglichst alle Menschen ihre staatsbürgerlichen Pflichten erbringen.

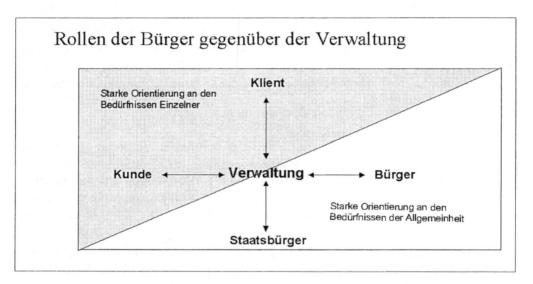

Abb. 3:   Unterschiedliche Beziehungskonstellationen zwischen Bürgern und
          öffentlicher Verwaltung

- Die Form der Zusammenarbeit ändert sich: Kunden definieren die Leistungen

Die zentrale Frage für die kundenorientierte Leistungserbringung lautet: Welche Erwartungen haben unsere Kunden? Welche Leistungen wünschen sie? Wie stellen sie sich die Leistungserbringung vor?

In vielen Verwaltungen sind mit großer Resonanz Bürgerbefragungen eingesetzt worden. Bürger werden nach ihrem Besuch in der Verwaltung schriftlich oder mündlich nach ihren Eindrücken und Erwartungen befragt. Die abteilungs- oder gruppenbezogenen Auswertungen der Erhebungsdaten sind eine Grundlage für die Anpassung der Verwaltungsleistungen. Gerade bei der Entwicklung neuer Leistungen der Verwaltung können künftig die Bürger in die Leistungsplanung einbezogen werden. Dieses Prinzip wird mit guten Erfolgen in der Stadt(teil)planung oder in der sozialraumbezogenen Gemeinwesenarbeit eingesetzt. Es verändert die Akzeptanz von Planungen und Entscheidungen in Politik und Verwaltung.

Bei der Gestaltung neuartiger Verwaltungsleistungen können zu Beginn Bürger befragt werden, welche Ideen, Vorstellungen und Erwartungen sie haben. Dieses Kundenmonitoring beschreibt eine Grundlage zur Definition der Arbeitsabläufe in der Verwaltung, um dann eine anforderungsgerechte Leistung zu erbringen. Selbstverständlich müssen später die konkreten Ergebnisse und Erfahrungen auf der Grundlage von Kundenbefragungen wieder ausgewertet werden.

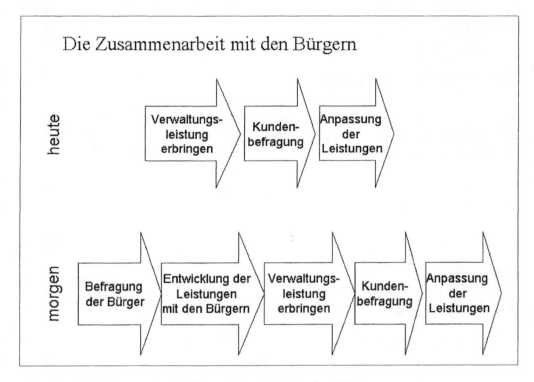

Abb. 4:   Veränderung in der Zusammenarbeit mit den Bürgern

Dieses Grundprinzip ist sehr gut übertragbar auf die alltäglichen und verwaltungstypischen Sachbearbeitungstätigkeiten in vielen Ämtern und auf den Umgang mit den Bürgern in der mündlichen und schriftlichen Kommunikation. Jeder Mitarbeiter kann täglich am eigenen Arbeitsplatz die Erwartungen und Wünsche der Bürger abfragen. Der eine will gerne ausführliche Erörterungen haben, eine andere Bürgerin ist bereits gut vorinformiert und gerade in Eile, so dass ihr wichtigstes Anliegen die schnelle Bearbeitung ist. Schließlich ist es für das Beratungsgespräch mit den Bürgern von großer Bedeutung, welches inhaltliche Anliegen besteht, und welche Vorstellungen von der Abwicklung des Amtsaktes bestehen.

In vielen Kommunalverwaltungen sind Bürgerämter eingeführt worden. Sie bündeln vielfältige Leistungen aus verschiedenen Ämtern bei einem Sachbearbeiter. Dies erspart den Bürgern lange Wege, mehrfaches Anstehen und viel Zeit. Erfahrungen in Schottland und Neuseeland zeigen, dass es mit einer entsprechenden EDV-Unterstützung möglich ist, nahezu alle kommunalen Kernleistungen in solchen Bürgerämtern zu erbringen. Modellprojekte in Brandenburg erproben die Auslagerung von Verwaltungsarbeitsplätzen insbesondere in ländlichen Gebieten. Nach dem Modell der privaten Postagenturen im Lebensmittelgeschäft werden auch „Verwaltungsecken" in anderen Geschäften eingerichtet. Besonders erfolgreiche Modelle der Einführung von Bürgerämtern haben die Kunden frühzeitig in den Planungsprozess bei der Gestaltung der Räume, der Arbeitsabläufe und der Bestimmung des Leistungsumfanges in den Bürgerämtern einbezogen.

Was haben die Führungskräfte mit diesen Entwicklungen zu tun?

Die überwiegende Zahl der Leistungen erbringen die Sachbearbeiter. Sie haben die meisten Kundenkontakte. Die wichtigste Aufgabe der Führungskräfte ist es, die Zielerreichung (Outcome) durch die Arbeitsleistung der Mitarbeiter sicherzustellen.

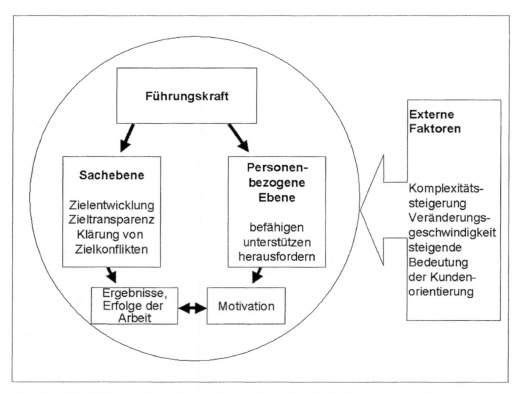

Abb. 5:   Die Führungskraft hat in ihrem Handeln die Sachebene und die personenbezogene Beziehungsebene zum Mitarbeiter zu berücksichtigen. Externe Faktoren beeinflussen das Führungshandeln immer stärker.

Dazu haben sie auf der Sachebene die Ziele zu entwickeln, zu verdeutlichen, Zielkonflikte zu klären und die erreichten Ergebnisse und Abweichungen zu kontrollieren und daraus gemeinsam mit den Mitarbeitern Schlüsse zu ziehen.

Auf der personenbezogenen Ebene gilt es, die Mitarbeiter zu befähigen, zu unterstützen und herauszufordern, die Ziele umzusetzen. Mitarbeiter, die diese Unterstützung spüren, die Erfolge ihrer Arbeit sehen und Anerkennung für ihre Leistung erfahren, werden auch in schwierigen Situationen ihre Arbeit motiviert und kundenorientiert gestalten.

Wir sind uns sicher – und das bestätigt unsere tägliche Beratungspraxis – dass es in jeder Verwaltung Mitarbeiter gibt, die schon seit vielen Jahren die genannten Anforderungen im Blick haben und ihre Führungsarbeit daran ausrichten. Viele Leistungen der Verwaltung wären ohne eine entsprechende Haltung und Alltagspraxis nicht denkbar gewesen. Für diese Führungskräfte ist dieses Buch eine Bestätigung und Unterstützung. Für alle Führungskräfte ist es eine Anleitung zur (Weiter-)Entwicklung ihres Handelns und zur veränderten Gestaltung des Alltages.

Grundlagen der Führung

Für den Erfolg der Verwaltungsreform werden die Führungskräfte in den Verwaltungen die entscheidende Kraft sein. Diese Aussage bestätigten die Teilnehmernen des 2. KGSt-Personalkongresses 1999 in München: „Den Schlüssel zum Gelingen der notwendigen Veränderungen halten die Führungskräfte in ihren Händen. Weitgehend von ihren Einstellungen und von ihrer Vorbildfunktion wird es abhängen, wie der Veränderungsprozess gelingt."

In der Diskussion über Führung taucht immer wieder die Frage nach dem optimalen Führungsstil der Führungskraft auf. Dabei lassen sich verschiedene Führungsstile analytisch differenzieren: der autoritäre Führungsstil, der charismatische Führungsstil, der bürokratische Führungsstil, der Laissez-faire-Stil und der demokratisch-beteiligungsorientierte Führungsstil. Diese Führungsstile sind dem Zeitgeist und Moden unterworfen. Jeder Führungsstil galt in bestimmten Zeiten als der optimale Weg, Mitarbeiter zu führen und Arbeitsergebnisse sicherzustellen.

Eine genaue Betrachtung führt jedoch auch zu der Einschätzung, dass es Situationen und Mitarbeiter gibt, bei denen es angebracht ist, direktiv-autoritär zu führen. Andere Mitarbeiter sind in bestimmten Situationen aktiv in die Entscheidungsprozesse einzubeziehen oder die Verantwortung ist womöglich vollständig zu delegieren. Dies ist auch die Erklärung dafür, dass Führungskräfte bei der Auseinandersetzung mit den Führungsstilen positive und hilfreiche Aspekte in jedem Stil wiederfinden können. Zugleich kann jeder einzelne Stil in bestimmten Situationen unangemessen sein. Das Handlungskonzept des „Situativen Führens" stellt einen Weg zur flexiblen Führung dar.

- Autoritärer Führungsstil

Der autoritäre Führungsstil ist bestimmt durch die alleinige Vorgabe von Zielen durch die Führungskraft. Diese Kompetenz darf in keinem Falle in Frage gestellt werden. Aufgaben und Handlungsbevollmächtigungen werden von der Führungskraft zugewiesen und ggf. auch wieder entzogen. Entscheidungen trifft ausschließlich die Führungskraft. Sie führt Kontrollen durch und legt alleine die Kontrollkriterien fest. Jede Kommunikation, jeder Informationsaustausch zwischen Mitarbeitern erfolgt über die Führungskraft als Mittelpunkt.

Die Rolle der Mitarbeiter ist für die autoritäre Führungskraft als Erfüllungsgehilfen der Ziele und Vorstellungen definiert. Daher sind eigene Vorstellungen und Ideen der Mitarbeiter nicht gefragt, ihre persönliche Entfaltung ist von untergeordneter Bedeutung. Beim Wechsel einer autoritären Führungskraft bricht eine neue Ära an. Der Aufgabenzuschnitt und die Gestaltung der Abläufe waren an den persönlichen Vorstellungen des Vorgängers ausgerichtet und werden durch den Personalwechsel grundsätzlich in Frage gestellt.

Der Erfolg der autoritären Führung ist der Erfolg der Leitung und nicht der Mitarbeiter. Konsequent autoritäre Führungskräfte verhalten sich insgesamt glaubwürdig und sind für die Mitarbeiter berechenbar. Als Mitarbeiter fahre ich gut mit der autoritären Führungskraft, wenn ich auf Anweisungen warte, den Dienstweg einhalte, nachfrage, wenn ich nicht ganz sicher sein kann, wie verfahren werden soll und keine Widerrede formuliere.

- Charismatischer Führungsstil

Die charismatische Führungskraft strahlt als Persönlichkeit Autorität und Anziehungskraft aus. Es ist für die Beschäftigten eine Ehre, Mitarbeiter der charismatischen Führungskraft zu sein. Der Vorgesetzte definiert Ziele, weist Aufgaben zu und kann sie auch jederzeit wieder entziehen. Die Ziele resultieren aus der persönlichen Überzeugung der Führung. Sie haben häufig visionären Charakter und werden selten analytisch begründet. Dennoch ist die charismatische Führungskraft überzeugend, denn sie strahlt Zuversicht und Erfolgssicherheit aus. Kontrolle wird auch hier alleine von der Führungskraft ausgeübt, ist aber eher willkürlich und zufällig. Auch die charismatische Führungskraft heimst den Erfolg der Arbeit selbst ein.

Für Mitarbeiter ist die Zusammenarbeit mit dem Charismatiker bequem und bietet gute Entwicklungsmöglichkeit, solange sie sich den Vorstellungen der Führungskraft unterordnet. Dies bietet auch die Möglichkeit, eigene Unzulänglichkeiten zu verstecken, denn viele Charismatiker sind mehr an der großen Idee als an der konkreten Umsetzung interessiert. Die Niederungen des Alltags interessieren sie weniger.

Charismatiker erleben in der Anerkennung Modewellen, mal sind sie mit ihren Vorstellung up to date, mal sind sie nicht gefragt, da ihr Charisma aber ganz wesentlich von der äußeren Anerkennung abhängt, sind sie beim Wegfall derselben ohne Macht und Einfluss.

- Bürokratischer Führungsstil

Der bürokratische Führungsstil scheint vielen Beschäftigten der öffentlichen Verwaltungen vertraut. Ordnungen bestimmen die Arbeit der Führungskraft und die Erwartung an die Mitarbeiter. Differenzierte Geschäftsverteilungen, Stellenpläne und Organisationshandbücher beschreiben die Handlungsvorgaben in nahezu allen Lebenslagen. Deren Erfüllung ist die wichtigste Vorgabe. Eine Definition von inhaltlichen Zielen ist nicht vorgesehen, daher findet eine Zielkontrolle auch nicht statt. Der Erfolg der Arbeit besteht in der korrekten Einhaltung von Vorschriften. Aus der Sicht der Mitarbeiter ist die Arbeit klar strukturiert, Erwartungen sind deutlich, zugleich gilt es aber auch, ein starres System einzuhalten und abzuarbeiten. Kreativität und der Blick über den Tellerrand sind nicht gefordert.

Hintergrund des bürokratischen Führungsmodells ist das von Max Weber beschriebene Bürokratiemodell. Durch die Definition von Abläufen und die Beschreibung von Entscheidungsverhaltensweisen in Organisationshandbüchern ist die Anwendung des Rechtes für alle gleich. Willkürhandlungen und Eingriffe von oben werden reduziert und weitgehend vermieden.

Bürokratische Führungsmodelle haben sich in stabilen Umwelten bewährt. Bei permanenten Veränderungen erfüllen sie jedoch ihre Anforderungen nicht mehr. Es gelingt kaum noch, die neuen Anforderungen von außen zu erfüllen. Handbücher können nicht mehr aktualisiert werden und im Alltag tauchen immer häufiger Situationen auf, die mit den Vorschriften nicht mehr adäquat erledigt werden können.

- Laissez-faire-Führungsstil

Laissez-faire-Führungshandeln zeichnet sich durch eine größtmögliche Offenheit aus. Der Begriff „Mach mal" kennzeichnet den Alltag. Zielvorgaben sind unklar, Aufgaben und Kompetenzen nicht eindeutig geregelt, Kontrolle findet nur nachlässig statt und auch Entscheidungen werden eher zufällig getroffen. Ihr Zustandekommen bleibt häufig unklar. Letztlich kann fast jeder machen, was er will.

Mitarbeiter haben einen großen Entfaltungsspielraum. In lockerer Atmosphäre können sie eigene Ideen entwickeln. Weniger qualifizierte oder selbstbewusste Mitarbeiter fühlen sich bei diesem Führungsstil schnell überfordert. Gute Erfolge zeigen sich jedoch, wenn ein hoher Grad an Übereinstimmung der Mitarbeiter mit den Zielen im Arbeitsbereich besteht. Da die Ziele aber in der Regel nicht sehr klar formuliert sind, bleibt es bei einer intuitiven Zielkongruenz. Laufen die Ziele auseinander, entsteht schnell Desinteresse und Demotivation, der aber von der Laissez-faire-Führungskraft auch nicht entgegengesteuert wird.

Es bleibt dem persönlichen Engagement der Mitarbeiter überlassen, welche Initiativen ergriffen werden. Sie erhalten selten Unterstützung. Leistungsanreize werden von außen nicht gegeben. Unter Umständen gibt es ein Dutzend verschiedene Varianten zur Erledigung eines Standardproblems. Dies ist zwar nicht unbedingt wirtschaftlich, wird aber dennoch akzeptiert. Laissez-faire schafft Demotivation, wenn häufig Umentscheidungen der Führungskraft stattfinden: heute so, morgen so.

- Beteiligungsorientierter-demokratischer Führungsstil

Dieser Führungsstil wird häufig auch als kooperativer Führungsstil bezeichnet. Über Ziele und Aufgabenverteilungen gibt es gemeinsam getroffene Absprachen. Die Mitarbeiter sind bei der Vorbereitung von Entscheidungen einbezogen. Die gemeinsame Entscheidungsfindung sichert die Akzeptanz und eine spätere Umsetzung ab. Kommunikation und Transparenz wird großgeschrieben. Daher ist der Besprechungsaufwand auch höher als bei anderen Führungsstilen. Die Führungskraft sieht ihre Hauptaufgabe in der Koordination, dem Informationsaustausch und der Unterstützung der Mitarbeiter. Diese haben im Rahmen der Zielsetzung Spielräume, können sich untereinander abstimmen, ihre

Kompetenzen werden gezielt eingesetzt und ihre Fähigkeiten gefördert. Die Führungskraft gibt den Mitarbeitern Freiraum. Dazu ist Vertrauen in die Fähigkeiten erforderlich.

Übung: Analyse verschiedener Führungsstile

Analysieren Sie Ihren persönlichen Führungsstil anhand der folgenden Fragen:

—   Welcher Führungsstil liegt Ihnen persönlich am ehesten?

—   Welchen Führungsstil wenden Sie am häufigsten an? Woran erkennen Sie das?

—   Für welche Führungssituationen ist dieser Stil am Besten geeignet?

—   Welche Voraussetzungen müssen die Mitarbeiter erfüllen, damit dieser Führungsstil besonders wirksam wird?

—   In welchen Führungssituationen und/oder bei welchen Mitarbeitern ist dieser Führungsstil nicht angebracht?

—   Welcher Führungsstil könnte dann in Frage kommen und hilfreicher sein?

—   Wie würden Sie sich in diesem Führungsstil verhalten?

Einige ausgestorbene Führungstypen und ihre typischen Führungsfehler

Der „Vorarbeiter"

alles selber machen
ständig alles unter Kontrolle halten
alles geht über meinen Schreibtisch

Der „Hau-ruck-Manager"

Spontanentscheidungen treffen
unkalkulierbar sein
Handeln nach Gutdünken

Der „Verwaltungschef"

Freund der Ordnung
Genauigkeit und Zuverlässigkeit geht vor Ideenreichtum und Kreativität, Hauptsache es ist formgerecht
definiert am liebsten auch die Ablagesystematik auf dem Schreibtisch des Mitarbeiters

Der „Vorgesetzte"

will sich selbst als Vorgesetzter fühlen
orientiert sich an 3 K's: kommandieren, kontrollieren, kritisieren

Der „Wurstl-Heinrich"

rührt in allen Töpfen herum
ist immer dabei
packt alles an, führt nichts zu Ende

Gibt es nun ein Führungsmodell, dass für die moderne öffentliche Verwaltung angemessen und passend ist? Die Frage nach einem geeigneten Führungsstil muss zumindest drei Dimensionen berücksichtigen:
- die Arbeitsaufgabe,
- die Kompetenz der Beschäftigten und
- die Einstellungen und Werthaltungen der Führungskraft.

Die Anforderungen an das Handeln von Führungskräften der Feuerwehr im Einsatz am Brandort unterscheiden sich von der Leiterin eines Jugendzentrums oder der Leitung einer Abteilung des Sozialamtes. Hier ist situationsbezogen ein angepasstes Verhalten gefragt. Ein praktisches Modell hierfür stellen wir mit dem „Situativen Führungsmodell" vor.

Dennoch bleibt die Frage bestehen, ob es nicht bestimmte Grundaspekte gibt, die über alle unterschiedlichen Führungssituationen in der Verwaltung hinweg gleich bleiben. Vier Aspekte treten in der Beratungspraxis in den Verwaltungen immer deutlicher hervor. Es sind
- die dezentrale Ressourcenverantwortung verbunden mit klarer Zielorientierung,
- die lernende Organisation,
- die Vertrauensorganisation und
- die Bürger- und Kundenorientierung.

Führen mit dezentraler Ressourcenverantwortung

Eine zentrale Dimension der Verwaltungsreform der 90er Jahre ist die Erkenntnis, dass für die Erfüllung der Leistungen in den Fachbereichen keine einheitliche Verantwortung besteht. Das Wort von der „organisierten Verantwortungslosigkeit" machte die Runde. Das erstaunliche ist, dass doch gerade die Frage von Verantwortung in Verwaltungen scheinbar im Detail festgelegt ist. Die Fachverantwortung liegt im Fachbereich. Die Personalverantwortung liegt im Personalamt. Die Verantwortung für Räume im Liegenschaftsamt. Die Verantwortung für die Gliederung der Ämter und die Geschäftsverteilung liegt in der Organisationsabteilung des Hauptamtes und so weiter und so fort. Doch gerade diese Zersplitterung erweist sich zunehmend als Problem.

Die Verantwortung der Führungskraft ist zunächst einmal beschränkt auf die fachliche Richtigkeit des eigenen Handelns und das der eigenen Mitarbeiter. Für alle weiteren ebenfalls mit der Leistung verbundenen Tätigkeiten gibt es andere Verantwortliche. Konsequentes Handeln der Fachführungskräfte findet immer dann seine Grenze, wenn alleine mit fachlichen Dimensionen ein Problem nicht gelöst werden kann. Kürzlich musste ein Fachbereich seine Planungen zur Verbesserung der Kundenorientierung und zur Teambildung erst einmal zurückstellen, da dies organisatorische Aspekte berühren könne, die innerhalb des Fachbereichs nicht geregelt werden dürften. Der Versuch der Fachführungskräfte, die Herausforderungen und Probleme in ihrem Bereich zu lösen, stoßen immer wieder auf enge Grenzen anderer Zuständigkeiten.

Die dezentrale Ressourcenverantwortung ist die konsequente Antwort auf dieses Dilemma. Die meisten Verwaltungen gehen dabei schrittweise vor. Zunächst werden die Sachmittel den Dezernaten, Ämtern oder Produkten zugeordnet. Damit gehen auch die in den Sammelnachweisen geführten Mittel in die Verantwortung der Ressorts über. Durch erweiterte Übertragbarkeit von Mitteln zwischen Etatpositionen und z. T. zwischen Haushaltsjahren werden den Fachbereichen Spielräume erschlossen, die es ermöglichen, zugleich aber auch erforderlich machen, die Mittel selber zu bewirtschaften. Die dezentrale Verantwortung für Personalressourcen ist vielerorts noch Zukunftsmusik, jedoch ebenfalls erforderlich. Mittelfristig werden Dezernate und Ämter je nach Arbeitserfordernissen den Mitarbeitereinsatz variabel gestalten.

Die Dezentralisierung stellt in der Praxis eine Vielzahl von Regelungen in der Verwaltung in Frage. Eine nordrhein-westfälische Kommune stellte im Rahmen einer Bürgerbefragung den Wunsch nach kürzeren Wartezeiten und längeren Öffnungszeiten im Bürgeramt fest. Dort wurden Überlegungen angestellt, wie dies bewältigt werden kann. Die Mitarbeiter stellten selber fest, dass es Zeiten gibt, in denen viele Mitarbeiter anwesend sind, aber weniger Bürger kommen und andere Zeiten, in denen es sich umgekehrt verhielt.

Die im Bürgeramt entwickelte Lösung umfasste verlängerte Öffnungszeiten, damit sich die Bürgerkontakte besser verteilen können und eine flexible Arbeitszeitgestaltung der Mitarbeiter. Heute ist das Bürgeramt an mehreren Tagen bis 18 Uhr geöffnet. Die Mitarbeiter planen ihre Anwesenheit selbst und stimmen sich untereinander ab. Die Wartezeiten für die Bürger haben sich reduziert, die Zufriedenheit mit der Verwaltungsleistung ist nach Befragungen gestiegen und die Zufriedenheit der Beschäftigten hat sich ebenfalls verbessert.

Ausgangspunkt war die Frage des Leiters des Bürgeramtes, was würden wir tun, um die Erwartungen der Bürger zu erfüllen, wenn wir freie Hand hätten. Organisatorische Festlegungen wie einheitliche Öffnungszeiten aller städtischer Ämter, einheitliche Arbeitszeitregelungen, Regelungen der Arbeitszeiterfassung und -kontrolle wurden in Frage gestellt. Nach anfänglichen Widerständen der Querschnittsämter (Hauptamt, Personalamt) wurden für das Bürgeramt neue Vereinbarungen getroffen und umgesetzt. Ausgangspunkt für diese Veränderung war der Ansatz des Bürgeramtes: „Wir haben die volle Verantwortung, alles dafür zu tun, mit den Ressourcen, die uns zur Verfügung stehen, optimal die Leistungen für die Bürger zu erbringen."

Ressourcenverantwortung ist untrennbar verbunden mit der Definition von Leistungsmengen und Leistungsqualitäten. Sachmittel und Personalausstattung werden vor dem Hintergrund konkreter Leistungserwartungen im Rahmen von Kontrakten bereitgestellt.

Übung: Übernahme von Verantwortung

Klären Sie Ihr persönliches Verständnis von Verantwortung mit Hilfe der folgenden Fragen:

Welche Assoziationen verbinden Sie mit dem Wort „Verantwortung"?

Worin besteht heute Ihre Verantwortung?

Welche Verantwortung trägt heute Ihr Vorgesetzter?

Welche Verantwortung würden Sie gerne übernehmen? Warum?

Welche Verantwortung würden Sie gerne bei anderen belassen? Warum?

Wenn Sie weitere Verantwortung übernehmen würden, welche Unterstützung würden Sie sich von Ihrem Vorgesetzten erwarten?

Was erwarten Sie von Ihren Mitarbeiter, damit Sie ihnen Verantwortung übertragen können?

Welche Voraussetzungen müssen konkret erfüllt sein?

Welche Form von Feedback müssten Sie vereinbaren?

Welche Übergangsfristen oder Teilschritte halten Sie für erforderlich?

Woran würden Sie am ehesten bemerken, dass Verantwortung nicht angemessen wahrgenommen wird?

Was ist der Unterschied zwischen Verantwortung und Zuständigkeit?

Was bedeutet dies nun unter dem Aspekt der Mitarbeiterführung? Die Führungskraft beobachtet und steuert nicht nur die fachliche Leistung der Mitarbeiter, sondern zugleich den Einsatz von Ressourcen, die erbrachten Leistungen, die verbleibenden Ressourcen und die noch zu erbringenden Leistungen. Die Führungskraft verschafft sich die erforderlichen Informationen, informiert die eigenen Mitarbeiter und erörtert mit ihnen, ob und wie die weitere Arbeit gestaltet werden muss, um die angestrebten Ziele zu erreichen. Dabei müssen die Rahmenbedingungen berücksichtigt werden. Haben sich Anforderungen oder Erwartungen verändert? Stehen die vorgesehenen Ressourcen zur Verfügung? Auf dieser Grundlage können dann konkrete Arbeitsplanungen, Teilprojekte und Dienstpläne erstellt werden.

Dezentrale Ressourcenverantwortung erfordert somit Transparenz der angestrebten Ziele und der bereits erreichten Ziele, der vorgesehenen Ressourcen und der bereits aufgewandten Mittel, um auf dieser Grundlage Entscheidungen zu treffen.

Führen in der lernenden Organisation

Das Konzept der lernenden Organisation basiert auf der Erkenntnis, dass es nicht ausreicht, wenn einzelne Personen in der Verwaltung Informationen und Wissen haben, kontinuierlich aus Erfahrungen heraus lernen und ihr individuelles Handeln anpassen. Der Wandel in den Umwelten der Verwaltung macht es erforderlich, auch die Grundprinzipien und Handlungsweisen der ganzen Organisation immer wieder zu hinterfragen und gegebenenfalls zu variieren.

Die Lernbereitschaft und Lernfähigkeit des einzelnen Mitgliedes einer Organisation wird erst dann wirksam, wenn auch die ganze Organisation mitlernt. Eine lernende Organisation ist erfahren darin, Wissen zu schöpfen, zu erwerben und weiterzugeben, sowie ihr Verhalten im Licht neuer Erkenntnisse und Einsichten teilweise zu revidieren.

Es reicht heute nicht mehr aus, diesen Prozess des Lernens dem Zufall zu überlassen oder als einen individuellen Vorgang zu betrachten. Das systematische Beobachten der Veränderungen im Umfeld und der komplexen Wirkungszusammenhänge verschiedener Einflussfaktoren ist eine wichtige Basis (Systemdenken). Sie wird ergänzt von der Bereitschaft des Einzelnen, sich weiterzuentwickeln (persönliche Meisterschaft), und der Einsicht in die unterschiedlichen Denkmuster der Menschen (mentale Modelle). Die gemeinsam geteilte Vision von der weiteren Entwicklung der Organisation und ihrer Leistungen wird durch das Zusammenwirken im Team in die Praxis umgesetzt.

Lern- und Entwicklungsprozesse in der Verwaltung dürfen sich demnach nicht ausschließlich auf den einzelnen Mitarbeiter beziehen. Erfolgreiche Organisationen erfinden sich quasi immer wieder neu, indem sie fragen, was sich verändert, welche Wirkungszusammenhänge bestehen, welche persönlichen Vorstellungen und Leitbilder bei Kunden, Mitarbeitern und in den Leitungsgremien existieren, um daraus motivierende Zielvorstellungen zu entwickeln. Die Kraft dieser Bilder und Vorstellungen spornt wiederum den Einzelnen an, sich anzustrengen, weiterzuentwickeln, in Frage zu stellen und Leistungen und Abläufe immer wieder neu zu erfinden.

Das Modell der lernenden Organisation ist zunächst ein Gedankenmodell. Es veranschaulicht, dass Organisationen in der Gefahr sind, einmal vereinbarte Regeln und Sichtweisen zu zementieren und immer wieder zu renovieren. Damit stehen sie in der Gefahr zu Denkmälern zu werden, die sich jedoch nur schwer veränderten Anforderungen anpassen können. Unternehmen fällt dies leichter, da sie z. B. anhand der Verkaufsdaten Entwicklungen erkennen können. Schwere Unternehmenskrisen und Konkurse zeigen jedoch, dass es selbst Unternehmen vielfach nicht gelingt, Veränderungen zu erkennen und darauf angemessen zu reagieren.

Was bedeutet das Modell der lernenden Organisation für Führungskräfte in der Verwaltung? Die lernende Verwaltung setzt die Erkenntnis voraus, dass Dinge sich verändern und Menschen unterschiedliche Bedürfnisse und Sichtweisen haben. Das Handeln in der Verwaltung muss sich an diesen Prozessen ausrichten. In stark vereinfachter Weise ergeben sich einige Leitfragen: Wer ist wie beteiligt und betroffen? Wer hat welche Vorstellungen und Sichtweisen? Welche gemeinsamen Vorstellungen haben wir von der Zukunft, die wir gestalten wollen? Wie setzen wir die verschiedenen Ressourcen dafür ein?

Führen in der Vertrauensorganisation

Die Verwaltung wird vielerorts als Misstrauensorganisation bezeichnet. Gegenseitige Kontrolle, Überprüfungen und „Zeichnungsketten" über mehrere Hierarchieebenen sind ein deutliches Zeichen für ein Absicherungsverhalten. Die Bertelsmann-Stiftung hat im Rahmen des von ihr initiierten Internationalen Netzwerks „Cities of Tomorrow" die Veränderung von Organisationsstrukturen in erfolgreichen Reformkommunen untersucht. Dabei stellte sie fest, dass Vertrauen eine große Bedeutung für Organisationen hat, die schnell, flexibel und ergebnisorientiert handeln.

In der Beziehung zwischen Verwaltungsführung und Mitarbeitern konnten vier Bereiche identifiziert werden, die immer wieder betont wurden: Partizipation, Kommunikation, persönliche Entwicklung und Verantwortung.

Durchgängig wurden in den untersuchten Kommunen die Mitarbeiter in Planungsprozesse einbezogen und durch Teamarbeit Engagement und Motivation bestärkt. Die Stadt Herten im nördlichen Ruhrgebiet hat die Zahl der Managementfunktionen von 105 auf 31 reduziert und dadurch einen formalen Zwang zur Kooperation und Abstimmung in Teams hergestellt.

Entscheidend ist die Qualität der Kommunikation mit den obersten Führungskräften. Erst wenn diese erreichbar sind und sichtbar die Organisationsgrundsätze umsetzen, Fehler eingestehen und ihre Mitarbeiter offen unterstützen, entsteht ein vertrauensförderndes Klima. In allen Verwaltungen des Vergleichs hat die Investition in die persönliche Entwicklung des einzelnen Mitarbeiters eine hohen Stellenwert. Dazu dienen Fortbildungen genauso wie regelmäßige Arbeitsplatzwechsel und Auszeichnungen und Anerkennungen.

Die Übertragung von Verantwortung durch die „vertragliche" Vereinbarung konkreter Leistungserwartungen lässt sich ebenfalls in vielen Kommunen als zentrales Prinzip der Vertrauensorganisation beobachten.

Eine ständige Aufgeschlossenheit ist erforderlich, um Vertrauen zu schaffen. Es dauert lange, Vertrauen aufzubauen, aber nur einen Augenblick, um es zu verlieren. Vertrauen wird auf zwei Ebenen aufgebaut. Auf der Organisationsebene ist ein Rahmen oder ein Umfeld notwendig, dass durchschaubar und kalkulierbar ist, um Vertrauen zu bilden.

Auf der menschlichen Ebene wird Vertrauen durch konsistentes Verhalten und Erfahrungen aufgebaut – „tun was man sagt" (walk the talk), aufrichtig sein, Spielregeln einhalten, Transparenz herstellen, Risiken eingehen, positiv mit Konflikten umgehen, Eingeständnisse machen, wenn man selber keine Antworten weiß. „Niemand handelt anders als er redet, niemand macht Versprechungen, die er nicht halten kann. Vertrauen muss da sein, muss spürbar sein."

Vertrauen ist zugleich immer eine Investition, eine Vorleistung. Aus Kontrolle und Misstrauen, aus der Einschätzung heraus: ich glaube nicht, dass es geschafft werden wird, ich glaube nicht, dass er es tut, entsteht kein Vertrauen. Das Wort Ver-trauen ist nicht nur begrifflich eng verwandt mit dem Begriff des Zu-trauens. „Ich traue es dir zu, ich traue dir." Wer als Führungskraft vertrauensvolles Verhalten sät und Zutrauen in die Mitarbeiter und ihre Leistungsbereitschaft hat, wird Vertrauen und Leistung ernten.

Verwaltungsleitbilder

In Wirtschaft und Verwaltung setzen sich immer mehr Organisationen mit den Prinzipien ihres Handelns auseinander. Eine Corporate Identity wird formuliert, ein „mission statement" entwickelt oder die Werte der Organisation erörtert und beschrieben. Die Gründerväter der Bundesrepublik und manch ein Bürgermeister aus der Nachkriegszeit sind im lokalen Leben mit ihren Ideen noch heute recht präsent. Je größer und älter eine Organisation wird, je mehr Turbulenzen in der Umwelt der Organisation auftreten, desto unklarer wird das Bild der Organisation für die Mitarbeiter und die Kunden. Was will die Organisation? Nach welchen Prinzipien handelt sie? Was unterscheidet sie von anderen? Der gesellschaftliche Struktur- und Wertewandel verändert nicht nur das Umfeld einer Organisation, sondern auch die Denkhaltungen und Einstellungen der Mitarbeiter, ihre Erwartungen und Wünsche an die Arbeit und das Zusammenwirken mit den Kollegen, aber auch die Einbeziehung in Entscheidungsprozesse.

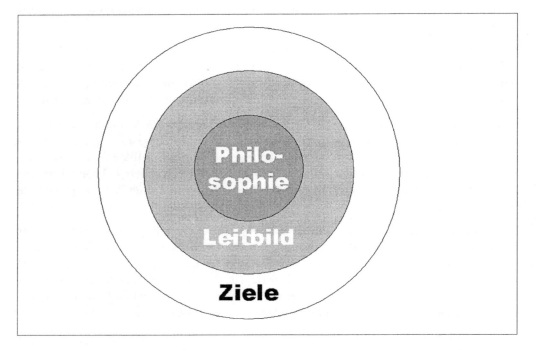

Abb. 6:   Unter dem Begriff des „Leitbildes" werden von den Verwaltungen zumeist drei unterschiedliche Elemente zusammengefasst: die Philosophie, das eigentliche Leitbild als Beschreibung von Verhaltensgrundsätzen und die Organisationsziele.

Tabelle 1: Begriffsdefinition Verwaltungsphilosophie, Leitbild und Ziele

Begriffe	Was steckt dahinter?
Verwaltungsphilosophie	Grundsätze: z. B. kundenorientiert, mitarbeiterorientiert, wirtschaftlich, zuverlässig, korrekt etc.
Leitbild	Prinzipien des Handelns: gemeinsame Zielvereinbarung, vorbildlich, Förderung der Gleichberechtigung von Mann und Frau, ökologisches Handeln
Ziele	Konkrete Handlungsabsichten in verschiedenen Handlungsfeldern und Beschreibung des angestrebten Zustandes

Die Verwaltungsreform stellt einen wichtigen Punkt einer Entwicklung von der Ordnungsverwaltung hin zur Serviceverwaltung dar. Dies ist auf allen Handlungsebenen eine ganz zentrale Bedeutungsverschiebung. Der größte Teil der Verwaltungen ist daher daran gegangen, die neuen Werte und Grundsätze zu beschreiben.

Viele Mitarbeiter sind die Leitbilder jedoch satt. Sie sprechen mittlerweile von „Leid-Bildern". Mit großen Worten wurden tolle Leitbilder angekündigt. Danach wurden dann einige dürre Sätze oder ausführliche Papiere von der Spitze her verkündet, die sich zwar ganz schön anhörten, aber irgendwie keinen Bezug mehr zu den Mitarbeiter hatten.

Dies sind die wichtigsten Fehler im Umgang mit Leitbildern in Verwaltungen:

1. Leitbilder werden verkündet, ohne dass die Mitarbeiter an der Erarbeitung beteiligt wurden.

2. Leitbilder wurden von anderen Verwaltungen abgeschrieben.

3. Die Mitarbeiter wurden an der Erarbeitung der Leitbilder beteiligt. Der Entscheidungsprozess in der Verwaltungsspitze dauert jedoch endlos lange, bis das Leitbild verkündet wird.

4. Das verkündete Leitbild hat nichts mehr mit den Entwürfen und Diskussionen der Beschäftigten zu tun. Sie finden sich darin nicht wieder.

5. Die Leitbildinhalte sind sehr global. Die Individualität der Verwaltung ist nicht im Leitbild erfasst.

6. Die Diskrepanz zwischen erlebter Wirklichkeit und Leitbild ist zu groß.

7. Das Leitbild wird als Hochglanzprospekt erstellt, in Pressegesprächen gelobt, aber nicht in konkretes Handeln umgesetzt.

8. Nach einem halben Jahr erinnert sich keiner mehr an das Leitbild.

9. Entscheidungen der Verwaltungsspitze widersprechen dem Leitbild.

Entscheidend für den erfolgreichen Einsatz von Leitbildern sind drei Aspekte:

- der Prozess der Leitbildentwicklung

- die Leitbildinhalte und

- die Umsetzung des Leitbildes im Alltag.

„It's not what the vision is, it's what the vision does". Oder anders: "It is no trick to formulate a strategy, the problem is to make it work" (Ansoff, Strategic Management). In die Entwicklung des Leitbildes sollten Mitarbeiter aller Fachbereiche, aller Hierarchieebenen und möglichst auch die Kommunalpolitik einbezogen werden. Die Verwaltungsspitze muss deutlich machen, warum sie an einem Leitbild arbeiten will und welche Bedeutung es für den weiteren Entwicklungsprozess der Verwaltung hat.

Bereits der Entwurf des Leitbildes sollte in allen Ämtern zur Diskussion vorgelegt werden. Anregungen zur Veränderung werden zügig in einer Steuerungsgruppe diskutiert und integriert. Der Beschluss in der Verwaltungsspitze und ggf. den politischen Gremien sollte danach nur noch eine Formsache sein.

Die Leitbildinhalte ergeben sich aus den örtlichen Diskussionen. Ausgangspunkt können einige wenige zentrale Fragestellungen sein:

Wozu ist die Verwaltung da? Welche Herausforderungen gibt es und wie geht sie damit um?

Wie gestalten wir die Zusammenarbeit und die Leistungserbringung für die Bürger?

Wie gestalten wir unsere Zusammenarbeit innerhalb der Verwaltung?

Wie verstehen wir das Verhältnis zwischen Politik und Verwaltung?

Die Stadt Neuss hat in ihrem Leitbild unter anderem Folgendes formuliert:

Wir kümmern uns um Neuss.
Wir arbeiten für eine lebenswerte Stadt.
Wir sind die moderne Verwaltung der traditionsreichen Stadt Neuss mit ihrer 2000-jährigen Geschichte: Wir definieren Ziele nach Vorgaben des Rates, setzen sie nach Prioritäten um und legen darüber Rechenschaft ab. Gesetze und Vorschriften verstehen wir als Rahmen für flexible Lösungen. Wir arbeiten für das Gemeinwohl. Wir suchen und erkennen zukunftsweisende Entwicklungen und Herausforderungen, bewahren die Tradition und gestalten die Zukunft. Wir fördern und unterstützen die Aktivitäten der freien Verbände, der Vereine und der gesellschaftlichen Gruppen. Wir entwickeln und betreuen eine anspruchsvolle Infrastruktur für ein erlebnisreiches städtisches Leben. Wir sind uns der Verantwortung für unsere Umwelt bewusst. Der Umweltschutz ist uns ein besonderes Anliegen. Unsere Stadt ist unsere Aufgabe.

Die Menschen dieser Stadt sind Mittelpunkt unseres Handelns.
Wir verstehen uns als dienstleistende und bürgernahe Stadtverwaltung. Wir orientieren uns an den Interessen und am Wohl der Menschen in unserer Stadt; wir machen ihre Anliegen zu unseren. Das Wohl aller hat für uns Vorrang vor Einzelinteressen. Wir informieren und beteiligen die Menschen, wo immer dies möglich ist. Wir praktizieren Gleichbehandlung und setzen Gleichberechtigung von Mann und Frau um. Auch bei hoheitlichem Handeln treten wir fair und respektvoll auf.

Wir sind flexibel und wandlungsfähig:
- Neue Herausforderungen und Anforderungen gehen wir aktiv an.
- Wir überprüfen selbständig und selbstkritisch die Qualität und Effektivität unserer Leistungen.
- Wir stellen uns dem Wettbewerb und entlasten uns sozialverträglich von den Aufgaben, die andere dauerhaft günstiger erledigen können,
- Wir suchen beständig nach rationelleren Organisationsformen.
- Wir nutzen moderne Technik zur Optimierung unserer Arbeit.

Wir sind kompetent, selbstbewusst und offen.
Fachliche und soziale Kompetenz sind uns wichtig. Wir betreiben eine systematische Personalentwicklung und nutzen ein attraktives Fort- und Weiterbildungsangebot. Wir geben Möglichkeiten der Mitgestaltung und Mitentscheidung, Initiativen haben Perspektiven Wir vertreten unsere Standpunkte selbstbewusst. Wir sind kontaktfähig, aber auch selbstkritisch, Wir gehen offen auf andere als Partner zu. Wir wollen Vorbild sein und übernehmen Verantwortung

Arbeiten in der Stadtverwaltung Neuss heißt für uns:
Vorbildlich auftreten nach innen und außen prägt unser Ansehen. Eine besondere Bedeutung kommt dabei den Führungskräften zu. Sie geben Beispiel für die Verwirklichung unseres Leitbildes. Sie fördern die Qualifizierung und das Fortkommen ihrer Mitarbeiter und Mitarbeiter. Sie setzen klare und erreichbare Ziele, beraten und unterstützen in kooperativer Form und sorgen für Erfolgskontrolle. Sie sind mitverantwortlich für Engagement, Zusammenarbeit und Motivation aller. Wir stärken selbstständiges Handeln durch Delegation von Aufgaben und ihre verantwortliche Durchführung. Wir teilen Erfolge. Für Fehler stehen wir gemeinsam ein. Als Verwaltung sprechen wir nach außen mit einer Stimme. Meinungsverschiedenheiten diskutieren wir intern.

Wir gehen menschlich miteinander um.
Wir pflegen einen fairen und menschlichen Umgang miteinander. Ein gutes Betriebsklima hat für uns einen hohen Stellenwert. Wir ziehen die persönliche Zusammenarbeit der Korrespondenz vor.
Wir praktizieren Gleichberechtigung. Wir unterstützen unsere Kolleginnen und Kollegen. Die zur Erfüllung unserer Arbeit nötige Unter- bzw. Überordnung bezieht sich nur auf Sachaufgaben, nicht auf Menschen. Wir verstehen uns als ein großes Team. Konflikte in der Zusammenarbeit sind keine Katastrophe, sondern Ausgangspunkt für neue Lösungen. Wir wollen, dass Arbeit Freude macht!

Mit der Verabschiedung und Veröffentlichung des Leitbildes ist es nicht getan. „An ihren Taten sollt ihr sie erkennen." An diesem Maßstab messen auch viele Mitarbeiter die Leitbilder ihrer Verwaltung. Leider müssen sie feststellen, dass der Veröffentlichung keine Taten folgen. Das Handeln und Verhalten der Verwaltungsspitze und der eigenen Vorgesetzten verändert sich nicht. Gemessen an den Ansprüchen des Leitbildes bleibt die Wirklichkeit weit hinter den Erwartungen zurück. So wird aus dem Leitbild ein Leid-Bild.

Die Leitbildumsetzung macht eine genaue Bestandsaufnahme zwischen Anspruch und Realität erforderlich. Was fordert das Leitbild von uns? Was tun wir heute? Wo gibt es Diskrepanzen? Was können wir tun, um dem Leitbild näher zu kommen? Womit können wir heute anfangen?

Diese Bestandsaufnahme und Umsetzungsarbeit muss gleichermaßen zentral für übergreifende Themenstellungen, wie auch dezentral in den einzelnen Fachbereichen erfolgen. Die Leitbildaussage „Wir orientieren unser Handeln an den Erwartungen der Bürger" muss im Ordnungsamt anders ausgelegt und konkretisiert werden als im Jugendamt. Selbst im Jugendamt muss nachgehakt werden, was dieser Anspruch im Jugendzentrum bedeutet und wie er in der Vormundschaftsstelle ausgelegt werden muss.

Aus den dezentralen Diskussionen zur Umsetzung entstehen Diskussionen über die Art der Information, Aufklärung und Beratung der Bürger, aber auch über den internen Informationsfluss, die Zusammenarbeit in der Sachbearbeitungsgruppe und die Transparenz und das Zustandekommen von Führungsentscheidungen.

Führungsleitbilder

Die zentrale Bedeutung der Führungskräfte für die Umsetzung von Leitbildern, aber auch für den Erfolg der Verwaltungsmodernisierung wird in manchen Rathäusern durch die Entwicklung eines gesonderten Führungsleitbildes unterstützt. Auf der Basis der Verwaltungsreformziele und des Verwaltungsleitbildes wird gefragt, welches Führungsverhalten und welche Art der Zusammenarbeit der Mitarbeiter erforderlich ist. Von welchen Grundsätzen ist die Zusammenarbeit geprägt? Wie verstehen wir die Rolle des Vorgesetzten? Wie entstehen Zielvereinbarungen? Wie gehen wir mit Konflikten um? Welche Bedeutung hat Teamarbeit? Wie gestalten Führungskräfte dezentrale Verantwortung? Welche zentralen Führungsinstrumente gibt es?

Die Führungsleitbilder weisen zumeist einen höheren Konkretheitsgrad auf als die Verwaltungsleitbilder. Sie stellen damit eine klare Handlungsaufforderung dar und bilden eine Messlatte. Sie eignen sich als Basis für die Bemessung des Führungshandelns. Die Anforderungen an Führungskräfte werden so definiert. Hierbei wird nicht nur das Was, sondern auch das Wie der Aufgabenerledigung der Führungskraft beschrieben.

Anforderungen an Führungskräfte des X-Kreises

Die Mitarbeiter und Führungskräfte des X-Kreises arbeiten auf der Grundlage gemeinsam vereinbarter Ziele. Deshalb erläutern die Führungskräfte ihren Mitarbeitern auch die Zusammenhänge zwischen den Arbeitszielen und den übergeordneten Zielen. Sie wecken hierfür das notwendige Verständnis. Die Führungskräfte des X-Kreises sind zu einem kooperativen Führungsstil verpflichtet. Kooperative Zusammenarbeit gilt auch für die Anerkennung und Unterstützung von Aufgaben und Zielen anderer Organisationseinheiten. Die Arbeitsorganisation als Team ist anzustreben.

Konfliktfähigkeit

Konflikte sollen als Chance für Verbesserungen im persönlichen Umgang, in der Art und Weise der Arbeitserledigung und der Qualität der Aufgabenerledigung genutzt werden. Deshalb sollen künftig beim X-Kreis unterschiedliche persönliche oder sachliche Auffassungen offen miteinander erörtert werden. Unterschiedliche Interessenlagen, Arbeits- oder Denkansätze sollen bei offener Klärung und Erörterung das Selbstwertgefühl der Beteiligten stärken. Dazu gehören insbesondere das Ansprechen und Austragen von Konflikten, die Fähigkeit, Kritik anzunehmen, die ständige Kontaktpflege sowie regelmäßige Mitarbeitergespräche. In diesem Zusammenhang vorgetragene, konstruktive Kritik darf zu keinerlei Sanktionen führen.

Offenheit

Transparenz, Informationsfluss und Beteiligung gehören zu einem offenen Führungsverhalten; Informationen dürfen anderen weder vorenthalten noch als Machtmittel missbraucht werden. Die Realisierung der Ziele des X-Kreises setzt eine Vorbildfunktion der Führungskräfte voraus.

Führungskräfte sind nur glaubwürdig, wenn sie die Leistungsstandards und Verhaltensweisen, die sie an ihre Mitarbeiter stellen, selbst vorleben. Hierzu gehört auch die eigene Fortbildung. Die Gleichbehandlung von Frauen und Männern ist verpflichtend.

Förderung

Zu den Anforderungen an Führungskräfte gehört insbesondere, dass sie ihre Mitarbeiter gemäß ihren Fähigkeiten und Neigungen einsetzen, ihre Entwicklungspotenziale erkennen und sie entsprechend ihrer Leistungsfähigkeit fördern und weiterqualifizieren.

Gegenseitige Achtung

Führungskräfte sorgen dafür, dass alle Mitarbeiter in fairer Weise gehört und Meinungsverschiedenheiten gerecht gelöst werden.

Transparenz

Die erarbeiteten Anforderungen an Führungskräfte sind allen Mitarbeitern zugänglich zu machen. Durch regelmäßige Mitarbeiterbefragungen soll der Stand/Erfolg der Umsetzung allen Beteiligten transparent gemacht werden.

- Management- und Führungsaufgaben der Führungskraft

Die Aufgaben der Vorgesetzten in öffentlichen Verwaltungen sind vielfältig. Bei Gruppenleitungen und Hauptsachbearbeitern überwiegen zumeist die zeitlichen Anteile der Sachbearbeitung im Arbeitsalltag. Wir verstehen darunter die Leistungen, die direkt für Kunden erbracht werden. Hierunter fallen die Bearbeitung von Anträgen und die Beratung von Bürgern. Durch die Übernahme von Führungsaufgaben wandelt sich das Aufgabenfeld. Nicht mehr nur fachliche Aufgaben sind zu erledigen, sondern zusätzlich Führungsaufgaben gegenüber den Mitarbeitern. Hierbei geht es um den persönlichen Kontakt zu den einzelnen Personen. Im Mittelpunkt steht die Zielvereinbarung mit den Mitarbeitern. Dabei geht es um die Förderung ihrer Stärken, die Behebung von Schwächen, die Unterstützung, aber auch Information und systematisches Feedback.

Tabelle 2: Unterscheidung von Management- und Führungsaufgaben

Aufgabenfeld	Inhalte
Sachbearbeitung	Konkrete fachliche Bearbeitung für Kunden
Management/Leitung	Planung, Zielentwicklung, Ressourcensicherung, Außenvertretung für eine Organisationseinheit
Führung	Information, Zielvereinbarung, Förderung, Koordination, Kontrolle der Mitarbeiter

Bei den fachlichen Aufgaben hat die Führungskraft auch Managementaufgaben zu gestalten. Hierzu gehören u. a. die Planung des Aufgabengebietes, die Entwicklung von Zielen und die Außenvertretung.

Übung: Analyse des eigenen Tätigkeitsbereiches

Listen Sie Ihre Tätigkeiten auf. Welche fallen in den Bereich der Sachbearbeitung, der Führung und des Managements des Aufgabengebietes ?

Sachbearbeitungsaufgaben	Zeitumfang
Führungsaufgaben	Zeitumfang
Managementaufgaben	Zeitumfang

Je höher Sie in der Hierarchie stehen, desto mehr sollten die Sachbearbeitungsaufgaben abnehmen. Als Amtsleiter in einer mittleren Verwaltung sollten Sie keine eigenen Sachbearbeitungsaufgaben mehr wahrnehmen. Ihre wichtigste Aufgabe ist das Management des Aufgabengebietes und die Führung der Mitarbeiter. In den fachlichen Aufgaben leiten Sie Mitarbeiter an und beraten sie. Der Umfang von Führungs- und Managementaufgaben hängt von der Anzahl der Ihnen direkt unterstellten Mitarbeitern ab. Je mehr Mitarbeiter Ihnen direkt unterstellt sind, um so mehr Zeit benötigen Sie für die Führung.

Der Weg zu einem neuen Führungsverständnis –
Das neue Handeln der Führungskraft: So kann es aussehen

Im Zentrum der Vorstellungen über das Handeln der künftigen Führungskraft liegt das ziel- und ergebnisorientierte Führen. Was kann man sich genau darunter vorstellen? Wir haben die Äußerungen verschiedener Führungskräfte zusammengefasst und als kurze Berichte aufbereitet. Petra Bernd ist Amtsleiterin in Zielstadt. Im Rahmen der Reformbemühungen haben die Amtsleiter von Zielstadt wesentlich mehr Verantwortung erhalten.

„Als wir in Zielstadt mit der Verwaltungsreform begonnen haben dachte ich, dass das letztlich zu einigen kleineren Änderungen führt. Ich war dann ziemlich geschockt als mir klar wurde, dass es diesmal ernst gemeint war. Viele schöne Begriffe wie „dezentrale Ressourcenverantwortung", „Kontrakt", „Zielvereinbarung" hatte ich für mich gar nicht hinterfragt. Als es dann aber doch kam, war es ganz schöner Schock und zuerst einmal das Gefühl: Schaffst du das eigentlich? Willst Du das denn wirklich?

Ich war drei Jahre vorher Amtsleiterin geworden. Davor war ich Abteilungsleiterin. Mein Arbeitstag als Amtsleiterin war gut ausgelastet. Ich habe zur Hälfte schwierige Einzelfälle bearbeitet, bzw. mit den Abteilungsleitern und Gruppenleitern geklärt. Die andere Hälfte meiner Zeit waren Besprechungen im Dezernat, im Kreis, mit Landesbehörden und was es da so alles gibt. Abends dann habe ich immer einige Akten mit nach Hause genommen. Insbesondere habe ich mir dann noch Gedanken gemacht, die eher konzeptioneller Art waren. Aber eigentlich sind diese Fragen eher immer hinten runtergefallen.

Als es dann konkreter wurde mit den Veränderungen türmte sich ein Berg an Arbeit vor mir auf. Wir haben Produkte definiert, Kennzahlen entwickelt, Ziele mühsam diskutiert und einzelne Tätigkeiten und Aufwendungen den verschiedenen Produkten zugeordnet. Es gab dabei Phasen, wo wir alle – glaube ich – den Wald vor lauter Bäumen nicht mehr gesehen haben. Wir haben viele Anforderungen mechanisch abgearbeitet. Die Vereinfachung und Entlastung war nicht erkennbar. Zuerst sahen wir nur mehr Arbeit und noch mehr Arbeit.

Ich habe damals vielen Sachbearbeitern immer wieder gesagt, diese Arbeit machen wir jetzt einmal und danach ist das abgeschlossen. Das war wirklich ein Irrtum. Wir hatten mit bestimmten Fragen immer wieder zu tun: Zum Beispiel der Frage nach den Zielen und den Ergebnissen. Aber genau betrachtet, ist das das zentrale Element meiner heutigen Arbeit. Ich befasse mich nur noch ganz selten mit einzelnen Fällen. Selbst schwierige Einzelfälle bearbeiten heute die Abteilungsleitern selber. Wenn sie einmal alleine nicht weiter kommen, setzen sich die drei zusammen und klären den Fall. Ich werde häufig nur noch informiert. Aber das ist in aller Regel ok.

Meine wichtigste Aufgabe ist es heute, zu klären: Wie geht es weiter? Das passiert im Jahresablauf in unterschiedlicher Form immer wieder. Zu Beginn des Jahres führe ich mit den Abteilungsleitern, ihren Stellvertretern und meiner Sekretärin ein ausführliches Gespräch. Darin legen wir die fachlichen Ziele für die einzelnen Bereiche fest. Viel wichtiger ist dabei aber die Frage nach der persönlichen Weiterentwicklung, des Arbeitsstils und der Zusammenarbeit. Denn daraus ergeben sich z. B. auch Fragen der Fortbildung im Laufe des Jahres und des Verhältnisses zwischen mir und dem Mitarbeiter.

Eine Frage ist mir dabei sehr wichtig geworden: Was kann ich tun, damit Du Deine Arbeit besser machen kannst und was sollte ich vielleicht besser unterlassen? Zuerst hat diese Frage meine Mitarbeiter ziemlich verwirrt, später kamen dann aber eine ganze Menge hilfreicher Anregungen. Ich habe dabei z. B. gelernt mich mehr zurückzuhalten, wenn Bürger direkt bei mir anriefen. Es kommt ja immer wieder vor, dass die Sachbearbeiter übergangen werden und direkt die Amtsleiterin angerufen wird. Früher habe ich dann auch Auskünfte gegeben. Meine Abteilungsleiter haben mir dann einmal gesagt, dass das immer wieder zu Enttäuschungen und Problemen führt. Heute halte ich mich da zurück und vermittle Bürger, die direkt bei mir anrufen, an die zuständigen Sachbearbeiter.

Gegenstand des Zielgespräches ist es auch festzulegen, in welcher Weise es über die Ergebnisse ein Feedback geben soll und was wir tun, wenn sich Rahmenbedingungen ändern oder politische Beschlüsse gefasst werden, die unsere intern vereinbarten Ziele betreffen. Wir gehen das heute ganz pragmatisch an und sagen, wir planen das, was wir planen können. Veränderungen werden dann berücksichtigt, wenn sie absehbar werden und feststehen. Konkret fragen wir alle drei Monate, wo wir im Hinblick auf die amts- und produktbezogenen Ziele stehen, ob sich Rahmenbedingungen verändert haben oder möglicherweise verändern werden und welche Auswirkungen das auf unsere Planungen hat. Diese Diskussion zwingt uns dazu immer wieder unsere Ziele vorzuholen und zu schauen, arbeite ich in die Richtung oder nicht. Das ist so eine Art Selbstdisziplinierung, die dabei ganz automatisch mitläuft.

In der ersten Zeit war es schwer, immer wieder nach den Zielen zu fragen. Wir mussten aufpassen, dass wir Ziele und Maßnahmen auseinander hielten. Ich habe dann einmal gemerkt, dass es nicht mein Geschäft ist, die Umsetzungsmaßnahmen im Blick zu haben. Es reicht, wenn ich nach den Zielen frage. In einer Fortbildung ist mir die kleine Frage „Wozu dient das?" im Kopf hängen geblieben. Die ist mir immer wieder hilfreich, damit ich auf das Wesentliche zurückkomme. Ich trage die Verantwortung für die Definition und die Unterstützung bei der Zielerreichung. Die Abteilungsleiter haben die operative Umsetzung zusätzlich im Blick.

Mit dieser Unterscheidung konnte ich dann auch den Kopf frei kriegen. Alle Aspekte, die an mich herangetragen wurden, unterschied ich erst einmal nach diesem Raster. Dadurch konnte ich fast zwei Drittel der Arbeit, die im Alltagsgeschäft viel Zeit kostete, abgeben. Innerhalb eines halben Jahres, habe ich festgestellt, hat sich vieles verändert. Die Abteilungsleiter berichteten mir, dass durch die vereinbarten Ziele viele Fragen schneller beantwortet wurden. Sie fragen immer wieder ihre Mitarbeiter: Was ist das Ziel? Und welche Handlungsalternative ist im Hinblick auf das Ziel am hilfreichsten? Ich glaube mittlerweile, dass sich das Klima in unserem Amt deshalb so verbessert hat, weil wir sehr viel Wert auf Klarheit gelegt haben. Viele Sachbearbeiter haben erst gemurrt: jetzt habe ich so viel Verantwortung, wie soll ich das alles schaffen und so weiter. Inzwischen haben sie erkannt, dass sie ihre Vorgänge sehr viel zügiger bearbeiten können. Sie haben in vielen Bereichen mehr Sicherheit, weil sie die Ziele kennen, die verfolgt werden und seltener nachfragen müssen. Und sie wissen eines, wenn sie sich an den vereinbarten Zielen orientieren und ihr Tun danach ausrichten, wird ihnen niemand den Kopf abreißen, wenn doch einmal etwas schief geht."

Jürgen Petersen ist in einer etwas anderen Situation. Er ist im Baubereich einer Landesverwaltung tätig. Durch die Verflachung der Hierarchie ist eine Hierarchieebene völlig weggefallen. Als Referent arbeitet er nun mit zweiundzwanzig Ingenieuren und Planern zusammen. Sie betreuen in einem räumlich recht großen Gebiet durchschnittlich fünfzig Bauvorhaben.

„So geht das nicht. Ich kann doch nicht zwanzig Mitarbeiter führen. Ich kann doch nicht mit jedem Zielgespräche führen. Ich habe doch genug damit zu tun, die Bauprojekte zu überwachen." Ja, das war meine erste Reaktion, als ich von diesem neuen Projekt in der Verwaltung hörte. Durch den Wegfall der Hauptsachbearbeiter landete alles bei mir. Wenn etwas da und dort nicht klappte, war ich gefragt. Ich war der erste in der Verwaltung, der ein Handy hatte. Und das klingelte andauernd. Jeder fragte mich, jeder Mist wurde bei mir abgeladen.

Nach drei Monaten habe ich das nicht mehr ausgehalten. Meine Frau hat gesagt, ,jetzt änderst Du etwas, sonst hast Du in ein paar Monaten einen Herzinfarkt. Damit nützt Du niemandem etwas. Ich habe dann einen ganz radikalen Schnitt gezogen, habe eine Woche Urlaub gemacht, mich zwei Tage beraten lassen von einem Coach. Danach habe ich alle meine Mitarbeiter zusammengezogen. In zwei Tagen haben wir eine neue Zuständigkeitsregelung erarbeitet. Ausgangspunkt war die Frage: Was muss sich ändern, damit vor Ort in den Bauprojekten mehr selbst von den Mitarbeitern entschieden werden kann?

Ganz wichtige Ergebnisse waren dann, dass der Informationsfluss verändert und klar definiert wird, wo ich als Referent gefragt werde und wo nicht. Wir waren uns im Vorfeld ganz einig, dass das alles geregelt sei. Als wir uns dann aber die alltäglichen Kleinigkeiten angeguckt haben, die uns immer wieder stören, haben wir viele Lücken festgestellt. Wir sind dann ganz grundsätzlich rangegangen und haben festgelegt: Alle Informationen gehen zu den Projektmitarbeitern. Nur wesentliche Abweichungen von den Projektplanungen werden mit mir besprochen, sonst haben die Ingenieure Handlungs- und Entscheidungskompetenz.

Ich habe dann aber gemerkt, dass es mir nicht nur um die sachlich-inhaltlichen Ziele ging. Die haben wir eigentlich im Projektmanagement festgelegt. Mir ging es auch um die Frage nach der Gestaltung der Arbeit, dem ,Wie?'. Dazu war es dann doch ganz sinnvoll, diese Jahreszielgespräche zu führen. Der Schwerpunkt lag in der Frage des Umgangs miteinander und mit den Bauunternehmen vor Ort und der Abstimmung zwischen Planung und Ausführung im Referat. Der Ton macht tatsächlich die Musik.

Ich habe dann mit einigen Mitarbeitern vereinbart, dass ich mit ihnen immer mal mitgehe und mich etwas zurückhalte. Ich bin dann so etwas wie ein Beobachter. Anschließend gebe ich den Mitarbeitern Feedback, wie ich sie erlebt habe, was ich positiv und hilfreich fand und was die Situation eher erschwert hat. Diese Rückmeldung hat den Mitarbeitern auch einen guten Eindruck davon vermittelt, wie ich mir die Gestaltung der Arbeit konkret vorstelle. Wir Ingenieure haben da ja eher faktenorientierte Vorstellungen, wenn wir über Dinge reden. Da geht es um genaue Maße und Zahlen. Hier wird nun die Art und Weise wie man miteinander redet und welche Einstellung man zueinander hat viel wichtiger.

Ich konnte nach solch einem Gespräch viel mehr Vertrauen in meinen Mitarbeiter setzen, weil ich nicht nur wusste, dass er fachlich die Dinge ordentlich macht, sondern auch der Stil wirkungsvoll ist.

Wir haben heute projektbezogene Dienstbesprechungen und alle zwei Monate mit allen Referatsmitarbeitern eine ganztägige Besprechung. In der geht es aber nicht um einzelne Projekte, sondern um Tipps und Anregungen, aber auch die Art der Zusammenarbeit. Dabei wird auch immer wieder deutlich, wo es unter den Kollegen Streit und Konflikte gibt, die wir dann anschließend angehen."

An dieser Stelle steigen Sie in die Arbeit richtig ein. Dieses Kapitel und alle weiteren sind als Arbeits- und Lernbuch gestaltet. Neben Hinweisen und Einführungen stellen wir Ihnen Beispiele aus der Praxis und immer wieder Übungen für die eigene Auseinandersetzung mit der Führungsaufgabe, der Rolle als Führungskraft und für den Führungsalltag zur Verfügung.

Sie werden von diesem Buch besonders profitieren, wenn Sie die einzelnen Übungen praktisch durcharbeiten und sich eigene Notizen machen. Manche Übungen kann man immer wieder einmal aktualisieren. Dies schärft Ihre Aufmerksamkeit und verdeutlicht Ihnen Veränderungen im Führungsalltag.

Übung: Erwartungen klären/Umfeldanalyse

Das Führungshandeln ist den Erwartungen verschiedener Personen ausgesetzt. Machen Sie sich zunächst einmal klar, wer in Ihrem Umfeld für Sie wichtig ist, wer Einfluss auf Ihr Führungshandeln nimmt.

Sie stehen im Mittelpunkt Ihrer beruflichen Aktivitäten. Überlegen Sie nun einmal, mit wem Sie wichtige Kommunikations- und Arbeitsbeziehungen haben. Tragen Sie diese in Felder um sich herum ein (s. Beispielzeichnung). Wenn Sie die „Umwelten" definiert haben, suchen Sie sich die wichtigsten heraus.

Beschreiben Sie nun, welche Erwartungen Sie an diese Person/Institution etc. haben und diese an Sie. Überlegen Sie vorrangig vermutete, unausgesprochene Erwartungen. Erwartungen sind meist nicht ausgesprochen! Nachdem Sie die wechselseitigen Erwartungen definiert haben, beschreiben Sie nun, welche Handlungen aus den Erwartungen resultieren.

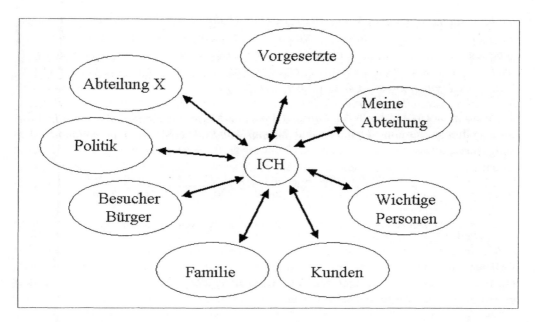

Abb. 7:   Einflussnahme auf das Führungshandeln

Haben Sie die Erwartungen der anderen schon einmal überprüft? Falls nicht, arbeiten Sie nicht länger Ihre Phantasien ab, sondern fragen Sie nach, klären Sie Erwartungen, damit Sie Ihre Handlungen zielgerichtet und nutzenbringend ausrichten können (was nicht heißt, dass Sie nach den Erwartungen anderer handeln sollen, zum „Handlanger" werden).

- Bei sich selbst anfangen

Ich will doch andere Menschen führen, warum soll ich dann bei mir selber anfangen? Wer führen will, muss sich bewusst sein, was er warum tut. Es gibt eine Fülle von Motiven in einer bestimmten Art und Weise zu handeln. Bewusste Motive und unbewusste Motive. Offen formulierte und verschwiegene Motive.

Übung: Motive fürs Führen

Beantworten Sie die folgenden Fragen für sich persönlich. Sie können damit Ihren unterschiedlichen Motiven für das Führungshandeln näher kommen. Seien Sie ehrlich. Niemand außer Ihnen muss die Ergebnisse zu lesen bekommen.

— Warum sind Sie Führungskraft geworden? Warum wollen Sie Führungskraft werden?

— Welche dieser Motive dürfen Ihre Mitarbeiter kennen?

— Welche Motive dürfen sie nicht kennen oder sollten sie besser nicht kennen?

— Was glauben oder vermuten andere über die Motive, die Sie persönlich dazu bewegen, Führungskraft zu sein oder werden zu wollen?

Es reicht nicht, einen Grundbaukasten mit Bausteinen und Werkzeug zu besitzen, es gilt zumindest in Ansätzen, das eigene Handeln zu verstehen und eine eigene Haltung zur Führungsaufgabe zu entwickeln. Je bewusster und klarer Sie diese Haltung entwickeln, um so leichter fällt es Ihnen, in den unterschiedlichsten Situationen angemessene Vorgehensweisen auszuwählen und erfolgreich einzusetzen.

Sie werden bewusster durch das Führungsleben laufen, wenn Sie sich mit den folgenden Hilfestellungen auseinandersetzen und für sich einige Aspekte Ihres persönlichen Führungsverständnisses durcharbeiten. Als Führungskraft geraten Sie immer wieder in neue Situationen, für die Ihr Erfahrungsschatz noch keine Hilfe ist. Dann gilt es bewusste, gewünschte und ungewünschte Reaktionsweisen zu unterscheiden und nicht alleine impulsiv zu handeln.

Joachim-Ernst Behrendt (Geschichten wie Edelsteine) stellt uns eine kleine Erfahrung aus alter Zeit zur Verfügung:

Es hängt von dir ab

Ein weiser Lama hielt eine Lehrrede vor vielen Zuhörern. Dieser Lama hatte einen Schüler, der neidisch war und kein Vertrauen besaß. Der Schüler kam mit einem kleinem Vogel in der Hand zum Vortrag. Er sagte: „Lama, wenn du wirklich so weise bist, sage mir ob der Vogel in meiner Hand lebendig ist oder tot."

Der Schüler hatte sich folgendes vorgenommen: Wenn der Lama sagt: tot, würde er den Vogel fliegen lassen, und jeder könnte sehen, dass sich der weise Mann genauso oft täuscht wie alle anderen. Wenn er sagt: lebendig, würde er den kleinen Vogel schnell zerdrücken. In beiden Fällen wäre der Lama in einer peinlichen Lage.

Der Lama jedoch war wirklich weise. Er kannte seinen Schüler, blickte ihm in die Augen und antwortete: „Es hängt von dir ab, mein Freund." (nach Fred von Allmen)

Führungshandeln fordert immer wieder Entscheidungen. Nicht immer kann ich mir Zeit lassen und darüber nachdenken. Häufig agiere ich in der Situation spontan. Damit Sie dann angemessen reagieren, ist es wichtig sich einige Aspekte klarzumachen.

Eine häufig auftretende Situation ist eine zwischen „Tür und Angel" von einem Mitarbeiter gestellte Entscheidungsfrage an die Führungskraft: „Wie soll ich diesen Vorgang bearbeiten?" oder „Was soll als nächstes passieren?"

Wie reagieren Sie in dieser Situation? In den meisten Fällen reflektieren wir den Vorgang, bewerten die Fakten und geben eine praktische Anweisung, was nun zu tun ist. Wenn alles gut geht, begründen Sie auch noch Ihre Entscheidung, damit sie nachvollziehbar ist.

Richtig gehandelt? Ja, in vielen Situationen ist das tatsächlich richtig. Oder, vielleicht doch nicht immer. Letzte Woche hatten Sie ein Gespräch mit dem Mitarbeiter über selbstständiges Arbeiten und Ihren Wunsch nach verstärkter Entscheidungsfreude bei dem Mitarbeiter. Aus dem Gespräch sind Sie mit einem guten Gefühl heraus gegangen.

Vor diesem Hintergrund ist Ihr Führungshandeln anders zu beurteilen. Wenn Sie Ihrem Ziel für die Entwicklung des Mitarbeiters treu bleiben wollen, sollten Sie nicht eine

Antwort geben, sondern eine Informationsfrage stellen, die den Mitarbeiter mit seiner Entscheidungsaufgabe fordert, z. B.: Was meinen Sie, wie der Vorgang bearbeitet werden sollte? Oder: Was meinen Sie, sollte jetzt von Ihnen unternommen werden?

Wenn Sie sich sehr bewusst sind, was Ihr Führungshandeln beeinflusst und was die wirklich wichtigen eigenen Erfahrungen sind, dann fällt es Ihnen leichter, in solchen Situationen zielwirksam zu handeln.

Übung: Meine persönliche Führungsgeschichte

Kein Mensch wird als Führungskraft geboren: In Schule und Berufsausbildung lernt kaum jemand das Führungshandwerk. Woher kommen dann die persönlichen Einstellungen zum Führen und das Handwerkszeug? Eine wichtige, aber unbewusste Quelle sind die eigenen Situationen, in denen wir Führung erlebt haben.

Diese Erfahrungen prägen, stärker als wir es uns eingestehen, unser Führungshandeln, im Positiven wie im Negativen. Reflektieren Sie mit Hilfe der folgenden Fragen Ihre persönliche Führungsgeschichte.

Teil A: Meine Führungsgeschichte

	Von wem sind Sie in Ihrem Leben geführt worden?	Was ist Ihnen davon besonders eindrücklich in Erinnerung geblieben?
In der Familie, dem Elternhaus		
In Kindergarten und Schule		
In der Freizeit, im Verein, in der Kirche, während der Jugendzeit		
In der Berufsausbildung		
Im Wehr- oder Zivildienst o. ä. Situationen wie Praktika, Freiwilligeneinsatz (FÖJ/FSJ)		
In den ersten Berufsjahren		
In der Freizeit als Erwachsener		
In der letzten Zeit im Berufsleben		
In anderen Situationen		

Teil B: Fördernde Führung

Welches Führungsverhalten hat Sie besonders gefördert und unterstützt?	Welche Kehrseiten hat dieses Verhalten? In welchen Situationen ist dieses Verhalten evtl. nicht sinnvoll?

Teil C: Verärgernde Führung

Welches Führungsverhalten hat Sie persönlich besonders verärgert und in Ihrer Entwicklung gehindert?	Welche Konsequenzen haben Sie damals daraus für sich geschlossen?

Teil D: Erstrebenswerte Führung

Welche Verhaltensweisen einer Führungskraft halten sie aufgrund Ihrer persönlichen Erfahrungen für besonders erstrebenswert?	Ist dieses Verhalten für alle Situationen tauglich oder nur in bestimmten Situationen anwendbar?	
	Immer anwendbar	In folgenden Situationen hilfreich

Mit der Beantwortung dieser Fragen haben Sie einen wichtigen Schritt zur Aufklärung getan, zum Erkennen und Verstehen der persönlichen Wurzeln und Ursprünge Ihrer Einstellung zu einem angemessenen Führungsverhalten. Vielleicht sind Sie bereit, noch einen kleinen weiteren Schritt zu gehen.

Die meisten Menschen greifen in schwierigen, unübersichtlichen Führungs- und Konfliktsituationen auf Handlungsmuster zurück, die sie eigentlich ablehnen. In manchen Situationen fühlt man sich in die Ecke gedrängt und hält die Situation für ausweglos. Ein Befreiungsschlag wird versucht und dabei mehr Porzellan zerschlagen als vielleicht nötig. Meist geht es dabei dann zu Lasten aller Beteiligten. Dies sind Situationen, in denen man aus der Haut fährt.

Viele dieser destruktiven Handlungen haben ihren Ursprung in früheren Erfahrungen. Auch wenn wir bei genauem Nachdenken diese Handlungsweise selbstverständlich von uns weisen und als wenig hilfreich erkennen, erinnern wir uns in bestimmten Situationen auf der Suche nach Handlungsmöglichkeiten an „Vorbilder" und ahmen ihr Vorgehen nach.

Dies ist sicher in der konkreten Situation sehr ärgerlich, andererseits aber auch nur zu verständlich. Wir haben die störende Handlungsweise zwar kennen gelernt, aber nicht bewusst eine positive Handlungsweise erarbeitet. Mit dem Erleben einer ärgerlichen Situation können wir nicht direkt eine verbesserte Situation verbinden.

Sprachlich drückt sich das in dem Problem der Verneinung aus. Der Satz: „Ich will keinen Ärger haben" gibt uns keine Informationen, was der Sprecher denn statt dessen haben will und wie gehandelt werden soll. Erst durch die Aussage: „Ich will jede Woche über den Stand der Entwicklungen informiert werden und darüber hinaus bei Abweichungen von unserer Planung sofort ein Memo erhalten, damit ich nicht andernorts überrascht werde," erhält der Zuhörer eine Handlungsperspektive.

Zurück zu Ihrer persönlichen Führungsgeschichte. Erst wenn Sie darüber nachgedacht haben, wie das abgelehnte erlebte Führungshandeln anders aussehen könnte, gewinnen Sie Handlungsmöglichkeiten für Ihren Alltag.

Übung: Störendes und hilfreiches Führungsverhalten

Nehmen Sie sich noch einmal die Führungssituationen vor, die Sie persönlich als störend empfunden haben. Tragen Sie in die rechte Spalte der unten stehenden Tabelle ein, was Sie als angemessenes Reagieren empfunden hätten oder aus heutiger Sicht für passender halten.

Führungsverhalten, das mich gestört hat	Führungsverhalten, das in der Situation hilfreicher und angemessener gewesen wäre

- Die eigene Motivationsstruktur erkennen

„Ich habe ganz gezielt darauf hingearbeitet, Amtsleiter zu werden. Ich wäre nicht damit zufrieden gewesen, mein ganzes Leben als Sachbearbeiter tätig zu sein. Es gibt in meinem Inneren etwas, das mich dazu treibt, Dinge in die Hand zu nehmen und sie auf den Weg zu bringen. Ich will gestalten. Ich muss dann die Sachen nicht selber umsetzen. Aber ich kann mich darüber freuen, wenn meine Ideen bei anderen auf fruchtbaren Boden fallen, wenn sie damit arbeiten, es weiterentwickeln und Erfolge erzielen. Ja, ich bin auch stolz darauf, dass es uns gelungen ist, einen neuen Arbeitsbereich in den letzten Jahren zu schaffen und einige alte Zöpfe abzuschneiden. Dadurch hat es mehr Spielraum gegeben und wir konnten Neues ausprobieren. Manches hat sich bewährt, das haben wir weiterentwickelt. Anderes hat sich nicht so gut angelassen, das haben wir verändert oder wieder sein gelassen. Die Möglichkeit so zu handeln habe ich erst gehabt, als ich als Amtsleiter auch einen gewissen Freiraum hatte, vorher sind viele meiner Ideen abgeblockt worden. Daraus habe ich gelernt. Ich versuche selber bevor ich mit eigenen Ideen nach draußen gehe, die betroffenen Mitarbeiter einzubinden. Ich frage sie, was sie davon halten. Manche Idee hat sich dabei zerschlagen, andere sind verändert worden und bei machen habe ich tatsächlich einiges an Überzeugungskraft gebraucht, aber ich habe sie auch durchgesetzt, weil ich davon überzeugt war, dass sie richtig waren."

Die Motivation dieses Amtsleiters liegt sehr stark im Gestaltungswillen. Es gibt viele Gründe, Führungskraft zu werden. Manche erscheinen auf den ersten Blick plausibler, andere weniger überzeugend:
- Ich bin lange genug Sachbearbeiter, ich bin jetzt dran.
- Es gab intern zur Zeit niemand anderen, der das hätte machen können.
- Ich bin gefragt worden.
- Ich wollte es mir und den anderen beweisen als einziger Pflegedienstleiter unter lauter Frauen.
- Es war die einzige Möglichkeit, eine Besoldungsstufe hoch zu rutschen.
- Wenn ich es nicht gemacht hätte, hätte es ein anderer gemacht.
- Ich habe so viel Fachkenntnisse.
- Ich habe ein gutes Händchen für den Umgang mit Menschen.
- Ich will den Fachbereich voranbringen.
- Ich kann gut zuhören und in Konflikten vermitteln.
- Ich habe mir gedacht, was der kann, der den Job bislang gemacht hat, das kann ich schon lange.

Gerade in öffentlichen Verwaltungen sind Führungsaufgaben häufiger nach dem Senioritätsprinzip besetzt worden als nach der Eignung. Die überall zu beobachtende Besetzung nach dem Vitamin B-Prinzip oder nach Parteibuchwirtschaft lassen wir hier einmal außer Acht. Das Senioritätsprinzip verweist auf die Fachkenntnis und fachliche Erfahrung. „Die beste Fachkraft ist für Führungspositionen am besten geeignet." So sind Hauptsachbearbeiterpositionen mit Führungsverantwortung entstanden. Manch einer ist dabei immer nur als erster Sachbearbeiter tätig geworden und hat Führungsaufgaben nie wahrgenommen.

Je nach Führungsposition sind fachliche Kenntnis, Methodenwissen, inhaltlicher Gestaltungswillen, Interesse an der Führung von Menschen in unterschiedlicher Weise erforderlich. Dabei wird vielfach die detaillierte Fachkenntnis überbewertet.

Wer seinen Lebensinhalt darin sieht, als Fachexperte anerkannt zu werden und Vorgänge abzuarbeiten, kann sehr gute Leistung als Sachbearbeiter erbringen. Diese Person zieht ihre Bestätigung für gute und erfolgreiche Arbeit aus der Zahl der selber abgeschlossenen Akten. Als Führungskraft ist die wichtigste Aufgabe das Arbeitsgebiet weiterzuentwickeln und andere dahin zu bringen, möglichst viele Akten im Monat abzuschließen. Manch ein Fachexperte wird in der neuen Rolle nicht glücklich sein.

Wir beobachten dies häufig dann, wenn ein Abteilungsleiter sich in großem Umfang Akten vorlegen lässt oder sich eine große eigene Bearbeitungsrate vornimmt. Bei Gesprächen über Führung hören wir dann vielfach: „Zum Führen habe ich doch gar keine Zeit, ich muss doch selber so viele Akten bearbeiten." Dass dies dieser Führungskraft sogar sehr gelegen kommt, wird dabei natürlich verschwiegen.

Deshalb sollten Sie für sich sehr deutlich vor Augen haben: Warum will ich Führungskraft sein? Die folgenden Fragen bieten eine erste Orientierung.

Übung: Warum will ich Führungskraft sein?

Was will ich mir persönlich beweisen, zeigen?

Was will ich anderen beweisen, zeigen?

Was will ich inhaltlich, fachlich bewegen?

Timothy Butler und James Waldroop leiten das Karriere-Entwicklungsprogramm an der Harvard Business School. Die amerikanischen Forscher haben sich mit den grundlegenden Motiven und Interessen im Berufsleben befasst. Sie identifizierten acht Antriebskräfte, die zur Zufriedenheit beitragen. Die Zufriedenheit im Beruf ist ein wichtiger Faktor für besondere Leistungen. Im Rahmen ihrer Karriere- und Berufsberatung konnten sie feststellen, dass diese Einflussfaktoren wesentlich wichtiger sind als z. B. mehr Geld. Die meisten Menschen entdecken Interessenschwerpunkte in ein bis drei Bereichen dieser Typologie.

Acht Antriebskräfte, die zur Zufriedenheit beitragen können:

1. Interesse an Technik
   Es gibt Menschen, die sich ständig damit beschäftigen, wie sich Technik besser zur Lösung von Geschäftsproblemen nutzen lässt. Sie müssen nicht unbedingt eine technische Ausbildung haben. Häufig sind sie daran erkennbar, weil sie ein Problem systematisch zerlegen und es Stück für Stück betrachten. Sie wollen erst restlos verstehen, wie alle Teile funktionieren.
2. Umgang mit Zahlen
   Manchen Menschen schätzen quantitative Analysen und erweisen sich dabei als wahre Zahlenkünstler. Sie nutzen Zahlen als Grundlage für die Bewertung von Vorgängen und entwickeln auf dieser Basis Handlungsvorschläge.

3. Theorieentwicklung und konzeptionelles Denken

Manchen Leuten bereitet nichts mehr Vergnügen als über abstrakte Ideen nachzudenken und zu diskutieren. Weil sie theoretische Fragestellungen schätzen, interessiert sie mehr das Warum einer Strategie als das Wie der Umsetzung.

4. Interesse an kreativem Gestalten

Manche Menschen schätzen am meisten den Beginn eines Projektes. Da steht noch vieles in den Sternen oder etwas Neues kann aus dem Nichts geschaffen werden. Am stärksten engagiert wirken diese Menschen beim Brainstorming oder beim Finden unkonventioneller Lösungen. Sie sind nicht alle an künstlerischen Dingen interessiert. Sie versuchen jedoch immer wieder Dinge auf eine neue, andersartige Weise zu machen.

5. Beratung und Hilfeleistung

Diese Menschen sind von einem tiefen Interesse an ratgebenden oder unterstützenden Tätigkeiten geprägt, die es ihnen erlauben, Mitarbeiter, Kollegen oder Kunden zu einer besseren Leistung zu verhelfen. Als Führungskräfte haben sie ein großes Interesse, ihre Mitarbeiter zu fördern und zu unterstützen. Im Vordergrund steht die persönliche Entwicklung des einzelnen Mitarbeiters.

6. Menschenführung und Beziehungsmanagement

Der Wunsch, Menschen zu beraten und zu betreuen ist das eine, sie führen zu wollen eine andere Sache. Diesen Menschen macht es Freude, an ihrem Arbeitsplatz täglich die zwischenmenschlichen Beziehungen zu pflegen. Sie richten den Blick mehr auf die Arbeitsergebnisse des Einzelnen als auf deren persönliche Entwicklung. Sie versuchen andere zu beeinflussen und haben dabei als vorrangiges Ziel die Organisationsziele im Blick.

7. Interesse an Macht und Kontrolle

Es gibt Menschen, die von Kindesbeinen an betont selbständig agieren und gern über andere bestimmen. Sie sind zufrieden, wenn sie klare Entscheidungsbefugnisse besitzen und festlegen können, wo es hingehen soll. Dieses Interesse zeigt sich sehr deutlich darin, dass diese Personen so viel Verantwortung wie möglich für sich beanspruchen.

8. Einfluss per Kommunikation und Ideen

Einige Leute lieben Ideen um ihrer selbst willen, andere äußern sie aus schierer Freude daran, Verhandlungen zu führen oder Überzeugungsarbeit zu leisten. Sie haben ein hohes Interesse daran, andere Menschen durch Sprache und Ideen zu beeinflussen.

Übung: Antriebskräfte der Führung

Lesen Sie sich die Beschreibung der acht grundlegenden Faktoren für Zufriedenheit im Beruf durch. Mit den folgenden Fragen analysieren Sie diese Punkte in Bezug auf Ihren Vorgesetzten, Sie selbst und Ihre Position als Führungskraft.

1. Schritt: Welche dieser Faktoren sind Ihrem Vorgesetzten persönlich besonders wichtig?

2. Schritt: Welche Interessenlagen charakterisieren Sie persönlich besonders gut und in welchen Situationen wird das auch für andere deutlich erkennbar?

3. Schritt: Welche dieser Dimensionen halten Sie für eine Führungskraft in Ihrer Position und den aktuellen Herausforderungen an Ihrem Arbeitsplatz für besonders wichtig?

Situativ führen

Die Führungsstile, die wir bisher vorgestellt haben, haben ein entscheidendes Merkmal: Eine Führungskraft behandelt alle gleich, ist zu allen Mitarbeiter gleich autoritär oder gleichgültig. Für einige Mitarbeiter mag es hilfreich sein, immer genaue Anweisungen zu bekommen, weil sie vielleicht neu in der Abteilung sind oder noch unsicher mit den Aufgaben. „Alte Hasen" dagegen fühlen sich gegängelt und eingeschränkt in ihren Bestreben, selbständiger handeln zu können, sie werden demotiviert. Der „situative Führungsstil" zielt darauf ab, Menschen nicht immer gleich, sondern je nach Situation und Aufgabe unterschiedlich zu behandeln. Damit Sie dies aber können, ist es notwendig, dass Sie sich einen Überblick verschaffen, was Ihre Mitarbeiter können und wo sie Schwächen haben.

Übung: Einschätzung von Mitarbeitern

Machen Sie eine Aufstellung für einen Ihrer Mitarbeiter:

Was kann mein Mitarbeiter in der Arbeit gut?	Woran merke ich, dass er es gut kann? Woran erkennen andere, dass er es gut kann?	Was kann mein Mitarbeiter in der Arbeit nicht gut?	Woran merke ich, dass er es nicht so gut kann? Woran erkennen andere, dass er es nicht so gut kann?

Beginnen Sie mit der Aufgabe, die nicht gut beherrscht wird. In diese Kategorie fallen auch neue Mitarbeiter, die lernen müssen und denen es keine Hilfe wäre, wenn Sie denen sagten, hier sind die Unterlagen, nun mach mal. Hier braucht der Mitarbeiter konkrete Anleitung, Überwachung der Durchführung und regelmäßige Rückmeldung über die Beherrschung der Aufgaben. Der Mitarbeiter ist bzgl. dieser Aufgabe Anfänger, auch wenn er schon lange Jahre in der Verwaltung arbeitet. Hier benutzen Sie bewusst Vorgehensweisen des „autoritären" Führungsstils. Sie sind jedoch nicht autoritär im landläufig negativen Sinn, indem Sie keinen Widerspruch dulden usw., sondern Sie handeln als Autorität, als Lehrer, der seinem Mitarbeiter etwas beibringt und Interesse daran hat, ihn zu fördern, selbständig zu machen. Sie gewähren eine Schutz- und Lernatmosphäre, wenn Sie alle nötigen Schritte vorgeben und zeigen, wie es gemacht wird. Voraussetzung ist natürlich, das der Mitarbeiter motiviert ist, zu lernen. Diesen Teilbereich des situativen Führens nennen Blanchard und Zigarmi *Lenken/Anweisen*.

Der Führungsstil des Lenkens wird vermutlich eher selten vorkommen. Häufiger werden Sie feststellen, wenn Sie die obige Aufgabenübersicht betrachten, dass der Mitarbeiter die Aufgabe kennt, aber kein tiefergehendes Wissen hat, relativ unerfahren ist und sich nicht viel zutraut. Auch hier wäre eine komplette Aufgabenübertragung für keine Seite hilfreich. Der Mitarbeiter müht sich ab, ist unsicher, ob alles richtig ist, verliert die Lust und legt schließlich ein Ergebnis vor, bei dem Sie sagen, das muss noch einmal gemacht werden. Dies führt zu Enttäuschungen auf beiden Seiten. Hier ist es hilfreich, dass Sie im Gespräch herausfinden, wo der Mitarbeiter Unsicherheiten hat, was und warum er sich die Arbeit nicht ganz zutraut. Sagen Sie auch hier genau, was wie getan werden muss, und fragen Sie nach Erfahrungen und alternativen Vorschlägen des Mitarbeiters. Die Verantwortung für das Ergebnis liegt weiterhin bei Ihnen. Der Mitarbeiter braucht Unterstützung, Ermutigung und Lob (alle anderen auch), um das Selbstbewusstsein aufzubauen. Dieser Stil wird *Anleiten* genannt.

Beim nächsten Stil lassen Sie die Zügel lockerer. Der Mitarbeiter ist erfahren, aber nicht genügend selbstbewusst, die Aufgabe komplett alleine zu meistern, es bestehen Unsicherheiten. Auch wenn diese in Ihren Augen nicht gerechtfertigt sind, ist es für den Mitarbeiter hilfreich, noch ein wenig Unterstützung zu bekommen. Oft reicht als Hilfe, die Aufgabe und Entscheidungen gemeinsam durchzusprechen und nach der besten Lösungsmöglichkeit zu suchen. Der Mitarbeiter bearbeitet dann die Umsetzung allein. Fragen Sie, wie der Mitarbeiter die Aufgabe angehen würde, unterstützen Sie seine Initiative. Er kann die Aufgaben aus eigener Kraft lösen, braucht aber noch Rückendeckung und jemand, der zuhört. Die Verantwortung für das Ergebnis kann auf den Mitarbeiter übergehen. Dies ist der *unterstützende* Stil.

Der letzte Stil, den Blanchard und Zigarmi differenzieren, ist das *Delegieren*. Der Mitarbeiter ist kompetent, hat Erfahrung und traut sich die alleinige Bearbeitung zu. Hier ist das Delegieren der richtige Führungsstil, damit der Mitarbeiter selbständig planen, entscheiden und durchführen kann. Sie übertragen die Entscheidung auf den Mitarbeiter. Lassen Sie sich vom Ergebnis berichten, nicht von allen Einzelschritten. Die Verantwortung liegt bei dem Mitarbeiter. Mischen Sie sich nicht ein und beraten Sie nur auf Anfrage.

Sie agieren also nicht immer gleich, sondern situationsbezogen. Sie fragen sich, wie kompetent ist der Mitarbeiter und wie motiviert bzw. selbstbewusst, welchen „Reifegrad" hat der Mitarbeiter. Da Sie aufgabenbezogen agieren, ist klar, dass Sie bei einem Mitarbeiter je nach Aufgabenstellung mehrere Führungsstile anwenden! Mal weisen Sie ihn an, mal delegieren Sie.

Ungleiche Menschen gleich zu behandeln ist nicht Gerechtigkeit, sondern Gleichmacherei. Ihr Ziel sollte sein, Mitarbeiter, die Sie noch umfangreich unterstützen, also viel anleiten müssen, auf die nächste Entwicklungsstufe zu bringen. Ihr Vorgehen in den Stilen geht vom Bestimmen zum Mitbestimmen. Die Mitarbeiter sollen selbständiger werden, damit ihnen die Aufgabe, die Sie heute noch anleiten müssen, später delegiert werden kann. Die Mitarbeiter sollen lernen, ihre Arbeit selbst zu bewerten und zu verbessern. „Catch them when they are right." Erwischen Sie die Mitarbeiter, wenn sie gute Arbeit machen. Anerkennen der Leistungen, Zuhören, Ermuntern, bei Nachfragen als Berater zur Verfügung zu stehen, Feedback geben über den Stand der Aufgabenerfüllung gehört zu allen Führungsstilen des situativen Führens.

Tabelle 3: Übersicht über die Formen des Situativen Führens

Führungs-stil	Reifegrad des Mitarbeiter	Tätigkeit der Führungskraft	Beispiel
Lenken/ Anweisen	Kein/wenig Wissen Hohe Motivation	Geben Sie genaue Anweisungen. Was ist zu tun, wie ist es zu tun, wo ist es zu tun, wann ist es zu tun. Erklären Sie, warum so gehandelt werden soll. Beaufsichtigen Sie die Durchführung gewissenhaft und ggf. kleinteilig.	Neue/r Mitarbeiter ohne Kenntnisse der Zusammenhänge erstellt eine Dokumentation
Anleiten	Geringes Wissen/ wenig Fähigkeiten Eher wenig Selbstvertrauen und Motivation	Geben Sie genaue Anweisungen. Bitten Sie den Mitarbeiter um Vorschläge. Treffen Sie selber die Entscheidung, erläutern und besprechen Sie die Entscheidung mit dem Mitarbeiter. Stellen Sie Form und Zeitpunkt der Kontrolle dar.	Einführung eines neuen EDV-Verfahrens. Der Mitarbeiter kennt das Verfahren und hat damit bereits Erfahrungen.
Unter-stützen	Kompetent Schwankendes Selbstvertrauen und Motivation	Erörtern Sie die Aufgabenstellung gemeinsam mit dem Mitarbeiter. Treffen Sie gemeinsam die Entscheidung. Fördern Sie den Mitarbeiter bei der Durchführung. Vereinbaren Sie die Form der Kontrolle gemeinsam.	Anwendung eines bereits bekannten Konzeptes/ Vorgangs auf ein neues Projekt.
Delegieren	Kompetent Hohe Motivation und Selbstvertrauen	Delegieren Sie die Entscheidungen und die Durchführung auf den Mitarbeiter. Sie lassen sich über die Resultate informieren und beraten den Mitarbeiter auf Anfrage.	Realisierung eines (Standard-) Projektes durch erfahrene und engagierte Mitarbeiter

Führen geht am besten gemeinsam

Stellen Sie sich vor, Frau Fit ist eine Ihrer besten Mitarbeiterinnen. Sie haben erkannt, dass Sie ihr im Prinzip alle Aufgaben delegieren können. Herr Schlau ist relativ neu in der Abteilung und braucht noch Unterstützung. Da Sie nun erkannt haben, wie Sie die beiden führen sollen, übertragen Sie Frau Fit die Aufgaben und kümmern sich intensiv um Herrn Schlau. Sie tun dies in der besten Absicht, beiden nun gerecht zu werden. Doch Ihr Verhalten wird beobachtet und gedeutet: Frau Fit denkt vielleicht, um mich kümmert er sich gar nicht mehr, mir legt er nur noch die Aufgaben hin, ich bin wohl nicht so wichtig wie Herr Schlau, bei dem hockt er ständig im Büro. Sie fühlt sich vernachlässigt. Herr Schlau dagegen grübelt, warum der Chef so oft zu ihm kommt.

Daher sind wir der Meinung, dass Sie mit Ihren Mitarbeitern darüber sprechen sollten, wie Sie mit Ihnen umgehen. Sagen Sie Frau Fit: „Ich weiß, dass ich Ihnen die Aufgaben delegieren kann. Sie können selbständig arbeiten, bei Fragen bin ich für Sie da. Ich werde mich in den nächsten Wochen verstärkt um Herrn Schlau kümmern und ihn einarbeiten." Entsprechend verabreden Sie mit Herrn Schlau, wie die „Führung" aussehen kann. Damit wissen alle Mitarbeiter, woran sie sind, und welche Ziele Sie verfolgen.

Es gibt nicht den optimalen Führungsstil, sondern er muss an die Menschen und Aufgaben angepasst werden. Um so arbeiten zu können, ist es wichtig, dass Sie zunächst die Stärken und Schwächen Ihrer Mitarbeiter kennen lernen, eine „Diagnose" stellen und die verschiedenen Vorgehensweisen anwenden können.

Klingt alles gut und schön, werden Sie denken, aber ich habe Mitarbeiter, denen alles egal ist, die nur daran denken, am nächsten Ersten das Geld in der Tasche zu haben. Diese Mitarbeiter gibt es sicher, aber vermutlich haben sie damals beim Eintritt in die Verwaltung noch nicht so gehandelt, waren motiviert, wollten etwas bewegen. Irgendwann auf dem langen Weg haben sie ihre Einsatzbereitschaft verloren, haben vielleicht gemerkt, dass es ihnen nichts bringt, ob sie gute Leistungen bringen oder nicht. Oder wurden gerade für gute Leistungen von Kollegen gemieden (der will sich wohl anbiedern).

Fragen Sie solch „hoffnungslose" Fälle, was ihnen besonders Spaß macht, welche Aufgaben ihnen am Herzen liegen, wo ihre Lust ist, noch einmal etwas zu bewegen.

Exkurs: Bedeutung einer Vision für die Verwaltung und das eigene Handeln

„Visionen sind nichts für Verwaltungen. Visionen sind etwas für Utopisten, für Kreative vielleicht noch. Verwaltungen müssen nach rationalen Gesichtspunkten arbeiten. Sie müssen Gesetze und Verordnungen befolgen. Da haben spinnerte Ideen nichts zu suchen." Der Begriff der „Vision" hat im deutschen Sprachraum keine positive Tradition. In den 50er und 60er Jahren gab es in der bundesdeutschen Gesellschaft einige Visionen. Der Wiederaufbau der Republik war getragen von der Vision, etwas Neues zu erschaffen. Die eigenen Kinder sollten es einmal besser haben. Und bei manchem auch: Wir zeigen der Welt, dass wir Deutschen auch ganz von vorne anfangen können und uns wieder einen Platz in der Welt erarbeiten können.

In den USA war die ganze Gesellschaft geschockt, als es den Russen gelang, eine Raumkapsel mit einem Hund und später mit einem Menschen bemannt in die Erdumlaufbahn zu schicken. John F. Kennedy formulierte eine Vision: Wir werden als erste Nation einen Mann nicht nur um die Erde, sondern auf den Mond schicken.

Diese mit großer Überzeugung vermittelte Vorstellung entwickelte eine starke Eigendynamik und tatsächlich gelang es der NASA mit dem Apollo-Programm einen großen Entwicklungsrückstand gegenüber den Russen aufzuholen. Eine ganze Nation stand hinter der Vision, als erste auf dem Mond zu sein.

Auch Verwaltungen brauchen eine Vision. Die Vision produziert nach innen eine Motivation für das Handeln und vermittelt Sinn. Warum braucht es eine Gemeindeverwaltung, wenn es doch eine Kreisverwaltung gibt. Erst wenn es eine Vision einer eigenständigen Gemeindeentwicklung gibt, die an die Gemeindeverwaltung gekoppelt ist, identifizieren sich die Beschäftigten und sind bereit Engagement zu entwickeln.

In Nordrhein-Westfalen begann 1998 eine Diskussion über die Gestaltung der Mittelebene im Verwaltungsaufbau des Landes. Dabei gerieten die Landschaftsverbände unter massiven Druck. Landschaftsverbände sind für eine Vielzahl überörtlicher Aufgaben verantwortlich, wie z. B. Straßen- und Autobahnbau, überörtliche Sozialhilfe, psychiatrische Kliniken, Landschafts- und Kulturpflege. Die Landesregierung plante eine Neustrukturierung von Aufgaben der Landschaftsverbände und Bezirksregierungen und von Mittelbehörden des Landes.

In der fachlichen und öffentlichen Diskussion erwies es sich für die Landschaftsverbände als sehr schwierig ihren Daseinszweck zu vermitteln. Nach außen waren mehr ihre Einzelleistungen bekannt. Nach innen erfolgte eine Identifikation der Beschäftigten stärker mit dem eigenen Arbeitsgebiet als mit der Gesamtorganisation. Eine Vision der Landschaftsverbände fehlte.

Mit einer starken Vision als Bild für die Sinnhaftigkeit der Landschaftsverbände nach innen und außen, wäre es dem Land NRW viel schwerer gefallen, einzelne Aufgabenstellungen aus den Landschaftsverbänden herauszulösen.

Eine Vision für das Ruhrgebiet bestand seit den 70er Jahren in dem Satz „Blauer Himmel über der Ruhr." Diese einst für utopisch gehaltene Vorstellung ist heute Wirklichkeit. Sie hat viele verschiedene Menschen und Institutionen mobilisiert und unterschiedlichsten Aktivitäten einen Rahmen gegeben. Obwohl der Strukturwandel im Ruhrgebiet noch lange nicht abgeschlossen ist, stellt sich das Ruhrgebiet heute als eine vernetzte grüne und waldreiche Landschaft mit hohem Lebens- und Freizeitwert dar. Vergleicht man dies mit dem Ruhrgebiet der 60er und 70er Jahre und dem Selbstbild seiner Bewohnern, so ist Enormes durch die Vision geleistet worden.

Ist ein Leitbild denn nicht ein Ersatz für eine Vision?

Tatsächlich haben viele Kommunen in den letzten Jahren ein Leitbild entwickelt. Die meisten Leitbilder entfalten jedoch keine emotionale Bindung und Kraft. Eine Vision für eine Verwaltung ist auf einige wenige Sätze oder ein Bild zusammengefasst eine Zukunftsvorstellung, der man spontan zustimmt. Sie ist herausfordernd und stellt einen großen positiven Traum dar, an dessen Umsetzung sich zu arbeiten lohnt, auch, wenn man an manchen Stellen noch nicht genau sagen kann, wie denn das Endergebnis aussieht. Eine solche Vision kann das Bild einer Stadt sein als Gemeinschaft der Bürger, die sich gegenseitig unterstützt und füreinander da ist.

Mathias zur Bonsen beschreibt: „Eine Unternehmensvision ist ein Vorstellungsbild davon, wie das Unternehmen und sein näheres Umfeld in Zukunft einmal sein soll. Sie ist idealistisch und strategisch, erhaben und profan, altruistisch und egoistisch zugleich. Sie beschreibt das Ideal, das das Unternehmen erreichen will, das höchste Potenzial, das in ihm steckt, ein Unternehmen mit mehr Leben, Energie und Qualität, das hohe Werte lebt, begeisterte Kunden hat und ein großartiger Platz zum Arbeiten ist. Die Vision zeigt, welchen Nutzen das Unternehmen für andere schaffen will. Sie enthält Ideale, die ewig gelten, zum Beispiel „begeisterte Mitarbeiter", und Herausforderungen, die man irgendwann erreicht hat, so dass man dann wieder neue Herausforderungen braucht." (zur Bonsen, Führen mit Visionen)

Auch wenn es keine allgemeinen Unterscheidungsmerkmale für Leitbilder, Philosophien und Visionen gibt, so kann man doch feststellen, dass Leitbilder häufig Aussagen enthalten über
- Werte der Organisation
- Absichtserklärungen wie „Wir wollen", „Wir verfolgen das Ziel"
- Soll-Botschaften, „Die Mitarbeiter sollen sich mit den Zielen identifizieren."
- Zweckrationale Botschaften wie Kundenorientierung, Null-Fehler, Effizienzsteigerung.

All diese Aussagen sind nicht falsch, aber sie erwecken keine Energie, keine Kraft. Visionen sind tiefergehend und emotional verankert.

Was halten Sie von folgender kommunaler Vision:

Die Menschen gehen gerne in ihre Verwaltung und verstehen die Verwaltung als einen Partner, bei dem sie Rat suchen, der sie unterstützt in der Verwirklichung ihrer Anliegen. Die Verwaltung bringt Menschen mit ähnlichen Anliegen zusammen und fördert die Verwirklichung der Ziele. Die Verwaltung ist ein Ort der Kommunikation und des Austauschs, des Erfindens von neuen Möglichkeiten und des Verwirklichens von Ideen.

Stellen Sie sich einmal vor, die Spitze Ihrer Verwaltung lebt diese Vision. Was wäre dann anders? Wie wäre das Verhältnis zur Politik gestaltet? Welche Handlungsspielräume hätten Sie? Wie würden Sie und Ihre Mitarbeiter auf die Bürger zugehen? Was würde sich an Ihrer Rolle und Aufgabe verändern?

Nutzen Sie einmal eine ruhige halbe Stunde und fragen Sie sich nach der Vision, die in Ihrer Verwaltung existiert oder worin sie bestehen könnte? Wo kommt sie zum Ausdruck? Gibt es einen tiefergreifenden Sinnzusammenhang in Ihrer Verwaltung? Wie wird er gelebt und praktiziert?

Vielleicht fällt es Ihnen schwer eine Vision Ihrer Verwaltungsspitze zu entdecken. Angesichts unserer visionsarmen Zeit wäre das für uns kein Wunder. Vielleicht gibt es jedoch eine Vision, die Sie ganz persönlich in Ihr Arbeitsgebiet tragen können.

Welche Elemente einer Vision haben Sie für Ihr Arbeitsfeld?

- Eine persönliche Vision entwickeln

„Ich glaube, dass du eine lange Karriere nur machen kannst, wenn du deiner Vision folgst, wenn du nicht Trends folgst, sondern deinen eigenen Vorstellungen treu bleibst." (Marius Müller-Westernhagen, deutscher Pop-Rock-Star in einem Fernsehinterview 1999). Wir alle haben eine Vision, unsere eigene und einzigartige Vision. Wir mögen sie kennen oder nicht, oder nur zum Teil. Doch die Vision ist da. Sie ist unsere Lebensaufgabe, unsere Bestimmung.

Viel Gleichgültigkeit erleben wir im Alltag alleine deshalb, weil den Menschen ihr innerstes Wollen, ihre Vision nicht klar ist. Sie lassen sich treiben, entwickeln nur wenig oder kein Engagement. Sie leisten „Dienst nach Vorschrift", weil es keine konkrete Vorstellung eines ‚Ortes' gibt, den sie gestalten wollen und für den der Einsatz sich lohnt. Es lohnt sich seine eigene, seine persönliche Vision zu entdecken.

Mit der folgenden Anleitung unterstützen wir Sie, erste Schritte zum Finden und Klären der eigenen Vision zu machen.

Übung: Die eigene Vision entdecken.

Sie benötigen nur einige Blatt Papier und einen Stift. Nehmen Sie sich etwas Zeit und Ruhe und betrachten Sie sorgfältig alle Wünsche, die Sie haben: Was wollen Sie wirklich – beruflich, familiär, finanziell etc.? Lassen Sie auch die Wünsche zu, die Sie bislang zensiert haben, die Sie verdrängt haben, weil Sie sie jenseits Ihrer Möglichkeiten sahen.

Schreiben Sie sich diese Wünsche auf einem Blatt Papier auf. Schauen Sie sich Ihre Wünsche noch einmal an: Was sind die wirklich wesentlichen Wünsche, welche sind nur eingebildet oder nicht wichtig? Die zweiten legen Sie endgültig ab, die ersten sind die Grundlage Ihrer Vision, die Sie verwirklichen wollen.

Um nun noch einen weiteren Schritt zu gehen, entspannen Sie sich. Vielleicht haben Sie sich einmal mit autogenem Training oder einer anderen Entspannungstechnik befasst. In einem sorgsam entspannten Zustand sind Sie offener für Bilder und haben mehr Zugang zu Ihrer Intuition. Gehen Sie Ihre wirklich bedeutsamen Wünsche durch und stellen Sie sich vor, wie es ist, wenn sie verwirklicht sind.

Würden Sie diese Zukunft wirklich nehmen, wenn Sie sie bekämen? Löst sie bei Ihnen ein gutes Gefühl aus? Stellen Sie sich diese Situation wirklich gerne vor? Können Sie sie sich überhaupt vorstellen? Wollen Sie sie unbedingt verwirklichen?

Vielleicht gibt es noch das eine oder andere Element, das Ihnen nicht so gefällt, dann passen sie dieses in Ihrem Bild an. Verändern Sie es solange, bis es ihren Vorstellungen entspricht. Geben Sie sich erst zufrieden, wenn Sie wirklich sagen können: Ja, das ist es, was ich wirklich will. So sehen meine Wünsche aus, für die ich mich einsetzen will.

Schauen Sie sich in Ihrer Phantasie genauer an, wie Ihre Arbeit einmal aussehen wird. Was werden Sie genau tun? Mit welchen Menschen werden Sie arbeiten? Wie werden Sie zusammenarbeiten? Sie kommen dabei vermutlich mit Ihren latenten Wünschen zusammen, die Sie bislang vielleicht nicht so deutlich sahen oder ausdrücken konnten. Diese kleine Reise macht Ihnen deutlicher, was Sie wirklich wollen.

Bringen Sie nun Ihre Vision zu Papier. Schreiben Sie auf, was in Ihrem Leben wichtig sein soll. Geben Sie präzise wieder, was Sie erreichen wollen. Achten Sie genau auf Ihre Wortwahl. Achten Sie darauf, nichts Widersprüchliches aufzuschreiben, kein entweder – oder zu formulieren und lassen Sie Unwichtiges weg.

Haben Sie Mut? Dann machen Sie nun den entscheidenden Schritt. Entscheiden Sie sich, Ihrer persönlichen Vision zu folgen. Diese Entscheidung ist wichtig. Sagen Sie laut: *Ja, ich will!*

Auch wenn Sie noch nicht wissen, wie Sie Ihre Vision verwirklichen sollen, entscheiden Sie sich zuerst eindeutig für Ihre Vision. Es werden Situationen auftauchen, in denen Sie zweifeln werden, ob Sie denn die Vision auch verwirklichen können, dann ist es wichtig, sich die eigene Vision innerlich vorzustellen und die Bilder wachzurufen, die Sie mit der Vision verbinden.

Wenn Sie sich entschieden haben, Ihrer persönlichen Vision zu folgen, sind Sie in der Lage Wichtiges von Unwichtigem zu unterscheiden. Das Wesentliche tritt deutlicher in den Vordergrund. Nutzen Sie dies dazu, Ballast abzuwerfen und tun Sie immer mehr Dinge, die Sie für das Neue, für die Verwirklichung Ihrer Vision benötigen.

Wenn Sie nun wirklich entschieden sind, können Sie einen Plan für die Verwirklichung Ihrer Vision aufstellen. Was sind die Wege und die ersten Schritte zur Verwirklichung Ihrer persönlichen Vision?

Übung: Der Rückblick

Zwanzig Jahre nach Ihrem Tod können Sie einen Blick in das Buch „Die Geschichte der Menschheit" werfen. Dort gibt es als umfassendes „Who ist who" über jeden Menschen einen Eintrag über seine beruflichen und persönlichen Erfolge mit einer Kurzbiografie.

—   Was würden Sie dort lesen?

—   Wie sieht die Seite aus?

—   Wie war Ihre berufliche Entwicklung?

—   Was haben Sie in den letzten Jahren des Berufslebens gemacht?

—   Wie war Ihre persönliche Entwicklung?

—   Was waren Ihre Leistungen für die Gesellschaft und für andere Menschen?

—   Welche Werte haben Sie gelebt?

—   Was ist Ihr Vermächtnis?

Schreiben Sie nun eine kurze Biografie.

Führen braucht Mut

In der Straßenbauverwaltung berichtete uns eine Führungskraft von einem Verfahrensablauf, der uns völlig unsinnig erschien und dem gesunden Menschenverstand widersprach. Auf die Frage, warum denn so verfahren würde, lautete die Antwort: Es gibt dazu eine Vorschrift. Der Wunsch, diese Vorschrift zu sehen, führte zu hektischer Betriebsamkeit. Am nächsten Tag hieß es, man könne die Vorschrift nicht finden, aber der frühere Stelleninhaber habe auch schon so verfahren und sich dabei auf die Verordnung bezogen.

Glücklicherweise war auch der frühere Stelleninhaber noch in der Verwaltung tätig. Als er befragt wurde, antwortete er: Es klinge zwar vielleicht merkwürdig, aber er habe die Verordnung nie gesehen und das Verfahren so von seinem Vorgänger übernommen.

Nach weiteren zwei Wochen stellte sich heraus, dass es eine entsprechende Bestimmung nie gegeben hat. Aus Tradition, Bequemlichkeit und der Einfachheit halber wurde ein unsinniger und aufwendiger Vorgang über viele Jahre hinweg praktiziert, sehr zum Ärger und zur Demotivation vieler Mitarbeiter. Keine Führungskraft hatte den Mut, das Verfahren zu hinterfragen und andere Lösungen zu entwickeln.

Ein anderes Beispiel: Abteilungsleiter berichten uns immer wieder, dass es gar nicht so einfach ist, Mitarbeiter in der Verwaltung zu kündigen. Selbst in der Probezeit wird dieser Schritt häufig gemieden. Ein Abteilungsvorsteher (verantwortlich für die interne Organisation einer Abteilung) berichtete, er habe eine junge Mitarbeiterin eingestellt. Nach den ersten Monaten habe er erkannt, dass die Leistungserwartungen nicht erfüllt wurden und trotz Gesprächen, in denen die Standards und Anforderungen aufgezeigt wurden, änderte sich nichts. Daraufhin erklärte er, er wolle das Arbeitsverhältnis zum Ende der Probezeit aufheben. Das Aufbegehren in der Verwaltung war groß: Man könne doch nicht, das ginge doch nicht, das habe man ja noch nie getan usw. Der Abteilungsvorsteher blieb beharrlich und erklärte, man möge die Mitarbeiterin vielleicht in der Verwaltung weiterbeschäftigen, aber nicht in seiner Abteilung. Er sei verantwortlich für die Eignung der Beschäftigten und könne das bei dieser Mitarbeiterin nicht gewährleisten. Seine Beharrlichkeit und sein Mut führten dazu, dass das Arbeitsverhältnis zum Ende der Probezeit aufgehoben wurde.

Die Übernahme von wirklicher Führung in der Verwaltung braucht tatsächlich Mut. Die wichtigste Führungsaufgabe ist das Erreichen von Zielen durch den Einsatz von Mitarbeitern und nicht das Erfüllen von Verfahrensweisen. Die Grundfragen müssen daher immer wieder lauten:

—   Was wollen wir erreichen? Wie lautet das Ziel?

—   Welche verschiedenen Möglichkeiten zur Zielerreichung gibt es?

—   Welche rechtlichen, organisatorischen Rahmenbedingungen gilt es einzuhalten?

—   Welche scheinbar selbstverständlichen Annahmen können/sollen/müssen wir in Frage stellen?

—   Welche Lösung wählen wir?

„Den Fortschritt verdanken wir den Unzufriedenen" (Aldous Huxley). Veränderungen kommen nur zustande, wenn Dinge in Frage gestellt werden. Die vorherrschende Kultur in Verwaltungen ist eher dem Beharren und Abwarten als dem Entwickeln und Ermöglichen verpflichtet. Kein Führungshandeln wird daher um die zwangsläufigen Widersprüche im Alltag umhinkommen, denn beide Aspekte haben gleichermaßen positive Wirkungen und ihre Berechtigung. Situationsbezogen ist zu entscheiden, welchem Element man den Vorrang gibt.

Die folgende „Mutprobe für Führungskräfte in der Verwaltung" beleuchtet wichtige Aspekte des Führungshandelns und der Widersprüche im erlebten Alltag. Beantworten Sie für sich die einzelnen Fragen. Vielleicht können Sie nicht jede Frage mit einem klaren Ja oder Nein beantworten. Beschreiben Sie im Zweifel unter welchen Bedingungen und in welchen Situationen Sie eher zu einem Ja oder einem Nein tendieren.

Übung: Mutprobe für Führungskräfte in der Verwaltung

Frage	Ja	Nein	Warum fällt es Ihnen schwer, sich eindeutig zu entscheiden und was könnte Sie im Alltag davon abhalten „Ja" zu sagen?
Sind Sie bereit, Ziele und Prioritäten zu setzen und dafür auf andere – ebenfalls attraktive – Ziele zu verzichten?			
Sind Sie bereit, die Umsetzung der Ziele kontinuierlich bei den Mitarbeitern einzufordern?			
Sind Sie bereit, Ziele zu hinterfragen und ggf. abzuändern?			
Sind Sie bereit, Erfolge der Mitarbeiter nach außen zu tragen und die Mitarbeiter „Ruhm" und „Ehre" einstecken zu lassen?			
Sind Sie bereit, Ideen und Vorschläge untergeordneter Mitarbeiter als besser anzuerkennen als Ihre eigenen Ideen?			
Sind Sie bereit, Verantwortung zu übertragen und Ihre Mitarbeiter abschließend und verbindlich auch gegenüber Außenstehenden handeln zu lassen ohne sich einzumischen?			
Sind Sie bereit, sich einzumischen, wenn Sie sehen, dass etwas nicht optimal läuft?			
Sind Sie bereit, offensiv Veränderungen zu fordern, um herauszufinden, ob es geeignetere Lösungen und Verfahrensweisen gibt?			
Sind Sie bereit, in Konflikte zwischen Mitarbeitern einzugreifen ohne Partei für die eine oder andere Seite zu ergreifen?			
Sind Sie bereit, sich hinter Mitarbeiter zu stellen und die Verantwortung für Fehler Ihrer Mitarbeiter zu übernehmen?			
Sind Sie bereit, Ihre Mitarbeiter so weit zu fördern, dass sie Karriere machen und Ihre Abteilung wieder verlassen?			

- Sich die Erlaubnis geben

Sie brauchen keine Erlaubnis zum Führen. Es gibt erstaunlich viele Bedenkenträger in der Verwaltung. Offizielle Bedenkenträger und verinnerlichte Bedenken in vielen einzelnen Personen.

Sie sind als Führungskraft verantwortlich dafür, die Dinge in die Hand zu nehmen, zu steuern, Ziele zu entwickeln und umzusetzen. Sie haben die Verantwortung dafür, mit Ihren Mitarbeitern die Ziele des Arbeitsbereiches zu verfolgen.

In Verwaltungen, in denen das Mitarbeitergespräch noch nicht als offizielles Führungsinstrument eingeführt worden ist, fragen uns Führungskräfte immer wieder: „Wann wird denn bei uns das Mitarbeitergespräch eingeführt? Wann kann ich denn damit anfangen?" Unsere Antwort besteht meist in einer Gegenfrage: „Wer könnte Ihnen denn untersagen, mit Ihren Mitarbeitern Gespräche darüber zu führen, wie die Arbeit erfüllt wird, was sich verändert, was verbessert werden sollte und wie dies umgesetzt werden kann?"

Die Antwort der Führungskräfte lautet immer – und zwar ohne Ausnahme: „Nein, das kann uns keiner verwehren. Im Gegenteil, das wird eigentlich von uns erwartet, ohne es jedoch konkret zu verlangen." Dennoch gibt es Vorbehalte und Bedenken.

Führen bedeutet immer eine Richtung einzuschlagen, zu fordern und zu fördern. Das bedeutet, den anderen aufzufordern etwas zu tun und anderes zu lassen, das bedeutet auch, bestimmte Dinge immer wieder einzufordern. Das ist in den meisten Verwaltungen nicht unbedingt üblich. Das kann durchaus auffallen.

Natürlich wird es dabei Kollegen geben, die ganz genau auf Sie achten. Die einen sind ein wenig neidisch. Die anderen schauen sehr kritisch, weil sie sich das selber nicht trauen. Viele schauen eher etwas abwartend. Wird sich das denn bewähren? Ist das denn richtig so?

Nutzen Sie diese Aufmerksamkeit offensiv. Erklären Sie, dass Sie konkrete Ziele verfolgen und sagen Sie anderen wie Sie es tun. Entscheiden Sie sich, die Dinge in die Hand zu nehmen. Hinterfragen Sie alte Zöpfe und Selbstverständlichkeiten bei der Zielverfolgung, wenn sie hinderlich sind. Viele Dinge gelten in der Verwaltung nur deshalb, weil sie früher einmal gültig waren.

Als wir kürzlich in einer Verwaltung einmal die AGA (Allgemeine Geschäftsanweisung) ansprachen, schauten sich einige Führungskräfte an und sagten, die hätten sie schon seit langem nicht mehr angeschaut. Wir fragten nach der AGA dann in der Organisationsabteilung nach, ob sie denn für die Seminare in der Verwaltung von Bedeutung sei, wenn es um die Klärung von Verantwortung und verwaltungsinterne Regelungen ginge. Die Antwort verblüffte uns dann doch: Die AGA sei gültig. Aber viele Passagen seien durch andere Regelungen doch wieder nicht gültig. Eigentlich müsste die AGA überarbeitet werden, aber das wolle im Moment eigentlich keiner.

Es gibt somit vielerorts eine Menge Spielregeln aus „alter Zeit", die zwar formell bestehen, deren Einhaltung aber niemand mehr einfordert, weil sie eigentlich obsolet geworden sind. Sie sind nie außer Kraft gesetzt worden, weil sie eigentlich nie jemand einge-
fordert oder eingehalten hat oder weil sie sich im Verwaltungsgebrauch überlebt haben.
Daraus ergeben sich für Neuerungen vielfältige Spielräume. Diese gilt es auszuschöpfen.
Solange sich Ihre Aktivitäten im Rahmen der Zielverwirklichung und Ihres Auftrages
bewegen, wird Sie kaum jemand bremsen. Solange Sie die Dinge konkret mit den Mitarbeitern vereinbaren und die Dinge für die Mitarbeiter einleuchtend und sinnvoll sind,
haben Sie viele Gestaltungsmöglichkeiten.

Das Entscheidende ist der Moment in dem Sie sich selber die Erlaubnis geben, die Dinge
in die Hand zu nehmen.

- Als Unternehmer in der Verwaltung handeln

Im Rahmen der Verwaltungsreform haben eine Menge neuer Begriffe in die Amtsstuben
Einzug gehalten. So entstand der „Konzern Stadtverwaltung", aus der Dezernentenrunde
wurde der „Verwaltungsvorstand", aus Volkshochschule, Altenheim und Grünflächenamt wurden plötzlich „Leistungszentren" und manche Einheiten der Verwaltung
wurden direkt in Unternehmensrechtsformen ausgegliedert.

Die Methapher „Unternehmen" steht in den meisten Verwaltungen für selbständigeres
Handeln, erhöhte Verantwortung, mehr Flexibilität, Leistungsdenken und manches Mal
auch für Gewinnorientierung.

Es ist heute durchaus kein Tabu mehr, darüber nachzudenken, dass einzelne Verwal-
tungseinheiten auch Überschüsse erwirtschaften dürfen, sollen oder sogar müssen, um
damit andere Bereiche zu unterstützen oder zu subventionieren.

Dies war bislang eine Domäne der Wirtschaftsunternehmen. Wir wollen hier nicht die
Diskussion darüber führen, ob Gewinnorientierung dem Wesen der öffentlichen Verwaltung entspricht. Vielmehr geht es uns darum, die Frage ins Bewusstsein zu rücken,
was darüber hinaus das Wesen des Unternehmertums ist. Was bedeutet es eigentlich als
Unternehmer in der Verwaltung zu handeln?

Unternehmer tun etwas, sie unternehmen etwas, um damit einen Mehrwert zu schaffen.
Dieser Mehrwert schafft einerseits Arbeit, Arbeitsplätze und damit Unterhalt für weitere
Menschen. Der Mehrwert ist aber zugleich auch ein konkreter Nutzen, für den es ein Interesse gibt, für den andere Menschen einen Bedarf haben. Den wirtschaftlichen Mehrwert gibt es nur dann, wenn es auch einen Bedarf gibt.

Unternehmerisch zu handeln, erfordert demnach das Erkennen eines Bedarfes oder der
Bedürfnisse der Menschen, das Entwickeln von Leistungen und Angeboten, um diese
Bedürfnisse zu erfüllen. Ohne einen erkannten Bedarf gibt es keine abgenommene Leistung. Die Grundlage des unternehmerischen Handelns besteht im Wahrnehmen und Erkennen von Wünschen und Anforderungen. Wenn es gelingt, das Handeln des Unter-

nehmens auf diese Bedürfnisse auszurichten, entsteht ein Nutzen, der im Wirtschaftsleben idealerweise auch mit einem finanziellen Mehrwert, einem Gewinn einhergeht.

Was bedeutet nun Unternehmertum in der öffentlichen Verwaltung? Es bedeutet nicht mehr und nicht weniger als die Bedarfssituationen, die Anforderungen aufzunehmen und in Verwaltungshandeln umzusetzen.

Konkret heißt das immer wieder zu fragen, welcher Bedarf besteht und wie können wir diesen als berechtigt erkannten Bedarf am besten erfüllen. Die konkrete Beantwortung der Fragen erfolgt in unterschiedlichen Leistungsfeldern der Verwaltung ganz unterschiedlich.

Unternehmertum in der Verwaltung heißt jedoch immer: wir warten nicht ab, sondern wir nehmen es aktiv in die Hand. Selbst für die Feuerwehr bedeutet dies im Bereich Brandschutz: Wir löschen Brände, aber unser Hauptaugenmerk dient immer mehr dem vorbeugenden Brandschutz und der Brandverhütung. Unsere Arbeit ist darauf ausgerichtet, dass es immer seltener zum Brandfall kommt. Dazu müssen wir aber selber aktiv werden und etwas unternehmen.

Übung: Gründen Sie Ihre „Ich-GmbH"

Was müssen Sie unternehmen, um wertvoll in Ihrem Beruf zu bleiben? Setzen Sie nicht darauf, dass sich Ihr Chef um Ihre Entwicklung bemüht, sondern tun Sie dies selbst, gründen Sie sinnbildlich Ihre eigene „Ich-GmbH". Sie sind der Unternehmer. Sie sind jetzt für Ihre Firma verantwortlich – dass sie bei Ihrem besten Kunden weiterhin gut im Geschäft bleibt.

Drucken Sie eine Visitenkarte:

Gerti Weber

Büromanagement

– Finanzdienstleistungen Stadtverwaltung –

13345 Neustadt

- Was ist Ihr Unternehmenszweck?

  Wofür wird Ihre Firma gebraucht? Was ist der Kern Ihres spezifischen unternehmerischen Auftrages? Welchen Mehrwert schaffen Sie durch Ihre Arbeit?

- Sie haben eine eigene Weiterbildungsabteilung:

  Sie sind nun für Ihre Weiterbildung verantwortlich, nicht Ihr Chef. Welche Weiterbildung brauchen Sie im nächsten Jahr?

- Sie haben eine eigene Marketingabteilung:

  Erkunden Sie Ihren „Markt": Wer braucht welche (Dienst)-Leistungen? Was können Sie anbieten? An welchen Bedürfnissen richten Sie Ihre Leistungen aus?

- Sie haben eine eigene Kreativ- oder Entwicklungsabteilung:

  Welchen Bedarf sehen Sie, Konzepte, Ideen, Leistungsangebote zu entwickeln? Werden Sie aktiv.

- Sie haben eine eigene Werbungs- und Public-Relations-Abteilung:

  Wie heißt es so schön: „Tue Gutes und sprich darüber". Wie werben Sie am Besten um neue „Aufträge"? Welche Ihrer guten Werke sind bei Ihrem Kunden noch nicht ausreichend bekannt?

- Sie haben einen guten Kunden:

  Ihre Verwaltung! Dieser Verwaltung stellen Sie Ihr unternehmerisches Engagement zur Verfügung. Stärken Sie Ihre Selbstverantwortung und machen Sie sich zum Manager Ihrer eigenen Arbeitskraft.

  Sie warten nicht mehr, bis Ihr Chef sich um Sie kümmert! Geben Sie Ihrem Chef eine neue Rolle. Ob er wohl mit der neuen Rolle als „Unternehmensberater" einverstanden ist?

Die eigenen Mitarbeiter anstecken: Vorbild sein

Sie haben sich entschlossen, Führungskraft zu sein und die Dinge in die Hand zu nehmen. Dann sollte dies für die Mitarbeiter deutlich erkennbar sein. Das Entscheidende ist nicht die programmatische Aussage bei einer Dienstbesprechung. Davon gibt es viele, die keinerlei Bedeutung haben. Von grundsätzlicher Bedeutung ist die alltägliche Wahrnehmung Ihres Führungshandelns. Seien Sie Vorbild. Seien Sie konsequent. Dann sind Sie glaubwürdig, dann wird man Ihrem Beispiel folgen.

Die Mitarbeiter einer Kreisverwaltung erzählten uns folgende Geschichte: Es hatte sich eingebürgert, dass die Mitarbeiter sich kurz vor Dienstschluss am Stempelautomaten trafen. Erst als alle Mitglieder der Fahrgemeinschaften zusammengekommen waren, wurde der Stempelautomat betätigt und alle verließen die Kreisverwaltung. Der Landrat beobachtete diese Situation mehrfach und ging an den Mitarbeitern freundlich grüßend vorbei. Eines Tages erging von ihm ein Rundschreiben an die lieben Mitarbeiter. Der Inhalt: Aus gegebenem Anlass weise er darauf hin, dass bei Beendigung der Tätigkeit die Stempeluhr zu betätigen sei und Wartezeiten nicht zur Arbeitszeit gehören.

Wenige Tage später spielte sich die gleiche Szene im Foyer des Kreishauses wieder ab. Die Mitarbeiter standen wartend an der Stempeluhr. Der Landrat ging freundlich grüßend vorbei.

Welche Wirkung hatte diese Situation auf die Mitarbeiter? Obwohl erst vor kurzem der Landrat auf diese „kleinen" Verfehlungen hingewiesen hat, kann es ihm nicht wirklich wichtig gewesen sein. Sonst hätte er beim Vorbeigehen die Mitarbeiter angesprochen. Da er es nicht getan hat, hat er faktisch ihr Verhalten akzeptiert, sein eigenes Schreiben abgewertet und an Glaubwürdigkeit eingebüßt. Nicht nur die Mitarbeiter, die wartend an der Stempeluhr standen, haben dies wahrgenommen, sondern mit Sicherheit eine große Zahl weiterer Mitarbeiter, die in der Nähe waren oder denen von der Situation erzählt wurde, haben ihre Schlüsse gezogen.

Das Verhalten von Führungskräften ist in ganz anderer Weise öffentlich als das Verhalten von Sachbearbeitern. Vorgesetzte werden beobachtet und aus dem wahrgenommenen Verhalten werden Rückschlüsse gezogen: wo haben sie einen besonderen Blick drauf, was nehmen sie wichtig, was ist ihnen nicht so wichtig, was ist ihnen gleichgültig, wen versorgen sie vorrangig mit Informationen, wen vernachlässigen sie, werden alle gleich behandelt, nimmt der Vorgesetzte an informellen Runden teil, denkt er an Geburtstage, nimmt er Mitarbeiter wahr, wenn es einem besonders gut oder schlecht geht, ist das Verhalten konsequent und verlässlich oder geht es heute so herum und morgen ganz anders. Das Verhalten der Führungskräfte ist Gegenstand des Gesprächs der Mitarbeiter.

Diese Aufmerksamkeit lässt sich nutzen. Eine Führungskraft, die für die Mitarbeiter einschätzbar, konsequent und verlässlich ist, gewinnt Akzeptanz und Vertrauen. Erst wenn Sie zuverlässig sind in Ihren Anforderungen werden Sie ernst genommen. Mitarbeiter, die genau wissen, das alles, was Sie heute gefordert haben, mit großer Wahrscheinlichkeit morgen nicht mehr gültig ist, werden sich kaum darum bemühen, Ihren Anforderungen gerecht zu werden. Es gibt deshalb einige Grundtugenden, über deren Bedeutung sich jede Führungskraft klar sein sollte.

Zuverlässigkeit: Was Sie sagen, ist Ihnen wirklich wichtig. Es hat heute und morgen Bestand. Sie haben es sich soweit überlegt, dass es Hand und Fuß hat. Wenn Sie bei einer Sache nicht sicher sind und noch überlegen, dann teilen Sie es auch mit. Wenn Sie sich aber entschieden haben, gilt diese Entscheidung auch bis zu einem definierten Punkt an dem Sie sie überprüfen und bei Bedarf verändern.

Pünktlichkeit: Sie erwarten von Ihren Mitarbeitern einen pünktlichen Dienstbeginn und das Einhalten von Terminen. Seien Sie selber genauso pünktlich. Wenn Sie Ihre Dienstbesprechungen immer zwanzig Minuten später beginnen als vereinbart, braucht niemand mehr pünktlich zu sein, weil Sie es auch nicht sind. Außerdem verschwenden Sie wertvolle Arbeitszeit.

Ehrlichkeit: Lügen haben kurze Beine. Sagen Sie Ihren Mitarbeitern, was Sie denken und meinen. Man merkt es Ihnen an, wenn Sie das eine meinen und etwas ganz anders sagen. Sie müssen nicht alles sagen, was Sie denken, aber alles, was Sie sagen muss wahr sein.

Offenheit: Geben Sie die Informationen bekannt, die Ihnen vorliegen. Sagen Sie, wenn es noch weitere Informationen gibt, die aber nicht verbreitet werden dürfen und erklären Sie, wie damit umgegangen werden soll.

Klarheit: Hinter vielen diplomatischen Äußerungen stecken verschiedene Interpretationsmöglichkeiten. Sie halten sich alle Türen offen und die Mitarbeiter suchen sich aus was ihnen gerade passt. Dies schafft Unklarheit und Unsicherheit. Deshalb: klar heraus mit dem was Sie wollen und was wichtig ist.

Gleichbehandlung: Lieblingsmitarbeiter, die bevorzugt behandelt werden und Aschenputtel, die benachteiligt werden, darf es nicht geben. Grundsätze gelten für alle gleich. Dies bedeutet nicht, dass Sie die Unterschiede zwischen den Mitarbeitern nicht entsprechend berücksichtigen. Natürlich gebührt dem erfahrenen Mitarbeiter, der zuverlässig seit zwanzig Jahren arbeitet, ein anderer Freiraum bei der Arbeitsgestaltung als dem jungen Mitarbeiter, der gerade vor zwei Wochen in Ihre Gruppe gekommen ist und die Arbeit noch nicht so gut kennt und der der systematischen Anleitung bedarf. Ungleichbehandlung wird jedoch genau wahrgenommen, wenn Sie den einen auf dem Flur begrüßen, den anderen nicht, wenn Sie die eine vorrangig mit Informationen versorgen und andere vernachlässigen. Dies gilt auch für verschiedene Arbeitsgebiete in Ihrem Verantwortungsbereich. Wenn Sie aus berechtigten Gründen sich vermehrt um einen Aufgabenbereich kümmern, dann muss für alle Mitarbeiter nachvollziehbar sein, warum das so ist.

Beteiligung: Beteiligen Sie die Mitarbeiter, wenn es um Entscheidungen geht. Fragen Sie die Mitarbeiter um Rat und lassen Sie sie Vorschläge machen. Machen Sie dabei aber immer deutlich, wo Sie eine Konsensentscheidung der Gruppe, wo Sie eine Mehrheitsentscheidung wollen und wo es Ihnen darum geht, eine Ideensammlung in der Gruppe durchzuführen, um alleine die Entscheidung zu treffen. Beteiligung wird, wenn es hierüber keine ausreichende Klarheit gibt, schnell als Farce erlebt. Dies führt zu einem Rückzug der Mitarbeiter.

Unterstützung: Geben Sie Ihren Mitarbeitern Unterstützung. Helfen Sie beratend bei der Lösung von fachlichen Problemen. Stellen Sie sich hinter Ihre Mitarbeiter, wenn Probleme auftauchen. Fallen Sie ihnen nicht in den Rücken.

Forderung: Wenn Sie Anforderungen formuliert haben, diese begründet sind und die Mitarbeiter sie akzeptieren, fordern Sie die Umsetzung konsequent ein. .

Vertrauen: Haben Sie Zutrauen und Vertrauen in Ihre Mitarbeiter. Es wird belohnt. Mitarbeiter, denen Sie etwas zutrauen, strengen sich an, dieses Vertrauen zu erfüllen.

Auch wenn manche dieser Tugenden heute nicht immer „en vogue" erscheinen, sind sie doch wichtig. Fragen Sie einmal ältere Kollegen, was für sie besonders gute Führungskräfte waren: Dann hören Sie immer wieder Geschichten, die auf diesen Tugenden aufbauen. Fragen Sie jüngere Mitarbeiter nach guten Führungskräften, so werden sie ähnliche Aussagen machen, vielleicht aber andere Begriffe verwenden.

- Jeder Mitarbeiter ist anders.

Kein Mensch gleicht dem anderen. Das ist gut so. Obwohl die Menschen die gleichen oder ähnliche Aufgaben wahrnehmen, verhalten sie sich bei ihrer Arbeit unterschiedlich. Menschen sind für unterschiedliche Aufgaben besonders motiviert und geeignet. Für Führungskräfte ergeben sich daraus viele Fragen. Welche Aufgabe liegt einer Person besonders, für welche Tätigkeit muss sie gegebenenfalls motiviert werden und welche Tätigkeit sollte man ihr besser nicht übertragen?

Wie spreche ich unterschiedliche Persönlichkeiten an und wie gehe ich mit ihnen um? Was sind die besonderen Merkmale meiner Persönlichkeit, meine Vorlieben und Aversionen? Welche Elemente übertrage ich von mir auf andere? Wo erwarte ich intuitiv, dass andere sich genauso verhalten wie ich es von mir erwarte? Welche Menschen arbeiten gut miteinander, welche weniger gut? Welche unterschiedlichen Fähigkeiten und Persönlichkeiten benötige ich in meiner Arbeitsgruppe, um optimale Ergebnisse zu erzielen?

Im Allgemeinen lassen sich nach Fritz Riemann vier menschliche Grundsausrichtungen beobachten (siehe Riemann, Grundformen der Angst und Thomann, Klärungshilfe: Konflikte im Beruf):
- die Nähe-Ausrichtung,
- die Distanz-Ausrichtung,
- die Dauer-Ausrichtung,
- die Wechsel-Ausrichtung.

Jeder kennt alle diese Dimensionen der menschlichen Vorlieben auch von sich selbst. Im zwischenmenschlichen Aufeinandertreffen werden oft aber nur ein oder zwei aktiviert, die dann sichtbar werden. Im Folgenden werden sie in „Reinform" beschrieben. In dieser Reinform dienen sie der verständlichen Darstellung. Sie kommen so jedoch in der Praxis kaum vor.

Die Nähe-Ausrichtung

Für Menschen mit einer ausgeprägten Nähe-Ausrichtung sind folgende Dinge wichtig: Nähe zu anderen Menschen, Vertrauen, Sympathie, positive Gefühle, Mitmenschlichkeit und Zuneigung. Sie können sich sehr gut auf unterschiedliche Situationen einlassen, brauchen oft Bestätigung, suchen Harmonie, sind bescheiden, haben Mitgefühl und Mitleid, sind selbstlos bis zur Selbstaufgabe, haben eine Sehnsucht, zu lieben und geliebt zu werden, haben soziale Interessen, suchen den vertrauten Nahkontakt, können sich selbst vergessen und sich leicht mit anderen identifizieren. Diese Menschen sind kontaktfähig, teambereit, ausgleichend, verständnisvoll und akzeptierend. Sie laufen aber Gefahr, abhängig sein zu wollen, da sie nicht alleine sein können. Oft sind sie auch konfliktscheu, aggressionsgehemmt und haben eine Opfermentalität. Ein Mensch, der Distanz hält, macht ihnen Angst. Eine hohe Aufgabenorientierung setzt sie unter Druck.

Sie versuchen auch im Arbeitsleben, die Situationen dann entsprechend zu gestalten. Bei Besprechungen sorgen sie sich um das Wohl der Beteiligten und gestalten die Atmosphäre. Besonders häufig finden sich diese Menschen in sozialen Arbeitsfeldern, an Arbeitsplätzen mit hohem Beratungsanteil und starkem Publikumsverkehr. In Gesprächen sind sie häufiger als andere Menschen an der Befindlichkeit des Gesprächspartners interessiert. Sie sind dann zufrieden, wenn auch der Gesprächspartner mit dem Ergebnis einverstanden ist. Sie sind unzufrieden, wenn sie nicht als Person gebraucht werden.

Die Distanz-Ausrichtung

Für Menschen mit einer ausgeprägten Distanz-Ausrichtung ist das Gegenteil dessen, was „Nähe-Menschen" wollen, besonders wichtig: Abgrenzung, Eigenständigkeit, Unverwechselbarkeit, Individualität, Freiheit, Unabhängigkeit, Autonomie, klare Erkenntnis und Unbeeinflussbarkeit. Sie scheinen niemanden zu brauchen, suchen Abstand, lassen sich nur begrenzt gefühlsmäßig ein, versachlichen oft Zwischenmenschliches und Gefühle, erscheinen vielleicht eher kühl und vernunftbetont. Nähe, Bindung und Harmonie sind ihnen auch wichtig, aber nicht an erster Stelle.

Nähe kann bei ihnen Angst auslösen. Die Gestaltung von Beziehungen setzt sie leicht unter Druck. Sie können und mögen sich erst einlassen, wenn die Abgrenzung, die Distanz, der Rückzug, die Freiheit und ihre Individualität garantiert sind. Oft müssen sie aber erst einmal um Distanz, Abgrenzung und gegen Verpflichtungen in Beziehungen kämpfen.

Distanz-Menschen sind insgesamt eigenständig, intellektuell, entscheidungsfähig, konfliktfähig, sachlich/fachlich ausgerichtet, sie können „nein" sagen, sind aber auch kontaktscheu, bindungsängstlich und unbeholfen in Nahkontakten und im emotionalen Bereich. Sie wollen auf niemanden angewiesen sein, wollen und können nicht Hilfe holen.

Menschen mit Distanz-Neigung fühlen sich wohl in Arbeitsbereichen, in denen sie selbsttätig Dinge hinterfragen und analysieren können. Strukturen schaffen, komplexe Probleme logisch durchdringen und konsequente Zielverfolgung machen ihnen Spaß. Das wollen sie alleine bewältigen und anschließend präsentieren. Besonders häufig finden sich diese Menschen in wissenschaftlichen Arbeitsgebieten, aber auch in Stabsstellen mit konzeptionellen Aufgabenstellungen.

Die Dauer-Ausrichtung

Für Menschen mit einer ausgeprägten Dauer-Ausrichtung sind folgende Werte von größter Wichtigkeit: Zuverlässigkeit, Pünktlichkeit, Sparsamkeit, Verantwortung, Verlässlichkeit, Planung, Vorsicht, Voraussicht, Konzeption, Kontrolle, Ziel, Kontinuität, Beachtung von Zeit und Geld, Grundsätzen und Regeln. Diese Werte sind wichtig, bevor alles andere zum Zuge kommt. Dauer-Menschen sind verlässlich, systematisch, ordentlich, gründlich, haben ein Organisationstalent, sie sind prinzipientreu, aber auch etwas unflexibel, starr und manchmal auch im negativen Sinn kontrollierend.

Sie haben Angst vor Grenzüberschreitungen. Menschen mit einer Dauer-Orientierung finden sich häufig wieder in Situationen, in denen sie Dinge systematisch abarbeiten können. Während Menschen mit Distanz-Ausrichtung sich mit dem konzeptionellen Entwurf zufrieden geben und dann die Hauptarbeit als gemacht ansehen, sind die Dauer Menschen erst dann richtig in ihrem Element, wenn ein Konzept existiert und damit gearbeitet werden muss. Sofern es keine Strukturen und Regeln gibt, fordern oder entwickeln Sie sie. Sie sind darin verlässlich und achten konsequent auf die Einhaltung der Regeln. Sie geraten schnell unter Druck, wenn sie neue Sachverhalte die Orientierung verlieren lassen.

Die Wechsel-Ausrichtung

Für Menschen mit einer ausgeprägten Wechsel-Ausrichtung steht an erster Stelle die Abwechslung, das Wagnis, das Abenteuer, Gelegenheit, Phantasie, Kreativität, Spontaneität, Flexibilität, Risiko, Improvisation, Unverbindlichkeit, Begeisterung und Wandel. Diese Menschen sind neugierig. Alles ist relativ, wichtig ist das Hier und Jetzt, nicht wie bei anderen die Planung oder die Kontrolle; auch Freiwilligkeit ist wichtig. Sie denken eher in Assoziationen und Sprüngen. Die Wechsel-Menschen sind kreativ, einfallsreich, risikobereit, spontan, bunt, unterhaltsam, charmant und haben ein gut entwickeltes Improvisationstalent. Sie sind aber auch unzuverlässig, unpünktlich, chaotisch, unsystematisch, flüchten anstatt standzuhalten. Zum Teil sind sie auch theatralisch, geschwätzig und egozentrisch. Durch (zu viel) Ordnung, Routine und genaue Vorgaben fühlen sie sich eingeengt.

Menschen mit Wechsel-Ausrichtung suchen systematisch die Veränderung. Sie fragen sich, ob man die Dinge nicht auch ganz anders machen kann und suchen Alternativen. Gerne gehen sie dabei auch Risken ein und scheuen nicht davor zurück, andere damit vor den Kopf zu stoßen. Besonders wohl fühlen sie sich an Arbeitsplätzen, an denen sie experimentieren und erproben können und wenn man ihnen Spielräume lässt auch Risiken einzugehen.

Übung: Selbsteinschätzung

Sie haben nun die Beschreibungen gelesen und sich dabei sicher den einen oder anderen Mitarbeiter vorgestellt. Vielleicht haben Sie auch an sich selbst gedacht. Beantworten Sie nun zunächst für sich selber die folgenden Fragen:

- Nähe-Ausrichtung

  — In welchen Situationen entdecke ich bei mir die Nähe-Ausrichtung?
    Wie zeigt sie sich konkret?

  — Wozu nützt mir persönlich die Nähe-Ausrichtung?

  — Woran hindert mich meine Nähe-Ausrichtung in bestimmten Situationen?

- Distanz-Ausrichtung

  — In welchen Situationen entdecke ich bei mir die Distanz-Ausrichtung?
    Wie zeigt sie sich konkret?

  — Wozu nützt mir persönlich die Distanz-Ausrichtung?

  — Woran hindert mich meine Distanz-Ausrichtung in bestimmten Situationen?

- Dauer-Ausrichtung

  — In welchen Situationen entdecke ich bei mir die Dauer-Ausrichtung?
    Wie zeigt sie sich konkret?

  — Wozu nützt mir persönlich die Dauer-Ausrichtung?

  — Woran hindert mich meine Dauer-Ausrichtung in bestimmten Situationen?

- Wechsel-Ausrichtung

    — In welchen Situationen entdecke ich bei mir die Wechsel-Ausrichtung?
       Wie zeigt sie sich konkret?

    — Wozu nützt mir persönlich die Wechsel-Ausrichtung?

    — Woran hindert mich meine Wechsel-Ausrichtung in bestimmten Situationen?

- Auswertung

    — In welchen Ausrichtungen sehen Sie Ihre Schwerpunkte?

    — Fragen Sie Ihre Mitarbeiter, Vorgesetzten und Ihre Familie, ob sie dies genauso sehen
       oder ob sie Sie ganz anders wahrnehmen? Fragen Sie sie auch, in welchen Situationen
       diese Einschätzungen besonders deutlich werden.

    — Gibt es Unterschiede zwischen privaten und beruflichen Vorlieben und Ausprägungen?

Übung: Fremdeinschätzung

Schätzen Sie nun die Kollegen und Mitarbeiter in Ihrer direkten Umgebung ein. In welcher Weise
erleben Sie die verschiedenen Ausrichtungen bei verschiedenen Personen. Achten Sie darauf,
dass eine einzelne dominierende Ausrichtung bei einer Person andere Aspekte leicht überdecken
kann.

	Personen	Situationen, in denen eine Ausrichtung besonders deutlich wird	Wozu brauche ich den anderen?
Nähe-Ausrichtung			
Distanz-Ausrichtung			
Dauer-Ausrichtung			
Wechsel-Ausrichtung			

Nutzen Sie baldmöglichst eine Gelegenheit zum Austausch mit den Mitarbeitern über Ihre Einschätzungen. Sie können in einer Dienstbesprechung die verschiedenen Kategorien vorstellen, jeden sich selber einschätzen lassen und die gegenseitigen Einschätzungen erörtern. Ziel einer Erörterung ist Transparenz und Verständnis über unterschiedliche Ausrichtungen und Schwerpunkte. Wenn den Menschen in ihrer Umgebung klar ist, dass Menschen unterschiedliche Vorlieben und Neigungen haben, kann man mehr Verständnis aufbringen und die Gestaltung der Arbeit an diesen Vorlieben ausrichten.

Sollten Sie eine Dienstbesprechung nicht für den geeigneten Ort einer Besprechung halten, können Sie auch Einzelgespräche oder das Mitarbeitergespräch nutzen.

Wichtig ist in jedem Fall die eigene Offenheit. Das Gespräch ist nur dann sinnvoll und verbessert das gegenseitige Verständnis, wenn es nicht in Verhörmentalität durchgeführt wird, die Ziele und Interessen offengelegt sind und Sie selber offen sind, Ihre eigene Einschätzung – auch über sich selbst – preiszugeben und abweichende Sichtweisen der Mitarbeiter zur Kenntnis zu nehmen und darüber nachzudenken.

Es gibt immer wieder erstaunliche Einschätzungen und Erkenntnisse. In einer Teamentwicklung wurde deutlich, dass ein Mitarbeiter, den die ganze Gruppe als eindeutigen Dauer-Menschen eingeschätzt hatten, noch über eine ganz andere Ader verfügte. In seiner Freizeit betätigte er sich als Bergsteiger, betrieb Freeclimbing und drückte so seine Wechsel- und Abenteueranteile aus. Dieser Teil seiner Persönlichkeit war bislang am Arbeitsplatz nicht gesehen und gefragt worden.

Nutzen Sie die unterschiedlichen Begabungen und Leidenschaften der Mitarbeiter. Unterschiedliche Aufgaben in Ihrem Arbeitsbereich erfordern unterschiedliche Fähigkeiten. Je besser Sie die Mitarbeiter einsetzen und fordern, desto bessere Leistungen und Arbeitsergebnisse bei zugleich hoher Arbeitszufriedenheit können sie erzielen.

Eine Warnung möchten wir jedoch mit auf den Weg geben. Der Umgang mit psychologischen Typologien birgt auch Risiken. Sie liegen insbesondere in einer einseitigen Anwendung, wenn nur durch die Führungskraft eine Einschätzung vorgenommen wird und andere Wahrnehmungen und Sichtweisen unberücksichtigt bleiben. Andererseits besteht ein Risiko im weitverbreiteten Schubladendenken. Nicht selten wird eine einmal vorgenommene Einschätzung in einer „Schublade" abgelegt und dort sicher bewahrt. Alle weiteren Wahrnehmungen basieren dann auf dieser Einordnung. Es fällt uns leichter bestätigende Aspekte zu finden, da diese unterschwellig, unterbewusst wahrgenommen werden, als abweichende Aspekte zu integrieren.

Es ist eine Eigenart der persönlichen Schwerpunkte, dass sie sich im Laufe der Zeit verändern können. Veränderungen im Lebenskonzept und persönliche Erfahrungen können die Aspekte, die einem am Arbeitsplatz wichtig sind, beeinflussen. Hier sind besonders die Aspekte aus dem privaten Umfeld von Bedeutung. Wer gerade eine Familie gegründet hat oder ein Haus baut, wird meist verstärkt Wert auf ein auf Dauer und Kontinuität ausgerichtetes Arbeitsumfeld legen.

Es ist daher wichtig, die Einschätzungen als Momentaufnahme zu betrachten und in regelmäßigen Abständen zu hinterfragen.

Mitarbeitergespräche

Gespräche mit Mitarbeitern führen Vorgesetzte fast jeden Tag, die Qualität der Gespräche reicht von „unorganisiert zwischen Tür und Angel", bis hin zur regelmäßigen vorbereiteten Besprechung. In diesen Gesprächen werden Fragen des Tagesgeschäftes geregelt und aktuelle Entwicklungen und Probleme besprochen.

Das sogenannte Mitarbeitergespräch ist dagegen ein Gespräch außerhalb des Tagesgeschäftes. Es wird häufig auch Jahresgespräch genannt. Hier wird Bilanz gezogen darüber, wie gut das Tagesgeschäft funktioniert und es werden Ziele vereinbart, wie und welche Aufgaben der Mitarbeiter eigenständig in die Hand nimmt. Und wie in der Bilanz eines Unternehmens wird im Mitarbeitergespräch das Gesamtvermögen und seine Teile abgebildet. Das „Vermögen", die Leistungen des Mitarbeiters wird dem Ressourcenverbrauch gegenübergestellt. Übertragen heißt das: Was wurde geleistet? Mit welchem Erfolg? Wo gab es Probleme? Diese „Bilanz" wird im Mitarbeitergespräch einmal jährlich erstellt und diskutiert. Aus den Ergebnissen werden neue Aufgabenschwerpunkte vereinbart, Prioritäten festgelegt und der Zeitrahmen definiert.

Damit erfüllt das Mitarbeitergespräch Informationsfunktionen und es dient für beide Seiten der Steuerung. Wie hat sich zum Beispiel im letzten Jahr die Kundenfreundlichkeit der Abteilung entwickelt und wie könnte sie weiter verbessert werden. Der Vorgesetzte bringt die Ziele der Gesamtverwaltung und besonders die des eigenen Amtes ein. Der Mitarbeiter überlegt die Umsetzung von Teilzielen für seinen Bereich.

Das Mitarbeitergespräch wird verwaltungsweit verbindlich für alle Beschäftigten eingeführt. Es wird ein Leitfaden entwickelt, der die verbindliche Basis für alle Gespräche ist. Nur dann kann das Ziel erreicht werden, Kontraktmanagement nach unten umzusetzen, d. h. Ziele der Gesamtverwaltung auf alle Bereiche herunterzubrechen und an jedem Arbeitsplatz umzusetzen. Falls es in Ihrer Verwaltung kein einheitlich eingeführtes Mitarbeitergespräch gibt, haben Sie die Möglichkeit, Mitarbeitergespräche als Führungsinstrument für die Arbeit in der eigenen Abteilung einzuführen. Hierfür können Sie sich selbst einen Leitfaden entwickeln, der die wichtigsten Bereiche enthält, über die Sie sprechen wollen.

Diese Gespräche sind die Grundlage, um individuell und situativ mit Ihren Mitarbeitern umzugehen. Um dieses Führungsinstrument einzusetzen, brauchen Sie keine Erlaubnis von Ihrem Vorgesetzen. Das Führen von Mitarbeitergesprächen gehört inzwischen zur Standardanforderung an Führungskräfte.

- Was ist ein Mitarbeitergespräch?

Es gibt immer wieder große Missverständnisse über das Mitarbeitergespräch. Die meisten Führungskräfte sagen, dass aufgetretene Probleme sowieso immer direkt besprochen werden, dass alle wichtigen Dinge nicht aufgeschoben werden dürfen bis zum nächsten

Mitarbeitergespräch und deshalb bräuchte man nicht noch dieses extra Gespräch. Ersteres stimmt, letzteres nicht.

Stellen Sie sich Ihre Familie vor: Auch dort leben Sie jahrelang zusammen und regeln all die kleinen und großen Dinge des Lebens. Haben Sie in Ihrer Familie schon einmal zusammengesessen und gemeinsam überlegt, wie zufrieden alle mit dem Zusammenleben sind? Wie gut die Organisation oder die Haushaltsführung klappt? Die Unterstützung der Kinder in der Schule? Die Gestaltung von Freizeitaktivitäten? Und was sie gemeinsam verändern könnten?

Entsprechend werden im Mitarbeitergespräch nicht die tagesaktuellen Probleme besprochen – sondern die Art und Weise, wie im Alltag die Probleme geregelt werden. Die Arbeit wird in einem größeren zeitlichen Rahmen betrachtet. Die Frage hierzu wäre: Wie zufrieden ist der Mitarbeiter mit der Art, wie im letzten Jahr über die Probleme gesprochen wurde und wie zufrieden ist er mit den Lösungen? Was möchte er selbst verändern, was wünscht er sich vom Vorgesetzten?

- Ziele des Mitarbeitergespräches

Mitarbeitergespräche kann man unter zwei Aspekten betrachten: Es ist ein Steuerungsinstrument, das Kontraktmanagement auf allen Ebenen der Verwaltung umsetzt. Zielvorgaben (zu erbringende Leistungen) und Ressourcen, die dafür bereitgestellt werden, werden zwischen Politik und der Führungsspitze ausgehandelt und in einem Kontrakt festgehalten. Dieser Kontrakt wird auf jede Hierarchieebene heruntergebrochen (Dezernat – Amt – Abteilung – Sachgebiet – Mitarbeiter). Nur so kann der Kontrakt Politik - Verwaltung praktisch umgesetzt werden. Das Instrument „Mitarbeitergespräch" wird so zum zentralen Instrument für mitarbeiterorientierte Führung. Wie wir beim „situativen Führungsstil" gesehen haben, ist das Besprechen der Arbeitsergebnisse, der kommenden Aufgaben und die Art der Zusammenarbeit, Delegation und Kontrolle der Weg, um vom Bestimmen (Anweisen) zum Mitbestimmen zu kommen. Führung geschieht durch Kommunikation. Nur in guten wertschätzenden Gesprächen können Vereinbarungen getroffen werden, welche die Mitarbeiter motivieren und ihre Eigeninitiative am Arbeitsplatz fördern. Ziel ist es, das Leistungsvermögen und die Leistungsbereitschaft zu fördern. Wichtige Fragen sind: Was kann der Mitarbeiter? Was will der Mitarbeiter? Was darf der Mitarbeiter?

Ein Beispiel: Eine Mitarbeiterin in einem Bauamt beschwerte sich darüber, dass sie viele Statistiken anfertigen sollte. Sie wusste nicht wofür und für wen. Sie hat nie eine Rückmeldung vom Vorgesetzen erhalten, welchen Nutzen die Statistiken haben. Sie war mutig und hat beschlossen, einen Teil der Statistiken nicht mehr zu machen. Sie sagte, auch nach einer längeren Zeit habe sich niemand beschwert. In dieser Abteilung hatten alle Mitarbeiter ihre Aufgaben, ohne je den Sinn und das Zusammenspiel mit anderen Aufgaben in der Verwaltung zu reflektieren. Keiner wusste so richtig, was die anderen tun. Durch die Einführung von Mitarbeitergesprächen wurde diese Arbeitsform zum Auslaufmodell.

Ziel 1: Bewertung der geleisteten Arbeit und individuelle Förderung:

Die geleistete Arbeit wird aus der Sicht des Mitarbeiters und des Vorgesetzten darge-stellt und bewertet. Die Bewertung erfolgt nicht in Form einer Note wie bei der Beurtei-lung, sondern in einer individuellen qualitativen Darstellung. Welche Faktoren haben gu-te Ergebnisse begünstigt, welche behindert? Aus den Ergebnissen der Leistungsbewer-tung werden Maßnahmen abgeleitet. Ist der Mitarbeiter eher unterfordert, kann er auch schwierigere Aufgaben übernehmen? Kann er in seinem Aufgabenbereich selbständiger arbeiten, z. B. mit Mitarbeitern anderer Abteilungen kommunizieren oder muss alles über den Schreibtisch des Chefs? Ist er zum Teil überfordert und braucht Entlastung oder Fortbildung? Maßnahmen werden verbindlich festgehalten und vereinbart.

Die individuelle Förderung des Mitarbeiters ist eines der wichtigsten Ziele des Mitarbei-tergespräches. Die individuelle Bewertung der Arbeitsleistung wird immer im Verhältnis zum persönlichen Vermögen des Mitarbeiters gesehen. Beispiel: Der Mitarbeiter hat es geschafft, durch Verbesserungen seiner Arbeitsorganisation im Monat nicht mehr nur x Bauanträge zu bearbeiten, sondern jetzt im Schnitt x plus drei. Das ist eine Leistungs-steigerung, die entsprechende Würdigung verdient. Dieser Mitarbeiter wird nicht mit dem Kollegen verglichen, der mehr Anträge schafft. Der individuelle Leistungsstand ei-nes jeden Mitarbeiters wird betrachtet, die persönlichen Erfolge werden beachtet und an-erkannt und es werden Maßnahmen überlegt, wie der Einzelne sich persönlich verbes-sern kann.

Hierin liegt ein ganz wichtiger Unterschied zur dienstlichen Beurteilung. Im Mitarbei-tergespräch wird keine Note vergeben, welche die Mitarbeiter untereinander vergleich-bar macht (machen soll), sondern der individuelle Leistungsstand soll verbessert werden.

Ziel 2: Förderung von selbständigem zielgerichteten Arbeiten

Ein gewichtiges Anliegen moderner Verwaltungsstrukturen ist weniger Hierarchie. Zu den Aufgaben von Vorgesetzen gehört heute nicht mehr das ständige Geben von Anwei-sungen. Die „Ressource" der Mitarbeiter wird in einer Verwaltung nicht wirklich ge-nutzt, sondern wie eine Maschine betrachtet: Anweisung oben rein, Ergebnis hinten raus.

Vorgesetzte sollten ihren Mitarbeitern die Erlaubnis geben, die „nach–16–Uhr–Fähigkeiten" auch vorher einzusetzen. Also nicht Dienst nach Vorschrift, sondern Frei-heit für eigene Gestaltungsvorschläge zu lassen, das Kreativitätspotenzial nutzen.

Am motiviertesten sind Beschäftigte (das gilt auch für Führungskräfte), wenn sie bei ih-ren Aufgaben einen möglichst großen Gestaltungs- und Entscheidungsspielraum haben, wenn ihre Leistung gesehen und anerkannt werden, wenn die Möglichkeit besteht, auch neue Wege zu gehen, etwas auszuprobieren, einen Reinfall zu riskieren. Nach dem Mot-to: Fehler sind erlaubt, aber möglichst jeden Fehler nur einmal.

Voraussetzung für diese Form des selbständigen Arbeitens ist die Zielvereinbarung mit Ihren Mitarbeitern.

Bei der Absprache von Zielen und Aufgaben für das kommende Jahr sollte der Vorgesetzte dem Mitarbeiter soviel Spielraum lassen, wie dieser es wünscht. Der Mitarbeiter entscheidet möglichst eigenständig, wie er die vereinbarten Ziele umsetzen will, er entscheidet über den Weg und die Koordination mit anderen Aufgaben. Bei den ersten Zielvereinbarungen müssen die Wege der Umsetzung intensiver mit den Mitarbeitern besprochen werden, bis sich alle in dieser neuen Form der Aufgabenstellung sicher fühlen. Auch sollte der Vorgesetzte nach dem ersten Zielvereinbarungsgespräch regelmäßig für Gespräche über den Fortgang der Umsetzung zur Verfügung stehen.

Beispiel: Ziel des Bauordnungsamtes ist es, die Kundenfreundlichkeit zu verbessern. Hier ist der Spielraum der Maßnahmen groß. Der Vorgesetzte wird dieses Vorhaben zunächst in einer (Team)Sitzung erläutern und erste Ideen über das Vorgehen sammeln. Alle Mitarbeiter sind betroffen. Eine Vereinbarung im Mitarbeitergespräch könnte sein: Mit dem Mitarbeiter zu klären, wo und wieviel Kundenkontakt er hat, inwieweit er also betroffen ist und was er persönlich an seinem Arbeitsplatz zur Verbesserung der Zufriedenheit der Bürger beitragen kann. Dazu macht er eigenständig einen Plan und es wird ein regelmäßiger Bericht vereinbart.

Dem Mitarbeiter könnte aber auch die Aufgabe angeboten werden, mit seinen Kollegen ein gemeinsames Projekt zu organisieren und durchzuführen. Mögliche Schritte wären dann:
- *Klärung, wie und wann an den Vorgesetzten berichtet wird, wie bei Problemen vorgegangen wird, wer für was verantwortlich ist (Vorgesetzter und Mitarbeiter), welche Ressourcen benötigt werden (Zeit, Sachmittel etc.).*
- *Erhebung der Zufriedenheit/Unzufriedenheit der Bürger.*
- *Teilnahme an einem Seminar zu Projektmanagement.*
- *Entscheidung im Team, mit welchen Maßnahmen die Kundenzufriedenheit am nachhaltigsten erhöht werden kann.*
- *Planung und Umsetzung dieser Maßnahmen. Dies könnten sein:*
- *schnellere Bearbeitungszeiten von Anträgen,*
- *Veränderung der Öffnungszeiten,*
- *bessere Beratung am Telefon,*
- *bessere Abstimmung des Antrages mit anderen Ämtern (Bürger werden nicht hin- und hergeschickt).*

Dieses Projekt wird natürlich in den Alltag „eingearbeitet" und ständig reflektiert, auch in Besprechungen mit dem Vorgesetzten. Nach einem Jahr im nächsten Mitarbeitergespräch wird Bilanz gezogen: Wie hat die Übertragung der Aufgabe geklappt? Wie wird die Zusammenarbeit mit dem Vorgesetzten bewertet? Ist der Mitarbeiter in der Lage, selbständig neue Aufgaben zu strukturieren und zu bearbeiten? Wie viel hat die Weiterbildung in Projektmanagement genützt etc.?

Diese Fragen werden sicher mehrfach im Verlauf des Projektes gestellt. Im Mitarbeitergespräch findet eine umfassende Betrachtung der gesamten Umsetzung der Arbeitsaufgaben statt. Vorgesetzter und Mitarbeiter gehen innerlich auf einen „geistigen Balkon" und betrachten aus der Vogelperspektive das gesamte Geschehen.

Gegenstand von Zielvereinbarungen können auch die kleinen Widrigkeiten des Alltags sein, z. B. das Ablagesystem so zu verbessern, dass auch Kollegen einen Vorgang finden. Oder: Wie können Bearbeitungszeiten verkürzt werden? Wie kann der Informationsfluss verbessert werden? Wie kann die Urlaubsvertretung besser geregelt werden?

Ziele müssen folgende Anforderungen erfüllen:
- Zielbeschreibungen sind vorweggenommene Ergebnisse.
- Ziele müssen überprüfbar und messbar sein. Bei qualitativen (nicht messbaren) Zielen muss eine Beschreibung des Endzustandes erfolgen, dem man sich annähert. Die Zielfrage lautet immer: Was will ich erreichen? Die Prüffrage: Wie, woran werde ich merken, dass ich das Ziel erreicht habe?
- Ziele werden von allen Partnern akzeptiert.
- Ziele betonen Ergebnisse, nicht einzelne Handlungen.
- Ziele müssen überschaubar, also zeitlich und inhaltlich begrenzt sein.
- Ziele müssen herausfordernd, aber in einem definierten Zeitraum auch erreichbar sein.
- Ziele stehen zu anderen Zielen der Verwaltung, der Abteilung in Beziehung, nicht zu ihnen in Widerspruch.
- Ziele eröffnen verschiedene Handlungsspielräume.
- Ziele müssen von Zeit zu Zeit überprüft und ggf. revidiert werden.

Es ist in vielen Studien nachgewiesen worden, das Mitarbeiter umso motivierter sind, je mehr sie über Ziele der Gesamtverwaltung informiert werden, Arbeitsinhalte und Veränderungen an ihrem Arbeitsplatz mitgestalten und mitentscheiden können. Mitarbeiter identifizieren sich mit den Vorhaben am meisten, bei denen sie aktiv miteinbezogen wurden.

Ziel 3: Verantwortung für die Ergebnisse des eigenen Handelns übernehmen

Mitarbeiter müssen immer stärker die Verantwortung für die Arbeitsergebnisse übernehmen. Jede Delegation einer Aufgabe bedeutet auch die Übertragung von Verantwortung.

Ein weiteres Beispiel hierfür ist die Übertragung einer Unterschriftserlaubnis. Wenn der Vorgesetzte erkennt, dass der Mitarbeiter seine Anträge so gewissenhaft bearbeitet und prüft, dass er als Vorgesetzter nur noch pro forma unterschreibt, sollte er dem Mitarbeiter erlauben, Briefe selbst zu unterschreiben. Damit kann er den Mitarbeiter motivieren, weiterhin gewissenhaft zu arbeiten.

Der Vorgesetzte darf allerdings Fehler, die dem Mitarbeiter unterlaufen, nicht dazu benutzen, ihn an den Pranger zu stellen. Fehler sind der Ausgangspunkt für eine Reflexion und einen Lernprozess: Was waren Ursachen für den Fehler? Was kann wer tun, damit dieser Fehler nicht wieder passiert?

Ziel 4: Gestaltungsspielräume am Arbeitsplatz ausweiten

Viele Mitarbeiter in Verwaltungen haben ein eng umgrenztes Aufgabengebiet. Im Mitarbeitergespräch hat der Vorgesetzte eine gute Gelegenheit, gemeinsam mit dem Mitarbeiter zu besprechen, weitere Teilaufgaben, die an anderen Arbeitsplätzen erledigt werden, zusammenzulegen. Die Aufgabenbearbeitung wird effizienter, da die Missverständnisse und Reibungsverluste durch die Weitergabe von Teilaufgaben an den Schnittstellen verringert werden. Je mehr ein Mitarbeiter die Gesamtaufgabe überblickt, zu der er beiträgt, desto motivierter wird er sein. Vielleicht gibt es auch Hinweise, die bisherige Tätigkeit auf eine andere Art und Weise zu tun. Der Vorgesetzte sollte den Mitarbeiter seine Ideen ausprobieren lassen. Wer öfters mit seinen Veränderungsvorschlägen gebremst wird, hat dann, wenn er soll, keine Lust mehr.

Beispiel: Im Sozialamt bearbeitet ein Mitarbeiter ein Programm „Arbeit statt Sozialhilfe". Hilfeempfänger sollen wieder in den Arbeitsmarkt eingegliedert werden. Der Mitarbeiter weiß, dass es im Amt für Wirtschaftsförderung ein ähnliches Programm gibt, in dem versucht wird, niedrig Qualifizierten Arbeit zu vermitteln. Hier könnten die Mitarbeiter in beiden Ämtern überlegen, wie die Arbeit mit der gleichen Zielrichtung in Zukunft verfolgt wird, ob Teilaufgaben einem Amt, einem Arbeitsplatz zugeordnet werden, so dass Arbeit nicht doppelt gemacht wird. Eine Zusammenarbeit mit Kollegen des anderen Amtes kann inhaltlich vorbereitet werden und der Vorgesetzte gibt sein Einverständnis, dass der Mitarbeiter direkt mit Kollegen aus dem Amt für Wirtschaftsförderung zusammenarbeitet.

Ziel 5: Die Zusammenarbeit Vorgesetzter – Mitarbeiter verbessern

Mitarbeiterorientierte Führung gelingt nur durch offenen, ehrlichen Umgang miteinander, durch Kooperation, gegenseitige Achtung und Akzeptanz der Einzigartigkeit der Menschen. Jeder Mitarbeiter ist in das System Verwaltung eingebunden. Um eine optimale Zielerreichung abzusichern, reicht nicht die isolierte Betrachtung der eigenen Arbeit. Die Mitarbeiter müssen einen Sinn in ihrer Arbeit sehen, sie müssen wissen, welchen Beitrag sie für die Gesamtverwaltung leisten. Die Einordnung der eigenen Arbeit ins große Ganze ermöglicht der Vorgesetzte, wenn er sich als Dienstleister versteht. Was brauchen die Mitarbeiter, um an ihrem Platz optimale Bedingungen für bestmögliche Leistungen zu haben. Dieses Zusammenspiel geht nicht ohne regelmäßigen Austausch.

Beispiel: Mitarbeiter beschweren sich, dass Vorgesetzte schwer und unregelmäßig erreichbar sind oder die Urlaubsvertretung nicht klappt. Wir hören immer wieder aus Verwaltungen, dass ein Arbeitsvorgang gemeinsam mit dem Mitarbeiter „Urlaub macht", sprich: die Akte in dieser Zeit einfach liegen bleibt. Hier können Vereinbarungen getroffen werden, die eine reibungslose Abwicklung der Tätigkeiten sicherstellen. Zum Beispiel regelmäßige „Sprechstunden" des Vorgesetzten für seine Mitarbeiter.

Ein heikler Punkt bei der Kooperation zwischen Vorgesetzten und Mitarbeiter ist der Umgang mit Informationen. Vorgesetzte sind meist überzeugt, alles für die Mitarbeiter

Relevante weiterzugeben. Mitarbeiter haben hingegen oft das Gefühl, nicht genug Informationen zu erhalten.

Das Gefühl, gut informiert zu sein, ist wie gesagt, ein Gefühl und daher individuell unterschiedlich ausgeprägt. Es kann hilfreich sein zu unterscheiden, was der objektive Informationsbedarf ist: Dazu zählen Informationen zur Bewältigung der täglichen Aufgaben, Grund-Informationen des Arbeitsplatzes, Fachinformationen über Arbeitsgebiet und Arbeitsergebnisse, Informationen über Entwicklung und Ziele der Gesamtorganisation. Diese Informationen muss ein Vorgesetzter allen Mitarbeitern gleichermaßen zur Verfügung stellen (Bringschuld).

Daneben haben alle Mitarbeiter ein subjektives Informationsbedürfnis. Sie wollen z. B.: Informationen über das gesamte Verwaltungsgeschehen, Informationen über andere Organisationseinheiten (Ämter) und die Zusammenarbeit, Informationen über Hintergründe und Pläne z. B. von Modernisierungsmaßnahmen. Hier können Vorgesetzte nicht wissen, was ihre Mitarbeiter brauchen, um sich gut informiert zu fühlen. Mitarbeiter sollten ermutigt werden, ihr Informationsbedürfnis zu äußern (Holschuld).

Um die Zusammenarbeit zu verbessern, muss der Vorgesetzte den Mitarbeitern darstellen, welche Informationen sie von ihm erwarten können. Die Mitarbeiter dagegen formulieren, mit welchen Informationen sie sich umfassend informiert fühlen würden. So kann gemeinsam ein Weg der Informationspolitik gefunden werden. Die Mitarbeiter sollten über das eigene Informationsbedürfnis selbst entscheiden dürfen.

Unterschiedliche Beweggründe für einen Informationswunsch:

— Bedürfnis nach Sicherheit
— Wie geht es weiter, was kommt auf mich zu?
— Bedürfnis nach Kontakt: Was gibt es Neues?
— Bedürfnis nach Bestätigung, Geltung, Einfluss: Ich werde ernstgenommen, ich bin wichtig,
   ich werde informiert.
— Bedürfnis nach Anregung: Welche neuen Impulse gibt es? Wo kann ich etwas verändern? Wie machen es die anderen?

Ziel 6: Förderung der Identifizierung mit übergeordneten Zielen der Verwaltung

Modernisierungsprozesse werden durch Informations- und Kommunikationsdefizite behindert. Dies zeigen Analysen von Akzeptanz- und Umsetzungskrisen aus unserer Beratungspraxis. Über Ziele in der Verwaltung bestehen Unklarheit, Ängste der Mitarbeiter werden nicht erkannt oder nicht richtig eingeschätzt. Damit Führungskräfte ihren Mitarbeitern Ziele der Verwaltung darstellen und erklären können, muss es diese erst einmal geben. Das ist nicht selbstverständlich. Viele Vorhaben werden aktionistisch gestartet ohne eine saubere Zielklärung und ohne eine hinreichend konzipierte Informations- und Beteiligungsstrategie für die Mitarbeiter. Als Vorgesetzter und Führungskraft sollten Sie sich nicht scheuen, bei Ihren Vorgesetzten diese „Vor"-Leistungen einzufordern. Ziele und Strategien zu entwickeln gehört zu den Hausaufgaben der Führungsspitze. Ohne diese Vorgaben können Sie Ihre Führungsaufgaben nicht klar und eindeutig vertreten. Vorgesetzte, die nicht wissen, was sie wollen oder sollen, werden nicht ernst genommen.

In den Mitarbeitergesprächen wird Zieltransparenz der Gesamtorganisation hergestellt und Oberziele in jeder Abteilung bis an jeden Arbeitsplatz heruntergebrochen. So erkennen alle Mitarbeiter ihre Beteiligung und ihren Beitrag, den sie für die Gesamtorganisation leisten. Alle Beschäftigten ziehen an einem Strang – in die gleiche Richtung.

Die Ziele sind zum einen fachlich ausgerichtet. Dabei geht es um die Vereinbarung von Leistungszielen und einer Verbesserung der Standardaufgaben, die im Schwerpunkt gleich bleiben. Zusätzlich werden innovative Gestaltungsaufgaben (z. B. Projekte) vereinbart.

Die Ziele des Mitarbeitergespräches sind zum anderen an der Persönlichkeit des Mitarbeiter ausgerichtet. Wie gestaltet der Mitarbeiter Kontakte zu Kollegen, Vorgesetzten, Bürger? Wie ist seine konkrete Lebensplanung, wie die Entwicklung der Sozialkompetenz?

Inhalte des Mitarbeitergespräches

Verwaltungen gestalten die Inhalte der Mitarbeitergespräche unterschiedlich. Die am meisten kombinierten Inhalte sind:
–   Gespräch und Bewertung der geleisteten Arbeit
–   Vereinbarung von künftigen Arbeitsschwerpunkten oder Zielen
–   Gespräch über die persönliche Seite der Zusammenarbeit, die Kooperation
–   Gespräch über die Entwicklung und den Erhalt der Leistung
–   Gespräch über den persönlichen Beitrag zur Modernisierung.

Leitfaden zur Durchführung der Mitarbeitergespräche

Es gibt Verwaltungen, die ihren Führungskräften keine klaren Hinweise für die Durchführung von Mitarbeitergesprächen an die Hand geben. So können Führungskräfte die Gespräche nach Lust und Laune gestalten und Fragen stellen, auf die sich die Mitarbeiter nicht vorbereiten können. Dies führt dazu, dass mit „unproblematischen" Mitarbeitern ein nettes „Schönwettergespräch" gehalten wird. Mit Mitarbeitern, zu denen der Vorgesetzte mehr Distanz und weniger Kontakt hat, führt er gar kein Gespräch oder bringt es schnell hinter sich. Natürlich sind nicht alle Führungskräfte so. Unsere Erfahrung zeigt aber, dass viele Führungskräfte das Führen von Mitarbeitergesprächen aus Angst und Unsicherheit vermeiden.

Alle Mitarbeiter haben das Recht auf ein Gespräch, von dem sie wissen, was sie erwartet, auf das sie sich vorbereiten können. Führungskräfte haben die Aufgabe, sich um die Zusammenarbeit mit allen Mitarbeitern gleichermaßen zu bemühen, allen die gleiche

Chance zu geben. Gerade die Beziehungen zu für sie schwierigen oder „ungeliebten" Mitarbeitern bedürfen der behutsamen Pflege.

Damit also Überraschungsmomente bewusst ausgeschaltet werden, plädieren wir für die Erarbeitung eines Leitfadens, der für alle Beschäftigten der Verwaltung gilt. So ist ein gewisses Maß an Einheitlichkeit sichergestellt. Im Leitfaden werden die Rahmenbedingungen und die Inhalte beschrieben, die Themenelemente grob vorstrukturiert. Dieser Gesprächsleitfaden wird allen Beschäftigten ausgehändigt, so können sich Mitarbeiter und Vorgesetzte gleichermaßen vorbereiten. Die getroffenen Vereinbarungen werden schriftlich festgehalten.

In den Rahmenbedingungen wird in aller Regel festgehalten:
— Ziele der Gespräche
— Wer führt mit wem die Gespräche?
— Wie oft werden sie geführt?
— Wie werden sie vorbereitet?
— Wie werden sie durchgeführt?
— Welche Inhalte sind verbindlich?
— Welche Unterlagen (Protokoll) werden erstellt?
— Welche Regelungen zur Vertraulichkeit gibt es?
— Wie wird die Umsetzung der Vereinbarungen sichergestellt und kontrolliert?

Diese Rahmenbedingungen müssen individuell für jede Organisation erarbeitet werden, damit spezifische Gegebenheiten berücksichtigt werden. Auch die Gestaltung der Inhalte mit wenigen Fragen pro Element sollte abgestimmt werden.

Hier einige Gesprächsthemen und Fragen zu den Inhalten der Mitarbeitergespräche:

Derzeitige Arbeitsschwerpunkte und Zielsetzungen:
— An welchen Arbeitsschwerpunkten hat der Mitarbeiter hauptsächlich gearbeitet?
— Was ist erreicht worden, was nicht?
— Was ist besonders gut, was weniger gut gelungen?
— Was hat die Erreichung der Ergebnisse/Ziele gefördert, was hat die Arbeit eher behindert?

Vereinbarung von künftigen Arbeitsschwerpunkten/Zielen:
— Welche Ziele sind vorgegeben?
— An welchen Zielen wird der Mitarbeiter arbeiten?

Welche Voraussetzungen sind zu deren Erreichung notwendig? (z. B. Änderung der Aufgabenstellung/Organisation, Unterstützung von Kollegen, vom Vorgesetzten, Ressourcen)
— Welche Gestaltungsspielräume sieht der Mitarbeiter?
— Wie können künftige Arbeiten, Aufgaben noch besser gelöst werden? Welche Hilfe braucht er dazu? Welche neuen Aufgaben stehen an? Welche Ziele sind klar?
— Welche Tätigkeiten kann der Mitarbeiter selbständiger als bisher erledigen? Welche Kompetenzen sind dafür erforderlich?

Zusammenarbeit mit Vorgesetzten und Kollegen:

– Werden dem Mitarbeiter die Zusammenhänge von Arbeitsaufgaben ausreichend erklärt?
– Wie fühlt er sich informiert?
– Wie wird er bei Entscheidungen mit einbezogen?
– Wie wird die Zusammenarbeit und die Kommunikation zwischen Mitarbeiter und Vorgesetztem eingeschätzt? (Was ist positiv, wo werden Verbesserungen erwartet?)

Mitwirkung bei der Verwaltungsmodernisierung:

– Wie ist der Arbeitsplatz von der Verwaltungsmodernisierung betroffen?
– Welche Perspektiven werden in der Modernisierung am Arbeitsplatz gesehen?
– Welche Beiträge im Rahmen der Verwaltungsmodernisierung könnte der Mitarbeiter leisten? Welche Möglichkeiten sieht er? Welche Unterstützung benötigt er gegebenenfalls?

Persönliche und berufliche Entwicklung der Mitarbeiter:

– Welche Maßnahmen, z. B. Fortbildungen müssen aufgrund veränderter Ziele und Aufgaben der Organisation umgesetzt bzw. absolviert werden?
– Werden Veränderungen, neue berufliche Ziele angestrebt?
– Welche Aufgabenerweiterungen, Stellen, Funktionen könnten in Frage kommen?
– Welche Vereinbarungen zur Entwicklung werden getroffen, z. B. Fortbildung(en), Aufgabenerwartungen?

Bedenken gegenüber Mitarbeitergesprächen

Die stärkste Sorge ist die Angst, das Gespräch überhaupt zu führen: Mitarbeiter und Führungskräfte haben meist nie gelernt, ein zielgerichtetes, faires, ehrliches und konstruktives Gespräch zu führen. Besonders, wenn die persönlichen Seiten der Zusammenarbeit angesprochen werden sollen. Mitarbeiter haben zudem die Sorge, wie der Vorgesetzte reagiert, wenn sie ihm sagen, was ihnen an der Zusammenarbeit missfällt. Führungskräfte haben Angst, ihre Autorität zu verlieren. Sicher, durch das Aussprechen von Dingen, die wir sonst immer nur vermuten, werden wir angreifbarer und auch verletzlicher, wir haben schließlich Position bezogen. Doch wie viel mehr Qualität der Zusammenarbeit gewinnen wir dadurch.

Bei großen Unsicherheiten, wie das Gespräch geführt werden kann, hilft eine Schulung. In ihr werden Gesprächsregeln und ein Mitarbeitergespräch geübt. Durch das Feedback nach einem Rollenspiel wird meist deutlich, dass bei einem Mitarbeitergespräch der Vorgesetzte nicht „sein Gesicht verliert", sondern im Gegenteil als Mensch erlebt wird. Das gegenseitige Vertrauen wächst. Beide wissen, woran sie sind. Sie wissen, wie der andere „zu packen" ist. Eine Schulung ist nur der Beginn des Lernens. Wie in allen Bereichen der Kommunikation ist es notwendig, sich ständig auszuprobieren und sich zu trauen.

Die Schwellenangst beim Mitarbeiter können Vorgesetzte senken, indem sie das Gespräch einleiten mit: „Wir haben beide ein solches Gespräch über unsere Zusammenarbeit noch nicht geführt, es muss ja nicht auf Anhieb perfekt sein ..." oder „wir betreten beide Neuland ..."

Überzogene Erwartungshaltung: Führungskräfte haben oft die Vorstellung, dass Mitarbeiter durch das Mitarbeitergespräch, in dem auch berufliche Perspektiven angesprochen werden, die Erwartung ableiten, dass ihnen bei guter Leistung auch eine Beförderung angeboten wird. Das entspricht sicher nicht der Realität im öffentlichen Dienst.

Führungskräfte sollten hier überlegen, welche Angebote sie überdurchschnittlichen Mitarbeitern machen können, die für anspruchsvollere Aufgaben geeignet wären. Ein Aufstieg in der Hierarchie (vertikale Karriere) ist eher unwahrscheinlich, auch weil Hierarchieebenen abgebaut werden. Eine horizontale Karriere (die Leserinnen mögen mir den Begriff verzeihen, der nicht der political correctness entspricht) auf der gleichen Hierarchieebene könnte verwaltungsintern gestaltet werden, z. B. durch die Übernahme von komplexeren Aufgaben, die Übernahme von bereichsübergreifenden Aufgaben. Die Neugestaltung des Aufgabenbereiches wird in vielen Verwaltungen „unter der Hand geregelt". Einzelne Mitarbeiter erhalten so interessantere oder vorrübergehend andere Aufgaben, aber zum gleichen Tarif. Dies geht nur mit Mitarbeitern, die nicht sofort bei der Umgestaltung der Arbeit „die Hand aufhalten", sofern eine „höherwertige" Tätigkeit übernommen wird. Dies klingt vielleicht ein wenig subversiv, aber es funktioniert an vielen Stellen (das wissen wir aus unserer Beratungsarbeit). Hier zeigt sich, wie unflexibel das derzeitige Tarifsystem im öffentlichen Dienst ist. Viele suchen da erfolgreich nach Schlupflöchern. Besser und ein Gewinn für alle wäre es sicherlich, das starre System endlich umzugestalten, um eine leistungsgerechte Bezahlung zu ermöglichen.

Angst vor der Verwendung der Vereinbarungen gibt es in anderer Hinsicht: Was geschieht mit den Aufzeichnungen der Ergebnisse? Was, wenn der Vorgesetzte sich nicht an die Abmachung hält, dass die Unterlagen nur bei ihm und mir als Mitarbeiter bleiben? Mit solchen Fragen wurden wir hauptsächlich in den östlichen Bundesländern bei der Einführung von Mitarbeitergesprächen konfrontiert. Die Angst vor der Stasi sitzt vielen noch im Nacken, die Angst, Ergebnisse könnten an Unbefugte weitergeleitet werden.

In einer solchen Situation, wo alte Ängste noch tief sitzen, müssen Führungskräfte sehr sensibel mit der Situation umgehen und die Bedenken der Mitarbeiter sehr ernst nehmen. Sie müssen zeigen, dass Sie vertrauenswürdig sind und müssen die ersten Schritte tun und Vorbild sein. Vorbild sein heißt, offenere Kommunikation vorzuleben und nicht im Gegenzug das Gleiche von den Mitarbeitern erwarten. Mitarbeiter müssen erst merken, dass sich neue Formen der Kommunikation nicht nachteilig auswirken. Dies braucht Zeit. Hier raten wir, keine ausführlichen Aufzeichnungen zu machen, sondern nur das nötigste zu notieren und ggf. auch einmal ganz auf Aufzeichnungen zu verzichten.

Angst, eigene Schwächen zu benennen: Dies ist wohl die häufigste Sorge. „Wenn ich meinem Vorgesetzten sage, was nicht so geklappt hat und wo ich noch Lernbedarf habe, wird sich das doch nachteilig auf meine nächste Beurteilung auswirken." Diese Sorge ist sehr berechtigt. Der Vorgesetzte, der mindestens jährlich ein Mitarbeitergespräch führt, schreibt auch alle drei Jahre die Beurteilung (zumindest bei den Beamten). Um eine gute Beurteilung zu erhalten, ist es sicher besser, der Vorgesetzte weiß möglichst wenig von den Schwächen. So gesehen verhalten sich Mitarbeiter systemkonform, wenn sie über ihre Arbeit nicht allzu viel berichten.

Nun sind Vorgesetzte auch nur Menschen und auch ich würde mit Vorsicht genießen, wenn mir einer sagt, er könne Mitarbeitergespräch und Beurteilung so trennen, dass das Wissen über die Schwächen keinen Einfluss auf die Beurteilung hat.

Wenn Sie als Vorgesetzter Beurteilungen erstellen: Bedenken Sie, dass alle Beschäftigten derzeit wahrscheinlich in einem System arbeiten, das Offenheit nicht unbedingt belohnt. Mitarbeitergespräche sind aber für die Arbeitsgestaltung unseres Erachtens ungleich wichtiger als Beurteilungen. Gehen Sie offensiv mit diesem Thema um. Sagen Sie Ihren Mitarbeitern nicht, dass die Probleme, die im Mitarbeitergespräch diskutiert werden, keinen Einfluss auf Beurteilungen haben. Sagen Sie ihren Mitarbeiter, durch das jährliche Mitarbeitergespräch haben die Mitarbeiter die Möglichkeit zu zeigen, wie sie mit Problemen und Defiziten umgehen und wie sie lernen. In einem Zeitraum von drei Jahren bis zur nächsten Beurteilung können sie ihre Entwicklung zeigen. Dies sollte in einer Beurteilung honoriert werden.

Doch der Grundkonflikt bleibt bestehen: Hier das Mitarbeitergespräch mit den individuellen Förderzielen (Wie kann ich besser werden?) – dort die Beurteilung, die Mitarbeiter durch die „Gesamtnote" vergleichbar machen soll (Wer ist der Beste?). Mutige Verwaltungen wie der Wetteraukreis lösen den Konflikt so, dass sie auf Beurteilungen verzichten.

Der folgende Leitfaden zeigt Ihnen ein konkretes Beispiel aus einer Verwaltung:

Musterleitfaden und Gesprächsnotiz zu Mitarbeitergesprächen

Liebe Mitarbeiterinnen, liebe Mitarbeiter,

ein komplexer Betrieb wie unsere Verwaltung funktioniert nur, wenn die Beschäftigten miteinander reden. Viele werden vermutlich sagen, das tun wir doch jeden Tag und dies sogar ausgiebig.

Dies ist auch vielfach so, aber sehr häufig beschränken sich die Gesprächsinhalte allein auf fachliche Fragen. Die Ursachen sind vielschichtig: Manchmal fehlt es an der Zeit, manchmal findet man nicht die passende Gelegenheit. Im übrigen fällt es vielen sicherlich auch schwerer, über die persönliche Seite der Zusammenarbeit zu sprechen. Dabei ist es gerade von besonderer Bedeutung, darüber zu reden, welche Ziele man gemeinsam erreichen will, welche Probleme im Umgang miteinander aufgetaucht sind, wie Arbeitsabläufe verbessert werden können etc.

Mitarbeitergespräche sollen mit dazu beitragen, eine höhere Arbeitszufriedenheit, bessere Zusammenarbeit und höhere Effizienz zu erreichen.

1. Zweck

Die Verwaltung verfolgt mit der Einführung von Mitarbeitergesprächen folgende Ziele:

— Festigen der gegenseitigen Beziehung, Verbesserung der Information und Förderung der Motivation

— Optimieren der Arbeitsleistung und des Arbeitsverhaltens

— Vereinbaren und Überprüfen von Zielen

— Förderung der Mitarbeiter und Entwicklung von Nachwuchskräften

— Förderung einer offenen Kommunikation

Im Unterschied zu den täglichen Gesprächen und Anweisungen wird mit dem Mitarbeitergespräch bezweckt, dass Vorgesetzte und Mitarbeiter sich über *grundsätzliche Fragen des Arbeitsverhältnisses* aussprechen, wie es für eine vertrauensvolle, fruchtbare Zusammenarbeit nötig ist.

2. Gesprächspartner

— Gesprächspartner ist grundsätzlich der unmittelbare Vorgesetzte und der unterstellte Mitarbeiter. Bei Bedarf kann der nächsthöhere Vorgesetzte hinzugezogen werden.

— Die Gespräche werden mit allen Beschäftigten geführt. Anders als bei Beurteilungen gibt es keine Altersgrenze, ab der auf das Gespräch verzichtet werden kann.

— Bei Konflikten, die im Mitarbeitergespräch nicht gelöst werden können, müssen andere Gesprächsformen, ggf. mit anderen Gesprächspartnern gesucht werden.

3. Zeitpunkt des Gesprächs

— Die Gespräche finden mindestens ein Mal jährlich statt.

— Bei Bedarf können zusätzliche Gespräche geführt werden, auch auf Initiative der Mitarbeiter hin (z. B. bei Versetzungen, Vorgesetztenwechsel, organisatorischen Änderungen).

4. Gesprächsvorbereitung

— Die Gesprächspartner vereinbaren den Gesprächstermin so, dass sie mindestens eine Woche Zeit zur Vorbereitung haben.

— Für das Gespräch soll genügend ungestörte Zeit reserviert werden (eine bis zwei Stunden).

— Damit Überraschungsmomente ausgeschaltet werden, kennen Vorgesetzte und Mitarbeiter den Leitfaden, und bereiten sich anhand dessen auf das Gespräch vor.

— Weitere Hilfsmittel für die Vorbereitung und Durchführung des Gesprächs sind Gesprächsnotizen, Zielvereinbarung des letzten Gesprächs sowie ggf. weitere Unterlagen.

5. Gesprächsdurchführung

— Ein gutes Ergebnis des Mitarbeitergesprächs hängt davon ab, ob es gelingt, ein konstruktives, von Vertrauen und Offenheit geprägtes Gesprächsklima zu schaffen. Das Gespräch verzichtet nicht auf Kritik. Es zielt auf die beiderseitige Fähigkeit zur Selbstkritik, um Verbesserungen einzuleiten.

— Während des Gesprächs sollen die Regeln der offenen Kommunikation angewendet werden
(z. B. aktiv zuhören, Ich-Botschaft, Feedback). Falls erforderlich kann das Gespräch unterbrochen und zu einem späteren Zeitpunkt weitergeführt werden.

6. Gesprächsinhalt

Der Gesprächsablauf sollte nach den folgenden fünf Themen strukturiert werden:

— Derzeitige Arbeitsschwerpunkte/Zielsetzungen

— Zielvereinbarungen (was wollen wir mit welchen Mitteln innerhalb eines bestimmten Zeitraumes erreichen?)

— Zusammenarbeit mit Vorgesetzten sowie anderen

— Mitwirkung bei der Verwaltungsmodernisierung

— Personalentwicklung

Die Gesprächsergebnisse, vor allem die Absprachen sind unter der Verwendung des Formulars „Gesprächsnotiz" schriftlich festzuhalten. Die in der „Gesprächsnotiz" beispielhaft genannten Fragestellungen sollten in jedem Fall Verwendung finden. Die folgenden Punkte/Fragen sollen Ihnen Anregungen geben für den Gesprächsablauf und -inhalt. Wichtig ist dabei, dass das Gespräch flexibel den Besonderheiten der Arbeitssituation angepasst wird. Die Fragen sollen sowohl aus der Sicht des Vorgesetzten wie aus der Sicht des Mitarbeiters besprochen werden.

6.1 Derzeitige Arbeitsschwerpunkte/ Zielsetzungen

Unter diesem Punkt werden die im und seit dem letzten Gespräch vereinbarten Ziele mit den erreichten Ergebnissen verglichen. Neben den in der Gesprächsnotiz vorgeschlagenen Gesprächsthemen können u. a. noch folgende Gesichtspunkte behandelt werden:

— Gibt es Umstände, welche die Arbeit behindern?

— Wie können sie behoben werden?

— Was bereitet Freude bei der Arbeit?

— Was macht bei der Arbeit Sorgen?

— Gibt es Probleme bei der Arbeitsausführung?

6.2 Vereinbarungen von Zielen/künftigen Arbeitsschwerpunkten

Der Zweck der Vereinbarung von Zielen und Arbeitsschwerpunkten besteht darin, dass Vorgesetzter und Mitarbeiter gemeinsam die wesentlichen Arbeitsinhalte in konkrete und überprüfbare, erreichbare Ziele fassen. Die Ziele sollen ins Formular „Zielvereinbarungen" eingetragen werden. Der Abschnitt 2 ist auf dem gesonderten Blatt vorgesehen, damit die sich im gesamten Gesprächsverlauf ergebenen Ziele sofort festgehalten werden können. Nur so kann sichergestellt werden, dass sich beide Seiten engagiert für die Zielerreichung einsetzen und Missverständnisse vermieden werden. Die vereinbarten Ziele zeigen, auf welche Schwerpunkte sich der Mitarbeiter neben den ständigen Aufgaben im kommenden Jahr konzentrieren soll. Gegenstand der Zielvereinbarung sind nur Ziele, die der Einzelne erreichen kann (nicht eine Arbeitsgruppe). Zielvereinbarungen können qualitative wie quantitative Aspekte umfassen. Folgende Ziele sind denkbar:

— Ziele, abgeleitet aus übergeordneten Belangen, wie Gesamtzielen, Amtszielen etc.

— Ziele aus der Zielüberprüfung des letzten Gespräches

— Ziele zur Förderung und Entwicklung des Beschäftigten, um persönliche Mängel zu beheben oder Stärken zu vertiefen

6.3 Zusammenarbeit mit Vorgesetzten sowie anderen

Die persönliche und fachliche Zusammenarbeit zwischen Führungskraft und Mitarbeiter soll den Schwerpunkt dieses Abschnitts darstellen.

Neben den in der Gesprächsnotiz vorgeschlagenen Gesprächsthemen/Fragestellungen können noch folgende Gesichtspunkte behandelt werden:

— Wie arbeiten wir zusammen?
Wie funktioniert die Beziehung und die Kommunikation zwischen Führungskraft und Mitarbeiter?
Wie könnte sie gefördert werden?
Welche wechselseitigen Erwartungen gibt es?

— Welches Verhalten bestärkt, freut bzw. verunsichert oder verärgert?

— Was sind die positiven Aspekte der Zusammenarbeit?

— Wie wird seitens des Beschäftigten die Führung durch die Führungskraft empfunden und was könnte verbessert werden?

— Gibt es Probleme in der Zusammenarbeit mit anderen Stellen, Beschäftigten, Kunden, etc.?

— Werden Konflikte zur Zufriedenheit der Beteiligten gelöst?

6.4 Mitwirkung bei der Verwaltungsmodernisierung

Hierzu sollte neben den vorgeschlagenen Gesprächsthemen/Fragestellungen insbesondere auf offene Fragen und Ängste im Zusammenhang mit der Verwaltungsmodernisierung eingegangen werden. Hier besteht insbesondere auch die Möglichkeit evtl. Informationsdefizite über Zusammenhänge der Verwaltungsmodernisierung abzubauen bzw. zu klären.

— Welche Auswirkungen hat die Modernisierung auf die Beteiligten?

— Welche Chancen und Probleme des Veränderungsprozesses werden für den Einzelne/n erkannt?

— Können bei der jetzigen Tätigkeit alle Kenntnisse und Fähigkeiten voll eingesetzt werden?

— Wo liegen ungenutzte Fähigkeiten?

6.5 Personalentwicklung

Personalentwicklung ist eine wichtige Aufgabe von Vorgesetzten. Personalentwicklung umfasst die Erkennung von Fähigkeiten der Mitarbeiter und die bestehende Leistungsfähigkeit zu erhalten bzw. zu fördern.

Dieses Blatt kann dazu verwendet werden, der Personalabteilung die Durchführung des Mitarbeitergesprächs anzuzeigen und gleichzeitig auf erforderliche Maßnahmen der Personalentwicklung hinzuweisen. Während die übrigen Teile der Gesprächsnotiz bei der Führungskraft bzw. dem Mitarbeiter verbleiben, können konkrete Fortbildungswünsche unmittelbar der Weiterbildungsabteilung mitgeteilt werden mit der Bitte um weitere Veranlassung. Neben den in der Gesprächsnotiz vorgeschlagenen Gesprächsthemen/Fragestellungen kann zusätzlich auf folgende Gesichtspunkte eingegangen werden:

Kenntnisse, Fähigkeiten und Entwicklungspotenziale der Mitarbeiterin, des Mitarbeiters deutlich zu machen.

— Welche beruflichen Ziele und Laufbahnerwartungen hat der Mitarbeiter kurz- und längerfristig?

— Welche Entwicklungsmaßnahmen zur Übernahme anderer Aufgaben könnten in Frage kommen?

— Wo liegen die Schwächen? Welche Weiterbildungsmaßnahmen sind nötig, damit erkannte Schwächen bei der Erfüllung der Aufgaben abgebaut oder die Aufgabe effizienter erfüllt werden kann?

— Welche Möglichkeiten der freiwilligen Weiterbildung könnten genutzt werden?

— Welche Möglichkeiten der persönlichen Weiterentwicklung werden gesehen?

— Wird eine Initiative zur Herbeiführung einer Beförderung /Höhergruppierung erwartet?

— Bestehen Möglichkeiten zur Beförderung/Höhergruppierung auf der vorhandenen Stelle bzw. ist hierzu ein Wechsel auf eine andere Stelle erforderlich?

7. Gesprächsunterlagen

Die Gesprächsergebnisse sind schriftlich in Gesprächsnotiz und „Zielvereinbarung" festzuhalten.

Die Gesprächsunterlagen werden von dem jeweiligen Vorgesetzten oder dem Mitarbeiter erstellt. Sie können von Hand ausgefüllt werden.

Die Durchführung des Mitarbeitergesprächs bzw. die Zahl der Mitarbeitergespräche sind jährlich der Personalabteilung mitzuteilen und werden dort als Teil des Berichtswesens festgehalten. Wie bereits unter Ziffer 6.5 vermerkt, kann hierzu eine Kopie des Blattes „Maßnahmen zur Personalentwicklung" (letzte Seite des Gesprächsprotokolls) verwendet werden, was insbesondere dann sinnvoll erscheint, wenn konkrete Maßnahmen zur Fortbildung gewünscht werden.

Die übrigen Gesprächsunterlagen bleiben bei den Gesprächspartnern.

8. Vertraulichkeit und Verbindlichkeit

Die Aufzeichnungen sind grundsätzlich vertraulich zu behandeln.

Der Mitarbeiter erhält die Originale der Gesprächsunterlagen, der Vorgesetzte eine Kopie.

Bei Bedarf bzw. falls dies von Mitarbeiter bzw. Vorgesetzten gewünscht wird, kann auch der zuständige Dezernent Einsicht in die Gesprächsnotiz nehmen. Der Mitarbeiter hat das Recht, den Personalrat bzw. die Gleichstellungsbeauftragte Einsicht in die Gesprächsnotiz nehmen zu lassen.

Die Vereinbarungen sind für diejenigen verbindlich, die sie treffen.

Bei einem Stellenwechsel des Mitarbeiters vernichtet der Vorgesetzte die Zielvereinbarungen.

Bei Vorgesetztenwechsel soll der neue Vorgesetzte möglichst schnell ein neues Gespräch führen. Beide Beteiligten entscheiden gemeinsam, welche Zielvereinbarungen weiterhin Bestand haben.

Die Ergebnisse des Mitarbeitergespräches schaffen keine rechtserheblichen Fakten.

9. Sicherstellen der vereinbarten Maßnahmen/Zielsetzungen

Vorgesetzter und Mitarbeiter unterschreiben gemeinsam die Gesprächsnotiz. Bei unterschiedlichen Auffassungen ist die jeweilige Meinung in der Gesprächsnotiz zu vermerken.

Mitarbeiter und Vorgesetzter können sich vor dem Unterschreiben eine Bedenkzeit von maximal einer Woche ausbedingen.

Vorgesetzter und Mitarbeiter tragen gleichermaßen die Verantwortung für die Einhaltung der vereinbarten Maßnahmen und Ziele unbeschadet der besonderen Verantwortung der Führungskraft.

Wenn nötig, sollen weitere Mitarbeitergespräche während des Jahres vereinbart werden. Beide Seiten sind befugt, jederzeit die Durchführung eines solchen Mitarbeitergespräches zu verlangen.

10. Überwachung der Mitarbeitergespräche

Jeweils die nächsthöhere Vorgesetztenebene hat die Durchführung der erforderlichen Anzahl von Mitarbeitergesprächen sicherzustellen und zu überwachen. Die Personalabteilung registriert im Rahmen ihres Berichtswesens die mindestens einmal pro Jahr stattfindende Durchführung eines Mitarbeitergespräches und teilt gegebenenfalls den Dezernenten bzw. Amtsleitungen mit, wenn die Mitarbeitergespräche nicht angezeigt wurden.

Der Leitfaden wird regelmäßig auf eine mögliche Weiterentwicklung hin überprüft.

Mitarbeitergespräch
- Gesprächsnotiz -

I. Personalangaben

      Familienname, Vorname   Geburtsdatum:

      Amt/Abteilung/Sachgebiet:

      Funktion(en)/Aufgabengebiet:

Zeitraum, auf den sich das Mitarbeitergespräch bezieht (von/bis):

II. Inhalte

1. Derzeitige Arbeitsschwerpunkte/Zielsetzungen

An welchen Arbeitsschwerpunkten/Zielen hat der Mitarbeiter hauptsächlich gearbeitet? (max. 7-10 Arbeitsschwerpunkte/Zielsetzungen)		
Arbeitsschwerpunkte/ Zielset-zungen	Gesprächsthemen/ Fragestellungen	Stellungnahme mit Bewertung „V" Vorgesetzter/e „M" Mitarbeiter
	Was ist erreicht worden, was ist noch nicht erledigt worden? Was ist besonders gut, was weniger gut gelungen? Was hat die Erreichung der Ergebnisse /Ziele gefördert? Was hat die Arbeit eher behindert?	

2. Vereinbarung von Zielen/künftigen Arbeitsschwerpunkten

An welchen Zielen/künftigen Arbeitsschwerpunkten werden Sie arbeiten? Welche Voraussetzungen (z. B. Änderung der Aufgabenstellung/Organisation) sind zu deren Erreichung notwendig?			
Wie können künftige Arbeiten noch besser gelöst werden, welche Hilfen brauchen Sie dazu? Welche neuen Aufgaben stehen an, sind Ihre Ziele klar? Welche Tätigkeiten könnten Sie selbständiger als bisher erledigen, welche Kompetenzen sind dafür erforderlich?			
Nr.	Zielsetzung/neue Arbeitsschwerpunkte (evtl. Ausgangslage, Problem):	Vereinbarung, Maßnahmen:	Verant-wortlich:	Termin:

3. Zusammenarbeit mit Vorgesetzten sowie anderen

Gesprächsthemen/Fragestellungen	Stellungnahme
Wie fühlen Sie sich informiert und bei Entscheidungen einbezogen, werden Ihnen die Zusammenhänge ausreichend erklärt? Könnte Ihre Mitarbeit verbessert werden (Gestaltungsmöglichkeiten)? Was schätzen Sie besonders positiv ein, wo erwarten Sie Verbesserungen in der Zusammenarbeit, insbesondere auch in der Beziehung und der Kommunikation mit der Führungskraft?	

4. Mitwirkung bei der Verwaltungsmodernisierung

Gesprächsthemen/Fragestellungen	Stellungnahme
Wie ist der Arbeitsplatz von der Verwaltungsmodernisierung betroffen? Welche Perspektiven sehen Sie in dem Modernisierungsprozess an Ihrem Arbeitsplatz und darüber hinaus? Welche Beiträge im Rahmen der Verwaltungsmodernisierung könnten Sie leisten, welche Möglichkeiten sehen Sie, welche Unterstützung benötigen Sie gegebenenfalls?	

5. Personalentwicklung

Gesprächsthemen	Stellungnahme
Welche Stärken und Schwächen werden gesehen? Welche Über- oder Unterforderungen werden erkannt? Welche Veränderungs- oder Entwicklungsabsichten bestehen? Welcher Fortbildungsbedarf wird gesehen, gewünscht? Welche konkreten gemeinsamen Ziele lassen sich daraus ableiten?	

Gesprächsprotokoll

– zur evtl. Weitergabe an die Weiterbildungsabteilung

Familienname:	Vorname:
Amt/Abtlg./Sachg.:	
Pers.-Nr.:	

Maßnahmen zur Personalentwicklung:

1.
2.
3.

Für die Richtigkeit:

Unterschrift Mitarbeiter   Unterschrift Vorgesetzter

Das Gespräch hat stattgefunden am:

- Fragenkatalog für die Gestaltung von Mitarbeitergesprächen

Die nachfolgenden Fragestellungen sind eine kleine Hilfestellung zur Vorbereitung und dienen als Anregung.

Tabelle 4: Fragenkatalog zur Vorbereitung des Mitarbeitergesprächs

Fragen aus der Perspektive des Mitarbeiters	Fragen aus der Perspektive des Vorgesetzten
Gespräch zur Tätigkeit und Arbeit des Mitarbeiter	
Wie komme ich mit meiner Arbeit zurecht? Quantitativ? Qualitativ?	Was sind spezifische Anforderungen und Merkmale auf die es an diesem Arbeitsplatz ankommt?
Welche Bereiche der Arbeit liegen mir besonders? Welche machen mir besonderen Spaß?	Wie kommt der Mitarbeiter mit diesen Anforderungen zurecht?
Was bereitet mir Schwierigkeiten? Was tue ich eher ungerne?	Wo hat der Mitarbeiter besondere Stärken? Wo liegen ggf. Schwachpunkte, wo ich mir eine Änderung des Verhaltens wünsche?

Fragen aus der Perspektive des Mitarbeiters	Fragen aus der Perspektive des Vorgesetzten
Wie bin ich mit den Arbeitsergebnissen zufrieden? Wo könnte ich mir vorstellen, meine Fähigkeiten anders und besser einzubringen?	Für Mitarbeiter, die Führungskräfte sind: Wie geht der Mitarbeiter mit der Führungsverantwortung in Bezug auf Motivation, Zielvereinbarung, Information, Delegation, Besprechungsgestaltung etc. um?

Gespräch zur gegenseitigen Zusammenarbeit

| Werde ich ausreichend informiert? Werde ich von meinem Vorgesetzten bei Entscheidungen, die meinen Arbeitsbereich betreffen beteiligt?

Wie selbständig kann ich arbeiten? Wie viel Spielraum lässt mir mein Vorgesetzter?

Inwieweit erhalte ich Rückendeckung für meine Entscheidungen? Werden die Entscheidungen von meinem Vorgesetzten mitgetragen?

Wie ist das Klima der Zusammenarbeit? Offenheit des Umgangs? Akzeptanz durch den Vorgesetzten? Die Anerkennung für Leistungen?

Was finde ich in der Zusammenarbeit gut? Was stört mich? | Werde ich von dem Mitarbeiter ausreichend über den Arbeitsbereich informiert?

Ist das Engagement, die Leistungsbereitschaft und die Motivation des Mitarbeiters ausreichend?

Wie schätze ich die Offenheit des Umgangs und das Klima der gegenseitigen Zusammenarbeit ein?

Inwieweit werden Entscheidungen des Vorgesetzten durch den Mitarbeiter mitgetragen und umgesetzt?

Kann ich mich auf die Loyalität des Mitarbeiters verlassen?

Was sagt mir in der Zusammenarbeit besonders zu? Was stört mich?

Welche Erwartungen habe ich an eine gute Zusammenarbeit? |

Gespräch zum sozialen Umfeld
In Bezug auf das horizontale Beziehungsgeflecht Wie sind Kontakte und der Informationsfluss untereinander? Springt einer für den anderen ein? Gibt es zwischen Kollegen genügend Hilfestellung? Funktioniert die gegenseitige Vertretung bei Abwesenheit? Wie gerecht ist die Arbeitsverteilung durch den Vorgesetzte? Wie ist das Klima untereinander? Wo gibt es Konflikte und Spannungen? Wo sollte sich der Vorgesetzte einschalten?
In Bezug auf den Umgang mit Publikum/Bürger Wie sieht der Mitarbeiter den Umgang mit den Bürgern? Was macht Spaß, was macht Schwierigkeiten? Wo wird Unterstützung durch den Vorgesetzten benötigt? Wie sieht der Vorgesetzte den Umgang des Mitarbeiters mit dem Bürger? Wo wünscht er sich veränderte Verhaltensweisen für die Zukunft?
In Bezug auf die Zusammenarbeit mit anderen Bereichen der Organisation Wo sind häufige Schnittstellen mit anderen Dienststellen?

Wie zufrieden sind Mitarbeiter und Vorgesetzter mit dieser Zusammenarbeit? Was sollte verändert/verbessert werden? Wo sollte der Vorgesetzte unterstützend aktiv werden?
Gespräch zur Zielvereinbarung
Formulieren Sie das Ziel SMART Woran können wir erkennen, dass das Ziel erreicht ist? Was wäre ein guter Weg, um das Ziel zu erreichen? Wer oder was könnte dem Mitarbeiter helfen? Was könnte ihn behindern? Was wurde bisher alles unternommen? Welche Unterstützung braucht der Mitarbeiter, um das Ziel umzusetzen? Hat der Mitarbeiter alle Kenntnisse und Fähigkeiten, um die Aufgabe zu bewältigen? Was hindert den Mitarbeiter, eigene Ziele zu entwickeln oder selber Ziele vorzuschlagen? Was müsste geschehen, damit Veränderungen möglich werden? Wenn ein Ziel von dem Mitarbeiter nicht akzeptiert wird, Sie aber von diesem Ziel auch keine Abstriche machen können, bieten Sie an, regelmäßig über die Erreichbarkeit und die Notwendigkeit des Ziel zu sprechen und konkret bei der Umsetzung zu unterstützen. Welche Vorstellungen zum Vorgehen hat der Mitarbeiter? Was sind die Gründe für unterschiedliche Einschätzungen? Was könnte schlimmstenfalls passieren?

* Verhalten von Vorgesetzten bei Selbstunterschätzung der Mitarbeiter

Vorgesetze müssen Mitarbeiter regelmäßig beobachten. Nur dann kann er einschätzen, ob der Mitarbeiter sich wirklich nicht soviel zutraut, als er nach Meinung des Vorgesetzten zu leisten imstande wäre, oder ob bewusst „tiefgestapelt" wird. Traut sich der Mitarbeiter wirklich zu wenig zu, kann der Vorgesetzte eine Reihe von Ergebnissen und Situationen benennen, in denen der Mitarbeiter sich so gut bewährt hat, dass mit ihm entsprechende Entwicklungsziele vereinbart werden können. Dieses Feedback sollte allerdings nicht nur im Mitarbeitergespräch erfolgen, sondern regelmäßig im Arbeitsalltag stattfinden, damit es zeitnah ist und vom Mitarbeiter nachvollzogen werden kann.

Weiterhin sollte der Vorgesetzte dem Mitarbeiter Unterstützung anbieten, um die Angst vor Überforderung zu nehmen. Der Vorgesetzte vereinbart am Besten mit dem Mitarbeiter im Mitarbeitergespräch, welche Unterstützung am hilfreichsten wäre. Der Mitarbeiter sollte die Maßnahmen dazu selbst formulieren.

* Verhalten von Vorgesetzten bei Selbstüberschätzung der Mitarbeiter

Selbstüberschätzung der Mitarbeiter: diese Situation kennen viele Führungskräfte gut. Ein simpler Grund dafür ist, dass Mitarbeiter oft Angst haben, Vorgesetzten gegenüber Probleme einzugestehen. Im Gespräch wird dann die eigene Arbeit als hervorragend dargestellt.

Auch wenn die Ambitionen der Beschäftigten sehr hoch sein mögen, wenn Vorgesetzte die Selbstwahrnehmung eines Mitarbeiters bzgl. der eigenen Leistung als unrealistisch bewertet, sollte er sich nicht scheuen, die eigene Einschätzung konkret zu benennen. Der Vorgesetzte muss dem Mitarbeiter deutlich machen, wo er ihn leistungsmäßig sieht. Er muss klar beschreiben können, wie eine bessere Leistung seiner Meinung nach ausgesehen hätte. Auch hier ist eine gute Beobachtung über einen längeren Zeitraum unerlässlich. Sonst könnte der Mitarbeiter auf den Gedanken kommen, der Vorgesetzte könne ihn nicht leiden. Konstruktive Kritik zu üben ist eine schwierige Aufgabe für Führungskräfte.

Auch in diesem Fall ist es notwendig, alle Bedingungen abzuklopfen, unter denen die Leistung erbracht wurde. Der Vorgesetzte muss herausfinden, ob zum Beispiel durch zu großen Zeitdruck oder durch andere Rahmenbedingungen, die der Mitarbeiter nicht verantwortet bzw. nicht beeinflussen konnte, die Leistung nicht so gut war oder ob er selbst alle Möglichkeiten zur Erbringung einer besseren Leistung gehabt hat.

Auch wenn ein Arbeitsergebnis als unbefriedigend bewertet wird, das Gespräch darüber sollte immer konstruktiv sein, d.h. der Mitarbeiter sollte sich nicht als Person herabgewürdigt fühlen, sondern speziell die konkrete Leistung sollte als verbesserungswürdig bewertet werden. Mit dem Mitarbeiter sollten Vereinbarungen getroffen werden, wie eine Leistungssteigerung erreicht werden kann und wie der Vorgesetzte den Mitarbeiter darin unterstützen kann.

- Was, wenn der Mitarbeiter nach einem Mitarbeitergespräch auf den Aufstieg hofft?

Diese Situation wird in Verwaltungen häufig als Problem genannt. Dem Mitarbeiter wird im Mitarbeitergespräch eine hohe Leistungsfähigkeit bescheinigt und anspruchsvollere Ziele werden für das kommende Jahr vereinbart. Viele Beschäftigte hoffen, nun in kürzester Zeit befördert zu werden. Für Beschäftigte, die mehr können als an ihrem jetzigen Arbeitsplatz von ihnen gefordert wird, sollten in der Verwaltung Personalentwicklungsmaßnahmen überlegt werden.

Aufstieg in der Linie (vertikal) ist heute zwar immer noch das gängige Karrieremodell, wird aber immer weiter zugunsten von Netzwerken, Teamarbeit oder „horizontaler" Karrieremöglichkeiten abgelöst. Dazu gehören

- Projektarbeit,
- Job-Enlargement (Verbreiterung des Aufgabengebietes),
- Job-Rotation (Kennenlernen von verschiedenen Abteilungen),
- Job-Enrichment (Verbreiterung der Aufgaben und zusätzliche Verantwortungsübernahme),
- Weiterbildung zum Spezialisten auf einem bestimmten Gebiet.

Kann eine Verwaltung konkrete Personalentwicklungsmaßnahmen anbieten, die für den Mitarbeiter reizvoll sind, auch wenn er keine „höhere" Position bekommt, wird dieser Mitarbeiter weiterhin mit Lust und Engagement dabei sein.

Eine konkrete Aufstiegserwartung dürfen Sie nur dann wecken, wenn der Beschäftigte planmäßig als Nachfolger für einen ausscheidenden Stelleninhaber gefördert wird.

Beobachtungsprotokoll

Name, Vorname   Funktion

Zeitraum   (Quartal)

Datum/ Uhrzeit	Tätigkeit	Beobachtetes Verhalten	Ort
Datum/ Uhrzeit	Tätigkeit	Beobachtetes Verhalten	Ort

Diese (oder eine selbstgestaltete) Checkliste können Sie für alle Mitarbeiter anlegen oder entsprechende Einträge in einem Beobachtungsbuch erstellen. Dann können Sie in allen Feedbackgesprächen auf schriftliche Beobachtungen zurückgreifen. Achtung: Feedback ist um so wirksamer, je direkter es nach der Beobachtung erfolgt. Wer versucht erst ein mal über ein halbes Jahr Beobachtungen zu sammeln und anschließend ein umfassendes Gespräch führt, wird Misstrauen ernten und der Überwachung verdächtigt. Sinnvoll ist es, sich systematische Erinnerungsstützen zu schaffen.

Ziele: Konkrete Vereinbarungen schaffen

Im Mittelpunkt des Handelns der Führungskraft stehen das Entwickeln und Vereinbaren von Zielen für die Arbeitsaufgaben mit den einzelnen Mitarbeitern sowie das Unterstützen der Mitarbeiter bei der Verwirklichung der Ziele. Das Handeln der Verwaltung ist überwiegend aufgaben- aber nur selten zielorientiert. Daher ist die strategische Zielausrichtung von Arbeitsfeldern die zentrale Herausforderung für die Verwaltung.

Wir erleben es im Alltag immer wieder, dass Tätigkeiten angeordnet werden oder ausgeführt werden, ohne dass ihr Sinn hinlänglich definiert worden wäre oder erkennbar wird. Ein einmal erteilter Auftrag kann in ganz unterschiedliche Richtungen ausgeführt werden. Welche Richtung eingeschlagen wird, ist in den meisten Fällen nicht gleichgültig, sondern sogar von besonderer Bedeutung für eine spätere Einschätzung und Bewertung, aber auch für den Ressourceneinsatz.

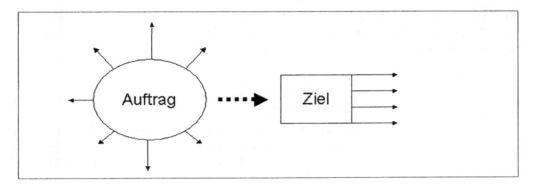

Abb: 8:   Jeder Arbeitsauftrag braucht ein Ziel. Erst durch die Ausrichtung auf ein Ziel kann das Handeln gebündelt werden.

Die Ausrichtung eines Auftrages auf ein Ziel hin stellt sicher, dass die Aktivitäten in eine Richtung gelenkt werden und andere Ausrichtungen nicht verfolgt werden. Eine Ausrichtung der Aktivitäten auf Ziele ist unbedingt erforderlich.

Wozu nutzen Ziele?
— um zu motivieren,
— um den Sinn des Tuns zu erkennen,
— um die Tätigkeit zu legitimieren,
— um zur Zusammenarbeit zu motivieren,
— um Ressourcen zu bestimmen,
— um Beiträge und Ideen einordnen zu können,
— um Stress abzubauen (tue ich denn das Richtige),
— um Zeit besser zu nutzen,
— um die Richtung zu weisen,
— um eine Vorstellung des Endproduktes zu entwerfen,
— um sich gegen Fremdbestimmung abzusichern,
— um die Arbeit optimal zu planen, um Einigkeit herzustellen,
— um unnötige Streitereien zu vermeiden,
— um zu klären, wo wir eigentlich hinwollen,
— um einen Maßstab für die Arbeitsleistung zu gewinnen.

Ziele sind also eine Grundlage für das Führungshandeln. Für jede Führungskraft sind zwei Zielkategorien zu berücksichtigen:

1. das Arbeits- und Aufgabengebiet und
2. die persönlichen Entwicklung jedes Mitarbeiters.

Das Neue Steuerungsmodell hat in seinen ersten Phasen besonderen Wert gelegt auf die Definition von Verwaltungsprodukten. Diese sind eine Grundlage für die Herstellung von Leistungs- und Kostentransparenz. In den meisten in Verwaltungen genutzten Rastern ist auch die Kategorie Zielsetzung genannt.

Einige Beispiele für Zieldefinitionen in Produktbeschreibungen:

Produkt	Zielbeschreibung
Infektionsschutz	Verbesserung des Infektionsschutzes der Bevölkerung
Artenschutz (im Bereich Naturschutz)	Erstellung einer Informationsbroschüre über das neue Artenschutzrecht; jährliche Kontrolle der Präparatoren im Kreisgebiet

Diese beiden Definitionen von Zielen für Verwaltungsaufgaben lassen breiten Spielraum für die Tätigkeit der Verwaltungsmitarbeiter. Sie geben aber wenig Hilfestellungen für die Gestaltung und Ausrichtung der Tätigkeit und ihre Bewertung.

Mit einigen Fragen kann dies verdeutlicht werden.

Infektionsschutz:
– Wann ist der Infektionsschutz der Bevölkerung gut/zufriedenstellend?
– Woran erkenne ich, dass ich auf dem richtigen Weg bin?

Artenschutz:
– Was soll mit der Informationsbroschüre erreicht werden (Information über ein neues Gesetz, Sensibilisierung der Bevölkerung, Warnung an potenzielle Täter)?
– Welche Zielgruppe soll durch die Informationsbroschüre erreicht werden? Ist eine Broschüre dafür das optimale/ausreichende Mittel?
– Sollen die Präparatoren nur jährlich kontrolliert werden?
– Welches Ergebnis soll durch die Kontrollen erreicht werden? Ist die Kontrolle dann das erste/richtige Instrument?

Welches Handeln ist nun das Richtige? Für den Infektionsschutz ist kein Kriterium für das Erreichen des Zieles benannt. Kein damit befasster Mitarbeiter kann erkennen, ob er erfolgreich ist oder nicht. Denken Sie sich in die Situation der verantwortlichen Mitarbeiter hinein, die bei einer ausufernden Infektionswelle mit Schulschließungen in den Gesundheitsausschuss zitiert werden und von der Politik kritisch „auseinander genommen" werden. Es gibt keinerlei Grundlage auf der die Verwaltung zeigen kann: Sie hat vereinbarte Ziele verfolgt und war dabei durchaus im Plan. Das Ausmaß der akuten Infektionswelle wäre nicht absehbar gewesen. Erfahrungsgemäß verlaufen diese Diskussionen äußerst unproduktiv und enden in öffentlichen-politischen Schuldzuweisungen, die ein schlechtes Bild auf das Verwaltungshandeln werfen und engagierte Mitarbeiter demotivieren, die mit Elan an der Arbeit waren.

Um dies zu vermeiden, ist es erforderlich, die Definition der Ziele genauer zu fassen. Einige Vorschläge, die wir jedoch ohne detaillierte Kenntnis der Materie vornehmen:

— Information von 75 % der älteren Mitbürger in Alteneinrichtungen über Vorbeugungsmöglichkeiten gegen Infektionserkrankungen,
— Teilnahme von 20 % der über 70-jährigen Einwohner an vorbeugenden Impfungen,
— Halbierung der Infektionen in den städtischen Krankenhäusern durch verbesserte Aufklärung des Stationspersonals.

Im Fall des Artenschutzes sind Instrumente (Informationsbroschüre/Kontrolle) benannt, aber nicht der Zweck zu dem diese eingesetzt werden. Eine verbesserte Zielbeschreibung könnte z. B. lauten:

— Information von Tierkäufern und -händlern über das Artenschutzrecht mit dem Ziel, dass der Verkauf von geschützten Tieren zur Anzeige gebracht wird (5-10 Fälle/Jahr).
— Information und Sensibilisierung der Präparatoren mit dem Ziel einer Selbstverpflichtung, keine geschützten Tiere zu verarbeiten und gegenseitiger Beobachtung durch die Präparatoren. Bei den zufällig unangekündigt durchgeführten Kontrollen bei allen Präparatoren im Kreis werden keine Beanstandungen festgestellt.

Vor dem Hintergrund dieser Beschreibung stellt sich die Frage, wofür nun eine Informationsbroschüre bei der Zielerreichung geeignet ist und wie sie gestaltet werden muss. Die Broschüre muss für potenzielle Tierkäufer sicher anders gestaltet werden als für die Präparatoren.

Die Beschreibung und Verfolgung von Zielen ist in einen umfassenden Managementkreislauf eingebunden.

Analyse: Wo stehen wir?

Basis ist die Analyse der Ausgangssituation, die als Grundlage für die Festlegung der Ziele dient. Entscheiden Sie, ob Veränderungsbedarf besteht. Schätzen Sie die Vor- und Nachteile von möglichen Veränderungen ab.

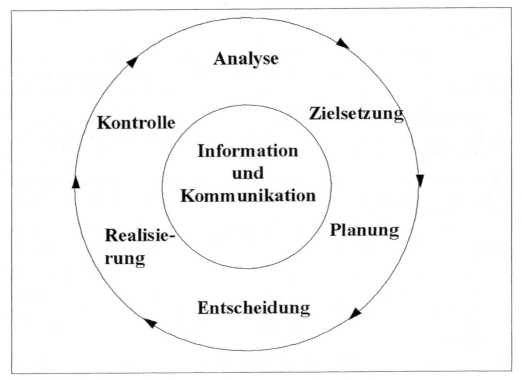

Abb. 9: Managementkreislauf

Zielsetzung: Wohin wollen wir?

Beschreiben Sie das Ziel konkret, exakt und messbar (smart). Legen Sie Teilziele fest. Bestimmen Sie Zielkriterien: Wann ist das Ziel erreicht? Woran merken wir (und andere) dies? Alle weiteren Schritte greifen immer wieder auf die Analyse und Zielbeschreibung zurück. Information und Kommunikation stellen das permanente Bindeglied zwischen den einzelnen Handlungsschritten dar.

Planung: Welche Wege gibt es dorthin?

Erarbeiten Sie verschiedene mögliche Lösungen, ohne diese zu bewerten (Brainstorming).

Entscheidung: Welchen Weg wählen wir?

Setzen Sie Prioritäten. Wählen Sie die beste Lösung aus. Formulieren Sie Kriterien, welche der Lösungen am ehesten, am besten das Ziel erreichen hilft (Vergleich mit Zielkriterien) und beurteilen Sie die einzelnen Lösungsvorschläge danach.

Realisierung: Machen wir uns auf den Weg!

Alle Maßnahmen werden nun geplant, Aufgaben verteilt und durchgeführt. Legen Sie

Termine fest, bestimmen Sie Verantwortlichkeiten, begleiten und kontrollieren Sie die Umsetzung. Geben Sie regelmäßig Feedback über den Stand der Umsetzung.

Kontrolle: Sind wir am Ziel angekommen?

Die neue Situation mit den gesetzten Zielen und den formulierten Kriterien vergleichen. (Am besten regelmäßiger Ist-Soll-Vergleich).

Ziele zu formulieren bereitet im Alltag immer wieder Probleme. Deshalb möchten wir Ihnen einige Anregungen für das Beschreiben und Formulieren von Zielen geben. Ziele können SMART formuliert werden. SMART steht für die Kriterien simple (einfach und konkret), messbar, als-ob-jetzt, realistisch und terminiert. SMART ist ein Ziel immer dann, wenn ein konkreter Zielzustand beschrieben wird und dieser von dem Mitarbeiter verstanden wird. Am besten lassen Sie den Mitarbeiter selber formulieren, wie die Situation aussehen wird, wenn das Ziel erreicht worden ist und was sich dann verändert hat.

Tabelle 5: SMARTe Zielformulierung

S	Simple	Einfache Formulierung leichte Verständlichkeit positive Formulierungen keine Verneinungen (nicht: Wir wollen nicht mehr) keine Vergleiche (Wir wollen besser sein als)
M	Messbar	Beschreibung von Erfolgskriterien quantitativ messbare Einheiten wie % qualitativ, z. B. Konzeptentwicklung im Konsens mit allen Beteiligten
A	Als-ob-jetzt	Das Ergebnis, den Zustand beschreiben, als wenn das Ziel schon heute erreicht ist
R	Realistisch	nicht über- oder unterfordernd
T	terminiert	Endtermin, an dem das Ziel erreicht sein soll

Messbar soll ein Ziel sein, damit anschließend festgestellt werden kann, ob und in welchem Maße das Ziel erreicht wurde. Messbarkeit ist bei qualitativen Zielen nicht ganz einfach zu erreichen. Häufig kann dann „messbar" durch eine Beschreibung der Zielsituation ersetzt werden.

Überlegen Sie, wie der Zustand aussieht, wenn das Ziel erreicht sein wird. Stellen Sie die Frage: Woran werden wir erkennen, dass wir das Ziel erreicht haben? Das Ziel muss akzeptiert und verstanden sein, damit der Mitarbeiter überhaupt am Ziel arbeitet. Wird das Ziel nicht akzeptiert, ist keine Energie für die Bearbeitung gegeben.

Realistisch muss ein Ziel sein, damit überhaupt erfolgreich daran gearbeitet werden kann. Hat der Mitarbeiter die erforderlichen Vorkenntnisse und die notwendigen Informationen, um das Ziel zu erreichen? Unter die Dimension realistisch fällt auch die Frage, ob das Ziel durch das Handeln des Mitarbeiter erreicht werden kann. Hängt die Zielerreichung in wesentlichen Teilen von anderen Personen oder nicht beeinflussbaren Ereignissen ab, muss das Ziel neu formuliert werden.

Terminiert sein muss ein Ziel, damit das Handeln darauf ausgerichtet werden kann. Wird die Terminierung vergessen, ist der Mitarbeiter immer auf der sonnigen Seite. Wenn über die Zeitdimension nie gesprochen worden ist, kann jeder Mitarbeiter nach einem Jahr in einem Auswertungsgespräch sagen: „Ich wusste nicht, dass das Ziel jetzt schon erreicht sein sollte. Ich dachte, das hat Zeit bis zu meiner Pensionierung." Wir übertreiben hier bewusst. Im Alltag fehlt gerade das Zeitelement immer wieder bei der Zielvereinbarung.

Die vereinbarten Ziele für den Aufgabenbereich stellen für die Mitarbeiter die zentrale Orientierung für ihr Handeln dar. Daher ist die Aufmerksamkeit für die Formulierung der Ziele und die Beachtung der Umsetzung, einschließlich der Überwachung der Umsetzung eminent wichtig. Mitarbeiter, die merken, dass die gestern vereinbarten Ziele schon heute ohne Bedeutung sind, werden kaum Energie dafür aufbringen, an der Verfolgung der Ziele mit Engagement zu arbeiten. Deshalb sind Kontrollen wichtig. Gerade bei längerfristig zu verfolgenden Zielen („Soll innerhalb dieses Jahres erreicht werden") passiert es häufig, dass angesichts aktueller Aufgaben die Arbeit an dem Ziel zunächst einmal zurückgestellt wird. Nach einem halben Jahr ist das Ziel schon fast aus dem Auge verloren. Daher findet eine Kontrolle des Standes der Zielerreichung kontinuierlich statt. Diese Kontrolle kann in ganz unterschiedlicher Form erfolgen. Die Art der Zielkontrolle kann direkt bei der Zielvereinbarung erfolgen. Zumeist wird die Führungskraft ihrerseits nach dem Erreichen des Zieles fragen. Bei langfristigen Zielen (ein Jahr) sollte regelmäßig zweimonatlich nach dem Stand der Umsetzungen gefragt werden. Zunächst kann die Frage lauten: „Wie wollen Sie bei der Zielumsetzung vorgehen? Welchen Zeitplan haben Sie sich erstellt?" Später kann nach den konkreten Fortschritten und ersten Resultaten gefragt werden. Erkundigen Sie sich nach erwarteten und eingetretenen Schwierigkeiten, um dann Hilfe und Unterstützung anzubieten.

Mit motivierten und engagierten Mitarbeitern bietet sich an, die Kontrolle der Ergebnisse auf den Mitarbeiter zu verlagern. Hierzu wird bei der Zielvereinbarung festgelegt, wann und in welcher Form eine Berichterstattung über die Umsetzung erfolgt.

Gerade langfristige Zielvereinbarungen unterliegen dem Einfluss sich verändernder Anforderungen. Durch Beschlüsse des Rates, des Kreistages oder der Beigeordneten müssen manches Mal Ziele umgeworfen und verändert werden oder Prioritäten neu gesetzt werden. Dieser Herausforderung müssen Sie sich offensiv stellen. Machen Sie von Anfang an deutlich, dass die Ziele vor dem gegenwärtigen Informationsstand formuliert werden und in Zukunft Veränderungen eintreten können oder die Prioritäten verändert werden. Wenn diese dann eintreten, können Sie darüber offen informieren und gemeinsam mit den betroffenen Mitarbeitern die Frage erörtern: „Was bedeutet die neue Situation für unsere Ziele und die Schwerpunktsetzungen? Was kann bestehen bleiben? Was müssen wir verändern?"

Dies ist kein Drama, sondern der normale Lauf der Dinge. Wir leben nicht in einer Planwirtschaft. Wichtig ist, dass Sie überhaupt Ziele formulieren und vereinbaren, damit das Handeln eine Richtung bekommt.

Beurteilung

Eine kleine Fabel:

Vor einigen Jahren beschlossen die Tiere, dass besondere Maßnahmen notwendig seien, um die Anforderungen einer modernen Behörde meistern zu können. Sie holten sich die besten Dozenten und Trainer und stellten Lehrpläne auf. Als Ausbildungsmodule wurden ausgewählt: Rennen, Klettern, Schwimmen und Fliegen. Aus Gründen der allgemeinen Vergleichbarkeit und – wie es hieß, im Sinne der Gerechtigkeit, waren die Lehrpläne für alle Tiere verbindlich.

Die Ente erbrachte von Anfang an ganz exzellente Leistungen im Schwimmen, besser sogar als die des Schwimmtrainers. Im Fliegen schaffte sie nur schwach ausreichende Leistungen, beim Rennen waren die Leistungen mangelhaft. Deswegen musste sie ihre Aktivitäten im Schwimmen reduzieren und einen Kurs wiederholen, um sich im Rennen zu verbessern. Dadurch lädierte sie ihre Schwimmhäute jedoch so sehr, dass sie nur noch mittelmäßige Schwimmleistungen zu Stande brachte. Das Kaninchen erreichte die weitaus besten Leistungen im Fach Rennen, erlitt jedoch einen Nervenzusammenbruch, weil es im Schwimmen nie kapierte, was es tun sollte. Das Eichhörnchen war Bester im Klettern, war aber vom Fliegen ganz frustriert, weil der Leiter von ihm forderte, vom Boden auf die Spitze des Baumes zu fliegen, anstatt von der Spitze zum Boden. Weil das Eichhörnchen daraufhin viel zu intensiv trainierte, bekam es einen schlimmen Muskelkater. Und mit dem gab es beim Schwimmen auch nur schlechte Beurteilungen.

Der Adler stellte sich sehr bald als Problemfall heraus, der sehr streng zur Disziplin angehalten werden musste. Zwar war er allen Tieren überlegen, wenn es galt, die Spitze eines Baumes zu erreichen, ließ sich aber nicht davon abbringen, die Schwimmstrecke auf seine Weise zurückzulegen, nämlich fliegend. Am Ende der Fortbildungsreihe hatte eine angepasste leicht neurotische Schlange die besten Ergebnisse. Sie konnte gut schwimmen, ihre Leistungen im Rennen, Fliegen und Klettern waren allerdings nur mittelmäßig. Als beste wurde sie anschließend befördert. In ihrer neuen Funktion sorgte sie sofort dafür, dass die Lehrpläne auch weiterhin galten. Die Präriehunde aber blieben der Behörde fern, weil diese sich weigerte, auch das Fach „Höhlengraben" in die Ausbildungsreihe aufzunehmen. So kamen mit der Zeit immer mehr Schlangen, sie waren scheinbar am Besten geeignet, in einer modernen Behörde zu arbeiten.

Abb. 9:   Viele Beurteilungen erfolgen ohne vorherige Definition geeigneter Beurtei-
          lungskriterien

In der Geschichte haben die Tiere (trotz unterschiedlicher Begabung) eine „faire" Chance. Sie wissen, was geprüft wird und bereiten sich auf die Prüfung vor. Das, was wir als
Beurteilungspraxis aus den meisten Verwaltungen kennen, erfüllt diese Anforderungen
nicht.

Nach wie vor stützt sich der öffentliche Dienst bei den Fragen der Potenzialermittlung,
des Personaleinsatzes, der Personalauswahl und Beförderung auf ein personalwirtschaft-
liches Instrument, das so alt wie ungeeignet ist: die Regelbeurteilung. Schwerer als wis-
senschaftlich mangelhafte Beurteilungsverfahren wiegen die Probleme, die die Führungskräfte damit in der Praxis haben. Meist haben sie keine Schulung, worauf bei Beurteilungen zu achten ist. Sie haben nicht gelernt, die Leistung ihrer Mitarbeiter entsprechend zu bewerten.

Die Grundlage für Beurteilungen ist der Versuch, Mitarbeiter miteinander vergleichbar
zu machen, eine Note zu vergeben, um den Besten zu ermitteln. Zudem zeigt sich als
Problem, dass Beurteilungen immer rückwärts in die Vergangenheit gewandt sind. Beurteilungen sollen die wichtigste Grundlage für den Aufstieg, Beförderung und Quelle zur
Identifizierung von Nachwuchsführungskräften sein. Doch genau hier versagen sie.

Die Beurteilung als sinnvolles Handlungsfeld der Personalführung setzt ein wissen-
schaftlich valides Instrument voraus und hängt davon ab, ob der Vorgesetzte fähig und
willens ist, die Beurteilung konstruktiv durchzuführen. Hier sehen wir einen großen
Nachholbedarf nicht nur an gutem Willen, sondern auch an fachlichen Qualifikationen,
was im Beurteilungsprozess abläuft und was zu beachten ist.

Probleme aus der Praxis

Wenn wir in Verwaltungen fragen, wie Beurteilungen gehandhabt werden, hören wir meist:

— Es fehlen einheitliche Kriterien, einheitliche Maßstäbe; „durchschnittlich" hat nicht für alle Führungskräfte die gleiche Bedeutung, dadurch werden Mitarbeiter nicht vergleichbar.

— Beurteilungen sind nicht objektiv und damit nicht gerecht.

— Weil man niemanden verärgern will, macht man Gefälligkeitsbeurteilungen.

— Führungskräfte haben nie gelernt, wie man eine Beurteilung vorbereitet, d. h. regelmäßig die Leistungen mit dem Mitarbeiter bespricht und beobachtet, geschweige denn, in welche Fallen man tappen kann bei der Einschätzung und Wahrnehmung von Mitarbeiter.

— Beurteilungen helfen Mitarbeitern nicht weiter, sich zu verbessern.

— Beurteilungen sind Formsache und Pflichtübung.

Die Beurteilung erfolgt von „oben" nach „unten". Sie ist quasi ein hoheitlicher Akt. Falls ein Mitarbeiter einen Vorgesetzten hat, mit dem er nicht zurechtkommt, hat er oft keine Chance auf eine angemessene Beurteilung. Eine Beurteilung gibt einem Vorgesetzen immer die Möglichkeit zur Machtdemonstration.

Mitarbeiter werden mehr Energie darauf verwenden, einen guten Eindruck zu machen, als eigenverantwortlich und selbstbewusst die Aufgaben zu erledigen. Das ist Erziehung zum vorauseilenden Gehorsam. Beurteilungen fördern angepasstes Verhalten, nicht den vielfach geforderten Querdenker. In den Biographien von prominenten Führungskräften werden Sie häufig lesen, dass sie nicht der Klassenprimus waren und es dennoch zu etwas gebracht haben.

Viele Vorgesetzte wissen nicht, wie sie zu einem Urteil kommen können und mit welcher Gültigkeit sie Urteile aus Beobachtungen ableiten können. Ist jemand, der mehr als die geforderten Stunden arbeitet, besonders einsatzbereit und engagiert? Oder ist er überfordert, dass er die Arbeit in der normalen Zeit nicht schafft? Oder zu unkonzentriert? Oder gibt es eine Kultur, die nahe legt, lieber etwas länger zu bleiben, um nicht unangenehm aufzufallen?

Eine schlechte Leistung oder Versagen wird in aller Regel allein dem Mitarbeiter angelastet. Er bekommt halt eine schlechtere Note. Was ist mit einem Versagen des Vorgesetzten? Das aktuelle Leistungsbild ist auch ein Zeichen dafür, wie gut es dem Vorgesetzten gelungen ist, Bedingungen für Bestleistungen zu schaffen. Die gegenwärtige Beurteilungspraxis verkennt die wechselseitigen Bedingungen für gute Arbeit. Beurteilung ist immer subjektiv. Selbst wenn der Vorgesetzte in der Lage wäre, eine halbwegs objektive Einschätzung der Leistung der Mitarbeiter vorzunehmen, misst er die Leistung, die z. B. ein Sachbearbeiter bei der Bearbeitung seiner Vorgänge zeigt. Der Vorgesetzte weiß dann, dieser Mitarbeiter beherrscht das Fachgebiet außergewöhnlich gut.

Personalentscheidungen, die aufgrund von Beurteilungen gefällt werden, beruhen meist auf Kriterien, die mit der neuen Stelle wenig zu tun haben. Wird dieser gute „Facharbeiter" ein guter Sachgebietsleiter? Neue Aufgaben wie Kommunikationsvermögen und Führungsaufgaben können nicht aus der guten Facharbeit abgeleitet werden. Die gute Beurteilung sagt nichts aus über Fähigkeiten an anderer Stelle.

Und doch werden Beurteilungen in hohem Maße herangezogen, wenn es um eine Beförderung geht. Gerade Beförderungen werden zum Glück mittlerweile öfter wie Neueinstellungen organisiert. Das heißt Interessierte müssen sich bewerben, müssen begründen, warum sie diese Stelle wollen und warum sie geeignet sind. Dann gibt es ein Auswahlverfahren, bei dem die Beurteilung nur ein kleiner Baustein ist. Für Führungspositionen empfiehlt sich, Führungspositionen auf Zeit zu vergeben oder eine Probezeit zu vereinbaren, um zu sehen, wie sich jemand in der Führungsposition bewährt. Begleitende Unterstützung sollte immer in Form von Qualifizierung und Coaching vereinbart werden.
Kurz: bei Beurteilungen ist die Gefahr sehr groß, dass sie zu einem Ritual werden, ohne eines der angestrebten Ziele zu erfüllen. Ob die standardisierte Personalbeurteilung überhaupt geeignet ist, einen Beitrag für ein modernes Personalmanagement zu leisten, wird nicht nur von Teilen der Wissenschaft und den Gewerkschaften, sondern auch zunehmend von den Verwaltungen hinterfragt. Tenor: Die vergleichende Leistungsbeurteilung sei nicht viel mehr als „Unsinn mit Methode" und sollte abgeschafft werden (siehe Görner, DGB).

Gewinnen Verwaltungen tatsächlich steuerungsrelevante Erkenntnisse durch die gegenwärtige Praxis der Beurteilung? Einige mutige Verwaltungen haben die Regelbeurteilung zugunsten von Mitarbeitergesprächen einfach abgeschafft. Beurteilungen erfolgen nur noch, wenn Mitarbeiter dies wünschen.

- Feedback statt Beurteilung

Das 360-Grad-Feedback ist neben dem Mitarbeitergespräch eine weitere Alternative zur herkömmlichen Beurteilung. 360-Grad-Feedback oder auch Rundum-Feedback nutzt die Beobachtungen und Einschätzungen von mehreren Zielgruppen. In der Regel wird es für Führungskräfte eingesetzt. Führungskräfte erhalten Feedback von Vorgesetzten, Kollegen, nachgeordneten Mitarbeiter, internen Kunden, z. B. Nachbarabteilungen. Neben den Einschätzungen der anderen gibt der Betreffende ebenfalls eine Selbsteinschätzung ab. Grundlage für das Feedback ist ein Fragebogen, der z. B. aus dem Führungsleitbild und den darin definierten Verhaltensanforderungen erarbeitet wird. In der Auswertung wird die Selbsteinschätzung der Fremdeinschätzung gegenübergestellt. Die Führungskraft und ein Coach bewerten und beraten die Ergebnisse gemeinsam und entwickeln Maßnahmen für Veränderungen. Ein Workshop mit allen Beteiligten ist noch wirkungsvoller als die Erarbeitung von Maßnahmen im stillen Kämmerlein. Gegenseitige Erwartungen und Maßnahmen zur Verbesserung können hier offen angesprochen werden.

Statt der üblichen Kommunikation von oben nach unten (Ein-Weg) wird so eine Vernetzung über Hierarchiestufen hinweg etabliert (Mehr-Weg).

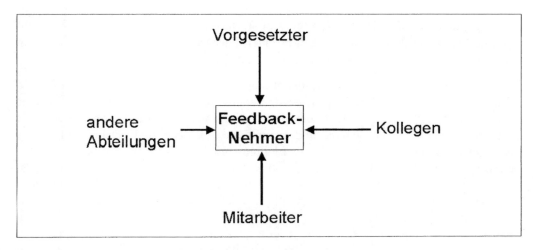

Abb. 10: Mehr-Weg-Feedback statt Ein-Weg-Beurteilung

Der Begriff Feedback bezeichnet den Unterschied zur Beurteilung. Eine Be-Urteilung ist auch ein Urteil. Ein Feedback ist eine Rückmeldung darüber, wie ich wirke, welchen Nutzen meine Leistung produziert. Eine weitere wesentliche Unterscheidung zur klassischen Beurteilung ist, dass die Feedback-Kriterien nicht wissenschaftlichen Kriterien genügen müssen. Ob eine Leistung als sehr gut oder weniger gut bewertet wird, entscheidet individuell der Feedbackgeber. Denn seine Wahrnehmung der Leistung ist für die Feedbacknehmer interessant. Er erfährt nicht, ob seine Leistung „objektiv" gut ist, sondern wie sie beim Feedbackgeber ankommt! Auch mit einer sehr guten Leistung kann man aus irgendwelchen Gründen nur mittelmäßig ankommen. Beispiel: ein Mitarbeiter hat eine hervorragende Zusammenstellung juristischer Grundlagen eines Sachverhaltes gemacht, sie aber so schreibt, dass sein Kunde nichts kapiert. Die Leistung wäre unter juristischen Gesichtspunkten eine „eins", aber leider nicht kundenfreundlich erbracht. So erzielt sie nicht den vollen Nutzen.

360-Grad-Feedback und vor allem das Mitarbeitergespräch haben den Vorteil gegenüber Beurteilungen, dass sie den Dialog nutzen. Sie sind auf gemeinsame Vereinbarungen von Leistungszielen, auf Aushandlungsprozesse und konsensuale Lösungen angelegt. Das Mitarbeitergespräch baut auf Kommunikation und Beteiligung und bietet Gestaltungsmöglichkeiten für Mitarbeiter und Vorgesetzten.

Das 360-Grad-Feedback ist gut geeignet, die interne Kommunikations- und Unternehmenskultur zu verbessern. Eine positive Feedback-Kultur kann sich so in kurzer Zeit etablieren. Veränderungen werden nicht nur zwischen Mitarbeiter und Führungskraft beobachtet, sondern im gesamten Umfeld. Bei der Einführung eines 360-Grad-Feedbacks ist die Einbindung in das Personalentwicklungskonzept besonders wichtig. Wie andere Instrumente der Personalentwicklung funktioniert es nur, wenn eine konstruktive und vertrauensvolle Atmosphäre der Zusammenarbeit besteht, nicht in einer Misstrauenskultur, wo jeder den anderen kritisch beäugt und auf eigene Vorteile bedacht ist.

Nachhaltig und konsequent handeln – Zwei entscheidende Anforderungen im Alltag der Führungskraft

Wie wichtig sind Ihnen die Vereinbarungen mit den Mitarbeitern zu Leistungen und Verhalten? Natürlich sind Sie Ihnen wichtig, sonst hätten Sie sie ja nicht vereinbart, werden Sie sagen. Doch was passiert im Alltag? Aus Gesprächen mit vielen Mitarbeitern wissen wir, dass sie nur selten wahrnehmen, dass die Vereinbarungen den Vorgesetzten im Alltag wichtig sind. Die Mitarbeiter bemängeln dies und ziehen ihre eigenen Schlüsse daraus, dass die vereinbarten Ziele nicht so wichtig sind.

Diese Wirkung tritt besonders dann ein, wenn ein den Vereinbarungen widersprechendes Verhalten akzeptiert wird. Häufig tritt auch der Fall ein, dass ein einmal erteilter Arbeitsauftrag vergessen wird. Viele Führungskräfte meinen, wenn etwas einmal gesagt worden ist, dann muss man darauf nicht mehr zurückzukommen, denn dann würde es schließlich selbstverständlich umgesetzt. Dies ist nicht immer der Fall. Die Mitarbeiter erleben viele der getroffenen Vereinbarungen als eine zusätzliche Belastung und zusätzliche Arbeit. Diese wird erst einmal zurückgelegt, bis Zeit dafür zur Verfügung steht. Diese in der Ablage „später" niedergelegten Tätigkeiten werden aufgeschoben und vergessen. Andere Vereinbarungen verursachen eine innere Abwehr oder die Mitarbeiter sind sich nicht ganz sicher wie sie sie umsetzen sollen und schieben sie aus diesen Gründen „auf die lange Bank". Weitere Vereinbarungen sind vielleicht nicht richtig verstanden worden und werden deshalb nicht angemessen umgesetzt.

Es ist Aufgabe des Vorgesetzten, die Umsetzung von Vereinbarungen kontinuierlich im Blick zu behalten. Absprachen aus dem Mitarbeitergespräch dürfen nicht erst beim nächsten turnusmäßigen Mitarbeitergespräch wieder reflektiert werden. Sie werden auch innerhalb des Vereinbarungszeitraums immer wieder in den Blick genommen und auf ihren Fortschritt hin beobachtet.

Sie können damit folgende Aspekte im Blick behalten:
- Richtiges Verstehen der Absprache durch den Mitarbeiter
- Bestätigung der Bedeutung Ihrer Absprachen
- Frühzeitiges Erkennen und Besprechen von Widerständen gegen den Auftrag
- Verhindern des „Untergehens" und Vergessens von Absprachen
- Frühzeitiges Verändern von Absprachen, wenn die Umsetzung in der ursprünglich vorgesehenen Weise nicht mehr erforderlich oder gewünscht ist

Sie verhindern damit, dass Sie nach einem Jahr im Mitarbeitergespräch erfahren, etwas sei einfach vergessen worden. Es gibt meist genügend rationale Gründe dafür, warum etwas nicht möglich war. Aus der großen Distanz heraus kann man dazu meist nicht mehr viel sagen und muss die Situation auf sich beruhen lassen. Es bleibt jedoch häufig ein ungutes Gefühl dabei zurück. Um dem vorzubeugen, sollten bereits im Mitarbeitergespräch entsprechende „Sicherungsvereinbarungen" getroffen werden. Je nach Mitarbeiter und Aufgabe kann vereinbart werden, sich alle zwei Monate eine halbe Stunde

Zeit zu nehmen und den Umsetzungsstand der wichtigsten Aufgaben zu erörtern. Bei Projektaufgaben ist der aktuelle Projektstand Gegenstand der Besprechungen der Projektgruppe und in Dienstbesprechungen.

Die Wichtigkeit einer Absprache findet ihren Ausdruck in der dauerhaften Aufmerksamkeit, die ihr von der Führungskraft gewidmet wird.

Übung: Absprache mit Mitarbeitern

Denken Sie über die Absprachen mit Ihren Mitarbeiter nach:

Welche Absprachen haben Sie getroffen?

Wie sind Sie über die Umsetzung informiert?

Woran können Ihre Mitarbeiter erkennen, dass Ihnen die Absprachen wichtig sind?

Können Sie sich sicher sein, dass Ihre Mitarbeiter die Absprache richtig verstanden haben? Woran würden Sie bemerken, dass es Missverständnisse gegeben hat? Was können Sie unternehmen, um Fehlverständnisse möglichst früh festzustellen?

Woran erkennen Sie, dass die Absprachen in der angemessenen Weise umgesetzt werden?

Woran können Sie feststellen, dass Veränderungen an den Absprachen erforderlich sind? Welche externen Einflüsse und Veränderungen müssten eintreten? Welche internen Umstände könnten/ müssten zu Veränderungen der Absprachen führen?

Nicht nur die Aufmerksamkeit für die vereinbarten Ziele ist wichtig, sondern auch das konsequente eigene Verhalten der Führungskraft. Ein Beispiel soll dies verdeutlichen.

Eine Archäologin betreut zur Zeit drei verschiedene Grabungsstätten an räumlich weit auseinander liegenden Orten. Jedes Grabungsteam mit gut einem Dutzend Mitarbeitern hat einen Grabungsleiter, der die Grabungsarbeiten vor Ort leitet, für die Sicherheit an der Grabungsstelle verantwortlich ist und den Einsatz von Personal und Gerät steuert. Durch die räumliche Entfernung ist es nur möglich, täglich an einer Grabungsstätte präsent zu sein. Die Archäologin ist jedoch jederzeit telefonisch erreichbar.

In zwei Teams klappt die Zusammenarbeit gut und die Grabungsleiter hatten alle Aufgaben gut im Griff. Der dritte Grabungsleiter zeigte sich wenig selbständig. Die Archäologin musste immer wieder an der Baustelle dringende Sicherungsmaßnahmen als Sofortmaßnahme anordnen und die nächsten Schritte festlegen. All diese angeordneten Tätigkeiten führte der Grabungsleiter dann gewissenhaft und sorgfältig aus.

Nach Ansicht der Archäologin gehörten diese Aufgaben jedoch in den eigenständigen Verantwortungsbereich des Grabungsleiters. In mehreren Gesprächen hatte sie dieses zum Ausdruck gebracht. Immer wieder musste sie anschließend jedoch feststellen, dass der Mitarbeiter auf ihre Anweisung wartete und erst dann zur Tat schritt.

Bei ihren Grabungsbesuchen spielte sich die gleiche Szene immer wieder ab. Sie kam, sah und ordnete an. Das eine Mal war es eine nicht gesicherte Grabung, die sie dazu veranlasste, sofort die Grabungsstelle räumen zu lassen und die Sicherheitsmaßnahmen anzuordnen. Ein anderes Mal warteten alle Grabungsarbeiter und sie musste das erforderliche Grabungsgerät anfordern, damit die Aufgaben weitergeführt werden konnten. Eine Aufgabe des Grabungsleiters vor Ort.

Eine gemeinsam durchgeführte Analyse der Situation ergab, dass der Grabungsleiter in seinem gesamten Berufsleben nur auf Anweisung gearbeitet hatte und die nun geforderte Selbständigkeit mit einer Menge an Unsicherheit verbunden war. Zugleich konnte er sich auf die ihm vorgesetzte Archäologin immer verlassen. Bei jeder Gelegenheit gab sie ihm genaue Anweisungen, die er dann auch zuverlässig ausführte.

Das Verhalten der Archäologin machte ihm jedoch deutlich, dass er sehr gut mit den genauen Anweisungen arbeiten konnte und die verbal geforderte Selbständigkeit und Verantwortung ja auch anders realisiert werden kann.

Erst als die Archäologin auch ihr Verhalten auf die geforderte Selbständigkeit des Grabungsleiters einstellte, änderte sich das Verhalten des Leiters vor Ort. Was hat sie verändert? Wenn sie an die Grabungsstelle kam, gab sie keine Anweisungen mehr, sondern befragte den Grabungsleiter nach den anstehenden Tätigkeiten und fragte ihn, was nun zu unternehmen sei. Er konnte in jedem Fall die nächsten Schritte selber benennen und wurde dann von ihr bestätigt, auch entsprechen zu handeln.

Die Archäologin sicherte somit ab, dass der Grabungsleiter wusste, was zu tun ist, und bestätigte ihn darin, auch so zu verfahren. Der Grabungsleiter erhielt indirekt die Bestätigung, dass er auch zu einem entsprechenden Handeln befugt war.

Im Alltag legen wir viel Wert auf die wörtlichen Aussagen in Wort und Schrift. Ein damit übereinstimmendes Handeln und Verhalten erfährt wesentlich geringere Aufmerksamkeit. Die Bedeutung des angepassten Verhaltens wird damit zumeist unterschätzt. Gerade für die Bestätigung der vereinbarten Ziele und die kontinuierliche Untermauerung der Wichtigkeit ist jedoch das Verhalten der Führungskraft ausschlaggebend.

Leistungen wahrnehmen und anerkennen

Glaubt man vielfältigen Schilderungen von Mitarbeitern, so liegt eine zentrale Dimension ihrer Leistung in der Fähigkeit, so zu arbeiten, dass kein Eingreifen des Vorgesetzten erforderlich ist. Man ist ein guter Mitarbeiter, wenn man keine Probleme verursacht und man die Zeit und Aufmerksamkeit des eigenen Vorgesetzten nicht beansprucht. Es ist egal, was man tut und wie man es tut. Hauptsache es gibt keine Beschwerden und Probleme.

Diese Darstellung wird nahezu jede Führungskraft in der Verwaltung als überholt zurückweisen. Dennoch sind die Meinungen der Mitarbeiter häufig von solchen Wahrnehmungen geprägt. Die Mitarbeiter fragen sich natürlich auch, was nimmt der Vorgesetzte wahr von meinen Leistungen? Nimmt er wahr, was für mich eine Anstrengung bedeutet, was eine besondere Leistung ist und was eine Kleinigkeit. Erkennt er, dass mir etwas schwerer fällt als einem Kollegen?

Viele Beschäftigte kennen die Anforderungen der Vorgesetzten an ihre Leistung nicht, sie wissen nicht wie der Vorgesetzte ihre Leistung einschätzt. Hinzu kommt eine fatale Praxis der formellen Beurteilung, wenn über 80 % der Mitarbeiter mit ihren Leistungen als über dem Durchschnitt beurteilt werden.

Die Diskussion über Leistungskriterien in der Verwaltung führt immer wieder ganz schnell zum Stichwort Geld. Eine häufige benutzte Argumentation lautet: Ich kann doch gar nicht (mehr) Leistung verlangen, denn ich kann doch dafür kein zusätzliches Geld anbieten. Diese Argumentation verkennt, dass Mitarbeiter nicht für Anwesenheit, sondern für ihre Arbeit, ihre Leistung beschäftigt und bezahlt werden. Solange diese nicht definiert ist, kann darüber gar keine Diskussion erfolgreich geführt werden. Zudem muss allen Beteiligten klar gemacht werden, dass sich Normal-Anforderungen im Laufe der Zeit verändern. In der gesamten Wirtschaft gibt es einen kontinuierliche Prozess der Leistungsverdichtung und Erhöhung der Anforderungen. Von dieser Entwicklung ist die öffentliche Verwaltung nicht abgekoppelt und sie wird es auch in Zukunft nicht sein.

Einen Automatismus im Sinne von mehr Leistung – mehr Geld wird es in der Verwaltung nicht geben. Auch in Wirtschaftsunternehmen gibt es nur wenige Bereiche, in denen es einen derartigen Automatismus gibt. Hierzu gehören reine Akkordlohnsysteme und Vertriebskonzepte, bei denen das Einkommen direkt an die getätigten Umsätze gekoppelt ist. Die Konsequenz aus einer Koppelung von Leistung und Lohn ist jedoch auch die Lohnkürzung bei Minderleistung, gleich aus welchem Grund.

Die Erfahrung aus Wirtschaftsunternehmen mit Leistungslohnelementen zeigt jedoch auch eine große Zwiespältigkeit. Ist in der ersten Phase fast jeder Mitarbeiter motiviert, so stellt sich nach einiger Zeit heraus, dass eigentlich immer die gleichen Mitarbeiter von den Gratifikationen profitieren und die anderen leer ausgehen. Die Motivation der ersten Stunde schlägt bei denen, die sich keine Gratifikation versprechen können, in Gleichgültigkeit um. Die besonderen Leistungsträger können jedoch auch mit mittelmäßiger Leistung – angesichts ihrer persönlichen Leistungsfähigkeit – noch die Vorteile abstauben. Diese Systeme sind angesichts der wirtschaftlichen Gewinnerzielungsabsichten von Unternehmen in gewissen Grenzen sinnfällig, weil mehr Leistung in bestimmten Bereichen auch mehr Gewinn bedeuten.

Immer mehr Unternehmen stellen jedoch auch fest, dass der finanzielle Lohnanreiz immer deutlichere Grenzen hat. Nicht jeder Mensch bewertet mehr Geld gleich. Für die unteren Lohngruppen sind fünfzig oder hundert Mark mehr netto in der Tasche tatsächlich eine bemerkbare Größe. Bereits bei mittleren Lohngruppen stellt sich aber selbst bei zweihundert Mark mehr monatlich schon nach kurzer Zeit ein Gewöhnungseffekt ein, der nicht zu einer kontinuierlichen Leistungsverbesserung führt.

Immer mehr Menschen legen Wert auf die Qualität der Arbeit. Sie stellen nach der Absicherung grundlegender Bedürfnisse (ausreichende Wohnung, Freizeit- und Urlaubsgestaltungsmöglichkeiten, gesicherte Gesundheitsversorgung und gewisse finanzielle Rücklagen) immer mehr die Frage nach dem Spaß an der Arbeit, der Herausforderung, der sozialen Anerkennung und des Arbeitsumfeldes. An dieser Stelle steigt die Bedeutung der Ausstattung des Arbeitsplatzes, die persönliche Anerkennung der Arbeit und das soziale

Prestige des Arbeitsplatzes, aber auch die Arbeitsplatzsicherheit gegenüber finanziellen Aspekten. Bevor Sie sich mehr mit finanziellen Anreizen auseinandersetzen, sollten die immateriellen Möglichkeiten ausgeschöpft werden.

Zuvor machen Sie sich aber einige Gedanken über Ihren Umgang und die Wahrnehmung der Leistungen der Mitarbeiter. Der Umgang mit den Leistungen der Mitarbeiter hängt für den Vorgesetzten von verschiedenen Dimensionen ab.

Welchen Stellenwert hat für mich als Vorgesetzter Leistung? Ist es mir wichtig, dass besondere Leistungen erbracht werden? Woran ist dieses im Alltagshandeln erkennbar? Solange ich mein Handeln nicht auf Leistungserbringung ausrichte und ich das Ergebnis der Arbeit nicht als wichtig erachte, werde ich kaum Leistungen wahrnehmen und anerkennen.

Woran messe ich die Leistungen anderer? Messe ich sie an meinen eigenen Fähigkeiten? Manch ein Vorgesetzter war vor einigen Jahren mit der Sachbearbeitungsaufgabe betraut, die heute die eigenen Mitarbeiter wahrnehmen. Damals gab es keine Bearbeitungsrückstände, heute sind vier bis acht Wochen Rückstand normal. Wie ist es um die Leistung der Mitarbeiter also bestellt? Im direkten Vergleich der früheren Situation mit der heutigen kann es doch nur an einer schlechteren Leistung liegen? Oder ist die Leistung gleich gut oder sogar besser, weil die Sachbearbeitung ganz andere Anforderungen stellt?

Ist die erwartete Leistung eigentlich in irgendeiner Weise definiert? Kennen Mitarbeiter und Vorgesetzte die Leistungsanforderung? Was ist demnach eine normale, eine gute und eine schlechte Leistung? Gibt es darüber eine Verständigung zwischen Vorgesetzten und Mitarbeiter?

Bin ich bereit, Leistungen anzusprechen, besondere Leistungen lobend zu erwähnen, Minderleistungen anzusprechen, auf Verbesserung zu dringen und Unterstützung anzubieten? Weiß ich, was meine Mitarbeiter als Leistung empfinden, was für sie eine besondere Anstrengung und was eine einfache Übung darstellt? Bin ich bereit anzuerkennen, dass Mitarbeiter unterschiedliche Leistungsfähigkeit besitzen und daher Leistung unterschiedlich empfinden? Bin ich bereit, diese Unterschiedlichkeit wahrzunehmen und zu benennen?

Konsequent unterschätzt wird die motivierende Funktion des persönlichen Wortes und der Anerkennung durch Rückmeldung.

Übung: Leistung der Mitarbeiter

Wählen Sie einen Mitarbeiter aus.

— Was ist seine Aufgabe? Welche Leistung wird auf dieser Stelle, in dieser Funktion erwartet?

— Was qualifiziert ihn für diese Leistung?

— Welche Leistung erbringt er in verschiedenen Bereichen?

— Wann habe ich zuletzt einzelne Leistungen Gesamtleistung angesprochen?

- Wie habe ich dies getan?

- Wie hat er darauf reagiert?

- Welche Schlüsse kann ich aus dieser Reaktion über die individuelle Leistungsmotivation ziehen?

- Welche Schlüsse kann ich daraus über die Wertsysteme des Mitarbeiters ziehen?

- Welche Erkenntnisse kann ich über die persönliche Einschätzung von besonderen und geringen Leistungen/Anstrengungen ziehen? Was empfindet der Mitarbeiter als eine besondere/normale Leistung?

Catch them when they are right. Übertragen bedeutet dieser Satz: Erkenne die guten Leistungen und sage es auch. Konkret ist es die sehr wichtige Aufforderung, sich an den Leistungen interessiert zu zeigen und jederzeit auch eine Rückmeldung zu den Einschätzungen zu geben. Dies gilt nicht nur dann, wenn man eine fehlerhafte, unvollständige Leistung wahrnimmt, sondern besonders gerade auch dann, wenn eine Leistung in Ordnung ist. Der von Führungskräften häufig zu hörende Satz: „Meine Mitarbeiter wissen genau, wenn ich nichts sage, ist alles ok." stimmt höchstens zur Hälfte. Viel mehr Mitarbeiter als man glaubt sind sich erstens nicht sicher, ob ihr Handeln tatsächlich in Ordnung ist und nicht vielleicht noch verbessert werden kann, und hören zweitens gerne immer wieder eine Bestätigung, dass sie und ihre Arbeit gut sind.

Damit Sie auf diese Situation gut vorbereitet sind, ist es ganz hilfreich sich einmal einige Formulierungen zurecht zu legen, die sie in solchen Situationen nutzen können.

Übung: Anerkennung der Mitarbeiterleistung

Sammeln Sie mindesten zehn Formulierungen, mit denen Sie die Leistung von Mitarbeitern im Alltag anerkennen können:

1.

2.

3.

4.

5.

6.

7.

8.

9.

10.

Bitte lernen Sie diese Formulierungen nicht auswendig. Vielmehr geht es uns darum, dass Sie eine gewisse Übung darin haben und es Ihnen als Selbstverständlichkeit erscheint, eine entsprechende Rückmeldung zu geben und Sie in der Lage sind, sich spontan zu äußern.

Wenn Sie möchten, notieren Sie sich jetzt auch noch mindestens fünf Reaktionen auf eine abwertende Reaktion ihrer Mitarbeiter. Es wird Ihnen immer wieder passieren, dass Mitarbeiter auf eine anerkennende Äußerung hin wie folgt reagieren: „Ist doch selbstverständlich." „Das ist doch nichts besonderes." „Nicht der Rede wert". Dennoch es ist der Rede wert und daher sollten Sie auch hierauf reagieren. Nutzen Sie diese Situation bewusst als Chance, über Leistungsstandards, ihre Erfüllung und künftige Entwicklungen und Veränderungen zu sprechen. Catch them, when they are right!

Nun formulieren Sie bitte fünf Sätze, mit denen Sie auf eine abwertende Äußerung Ihrer Mitarbeiter bei einem Lob reagieren können.

1.

2.

3.

4.

5.

Exkurs: Kennen Sie Flow?

Es gibt im Leben, also auch im Arbeitsleben ganz außergewöhnliche Erfahrungen. Situationen in denen man mühelos handelt, sich voll und ganz auf die Sache konzentriert und nahezu spielerisch seine Arbeit erbringt. Äußere Einflüsse und die verstreichende Zeit bleiben fast unbeachtet. Man leistet Besonderes, ohne die Anstrengung zu bemerken und empfindet dabei vielfach auch ein besonderes Glücks- oder weniger pathetisch: ein Zufriedenheitsgefühl.

Sportler nennen diese Erfahrungen „an die Grenze gehen". Mystiker sprechen von „Ekstase" und Künstler und Musiker nennen sie eine Art „ästhetische Verzückung". Aber auch im Arbeitsalltag gibt es solche Momente, wo es einfach gut klappt, die Arbeit einem leicht von der Hand geht und man selber das Gefühl hat, richtig gut etwas geschafft zu haben. Man ist mit sich und seiner Leistung zufrieden.

Mihaly Csikszentmihalyi nennt diesen Zustand besonderer Leistungsfähigkeit und Zufriedenheit „Flow". Er hat systematisch derartige Erlebnisse untersucht und in unterschiedlichsten Lebens- und Arbeitsfeldern immer wieder ganz ähnliche Rahmenbedingungen ausmachen können, die zu Flow-Erfahrungen führen:

Flow-Erfahrungen stellen sich ein, wenn
- ein deutlicher Zusammenhang der ausgeführten Tätigkeit, den Zielen und eine große Klarheit über die erforderliche Vorgehensweise besteht,
- wir ein sofortiges Feedback wahrnehmen. Häufig erhalten wir das Feedback aus der eigenen Tätigkeit. Wir spüren, dass wir richtig liegen und gut vorankommen. Anhand der klaren und eindeutigen Zielsetzungen können wir jederzeit feststellen, dass wir auf dem richtigen Pfad wandeln. So wie ein Bergsteiger mit jedem Schritt erfährt, dass er dem Gipfel ein Stück näher kommt, merkt man im Flow-Zustand quasi automatisch, wie man seinem Ziel näher kommt.
- die Anforderungen genau unseren Fähigkeiten entsprechen. Überfordert uns eine Aufgabe, so reagieren wir erst frustriert, dann besorgt und schließlich ängstlich. Ist

die Anforderung hingegen im Verhältnis zu unseren Fähigkeiten zu leicht, so ist man erst entspannt, dann gelangweilt und schließlich unaufmerksam.

Flow-Situationen erleben Menschen ganz unterschiedlich. Es gibt Menschen, die sie fast täglich auch über längere Zeiträume wahrnehmen, andere nehmen sie nur ganz selten, sehr kurz oder nie wahr. Viele Menschen berichten, dass die Zeit in Flow-Situationen wie im Fluge vergeht, Stunden vergehen in Minuten, trotz großer Anstrengung fühlt man sich körperlich fit und geistig klar. Man fühlt sich stärker als sonst.

Mihaly Csikszentmihalyi stellt fest: „Sind die Ziele klar, ist Feedback vorhanden und befinden sich Anforderungen und Fähigkeiten im Gleichgewicht, wird die Aufmerksamkeit gelenkt und vollständig investiert." Er schlägt folgende Aktivitäten vor, um die Lebensqualität zu verbessern und den wünschenswerten Flow-Zustand bewusster und häufiger zu erleben:

1. Schritt: Die alltäglichen Beschäftigungen so organisieren, dass dabei besonders lohnende Erfahrungen herauskommen. Ein guter Schritt hierzu ist es, ein Tagebuch zu führen oder jeden Abend über den Tag nachzudenken und für sich festzuhalten, welche Aktivitäten zu den Höhepunkten am Tage zählten. Im Laufe der Zeit erhöht sich die Zahl der Höhepunkte, weil wir unmerklich unsere Tätigkeiten auf potenzielle Höhepunkte und positive Erfahrungen ausrichten.

2. Schritt: Die alltäglichen Beschäftigungen so organisieren, dass sie uns befähigen, besonders viel zu leisten. Jeder Mensch braucht seinen eigenen Handlungsrahmen. Der eine benötigt eine geordnete Umgebung, andere sind erst dann besonders leistungsfähig, wenn sie eine kreative Unordnung geschaffen haben, die einen müssen alleine sein und benötigen Kontemplation, andere blühen auf, wenn um sie herum möglichst viel Trubel herrscht.

3. Schritt: Die eigenen Rhythmen nutzen. Jeder Mensch hat seine eigenen Rhythmen. Es gibt keinen Tag, keine Stunde, die wir alle als gleich angenehm empfinden. Wenn wir erkennen, wann wir besonders unsere Fähigkeiten einsetzen können, sind wir in der Lage, unsere Arbeit entsprechend optimal zu organisieren.

4. Schritt: Freundschaften unterstützen unser Wohlbefinden. Unsere Lebensqualität und Zufriedenheit erhöht sich beträchtlich, wenn wir mindestens einem Menschen von unseren Sorgen erzählen können und dieser uns emotional unterstützt.

5. Schritt: Die Aufmerksamkeit zu einer Zeit auf eine Sache lenken. Unsere Zufriedenheit steigt, wenn wir uns konzentrieren können. Dazu ist es erforderlich, die verschiedenen Anforderungen in ein klares Prioritätensystem einzuordnen und den einzelnen Aufgaben einen Zeitpunkt der Erledigung zuzuordnen.

Flow-Erfahrungen sind stark motivierende Situationen. Sie stärken die Zufriedenheit und die Bereitschaft, sich zu engagieren. Deshalb lohnt es sich, auf diese Situationen besonders zu achten, ihre Entstehung zu fördern und zu unterstützen.

- Der wöchentliche Erfolgscheck

Die verstärkte Aufmerksamkeit für die positiven Dinge zeigt Wirkung nicht nur für die eigene Befindlichkeit, sondern auch für die ganze Gruppe oder das Team. Dafür ist jedoch die Sichtbarkeit der Erfolge von besonderer Bedeutung. Eine gute Gelegenheit besteht in den regelmäßigen Dienstbesprechungen. Beobachtet man die Inhalte und Themen der meisten Besprechungen, so fällt auf, dass sie sich fast ausschließlich mit den Problemen und Fehlern beschäftigen. In vielen Besprechungen entsteht daraus eine bedrückte Stimmung.

In vielen Gruppen hat es sich bewährt, zu Sitzungsbeginn die Aufmerksamkeit auf die Erfolge der letzten Tage zu richten. Alle Teilnehmer werden dazu gebeten, kurz einen für sie persönlich wichtigen Erfolg der letzten Tage zu berichten. Der Satz kann jeweils mit den Worten beginnen: „Für mich war in den letzten Tagen ein Erfolg, dass ..."

Die Teilnehmer berichten über große und kleine Erfolge. Dabei ist es wichtig, dass die Erfolge unabhängig von der Größe und Bedeutung für die Gruppe anerkannt und bestätigt werden. Nicht jeder Arbeitsplatz bietet gleichartige Erfolgsmöglichkeiten. Ein Beteiligter verhandelt über große Bauprojekte, ein anderer überwacht den Bauablauf und ein dritter wickelt Abrechnungen ab. Gleichwohl erleben alle drei in ihrem Alltag bedeutsame und motivierende Erfolge.

Die gegenseitige Anerkennung und Bestätigung der Erfolge stellt eine Bestärkung und Aufwertung dar.

Übung: Die 10 wichtigsten Erfolge

Eine gute Gelegenheit in das Erfolgsdenken einzusteigen, bietet die Übung „Die zehn wichtigsten Erfolge". Im Rahmen einer Klausurtagung oder zu Beginn einer Planungssitzung wird gemeinsam mit den Teilnehmern Rückblick gehalten. Dazu werden alle aufgefordert, sich zunächst alleine Gedanken zu machen über ihre 10 wichtigsten beruflichen Erfolge in den letzten drei Monaten. Die Betonung liegt dabei ganz bewusst auf den wichtigsten Erfolgen. In den meisten Fällen werden die Teilnehmer aufstöhnen. „10 Erfolge" in „drei Monaten". Manchmal wird gewünscht, man möge die Aufgabe doch etwas vereinfachen und sich auf einen Erfolg beschränken. Hier sollten Sie hart bleiben.

Nach etwa zehn Minuten sollten sie sich miteinander austauschen über die Ergebnisse und über die Erfahrungen. Die Ergebnisdarstellung sollte bewusst mit Interesse und Anerkennung versehen werden. Nicht bekannte Erfolgswahrnehmungen sollten auch von den anderen Beteiligten als solche benannt werden („Das habe ich ja gar nicht gewusst.") Es ist kein Makel, wenn nur fünf oder sieben Erfolge entdeckt wurden. Wichtig ist vielmehr zu beobachten, dass ganz unterschiedlich „große" Erfolge berichtet werden. In einer anschließenden Diskussion über die Erfahrungen beim Finden von Erfolgen können Sie feststellen, dass sich meist niemand Gedanken darüber gemacht hat, was ein Erfolg ist. Aus diesem häufigen Dilemma heraus werden Erfolge in der aktuellen Situation gar nicht wahrgenommen und erkannt. In Erinnerung bleiben vielmehr die Probleme und Schwierigkeiten, die die einzelnen und die Gruppe belasten. Im Anschluss an diesen Durchgang kann vereinbart werden, auch künftig mehr Aufmerksamkeit auf die Erfolge zu richten.

- Förderung: Das Gold der Mitarbeiter erkennen

Der Blick auf die Erfolge zeigt uns zugleich auch verdeckte Potenziale. In vielen Erfolgsdarstellungen der Mitarbeiter wird deutlich, dass sie Dinge besonders gut beherrschen oder in einzelnen Situationen Fähigkeiten aufblitzen, die im Alltag nicht wahrgenommen werden. Diese Momente sind Gold wert. Sie zeigen wo Potenziale versteckt sind und nur noch entsprechend gefördert werden müssen, damit sie dauerhaft der Gruppe zur Verfügung stehen.

Es gehört zu den grundlegenden Aufgaben der Führungskraft zu erkennen, welche Möglichkeiten in den einzelnen Menschen stecken und wie diese gezielt genutzt werden können. Wir alle werden besonders engagiert und erfolgreich arbeiten, wenn wir uns dort betätigen können, wo wir unsere Fähigkeiten besonders gut einbringen können. Wir beobachten immer wieder, dass Mitarbeiter nach einer Versetzung in eine andere Gruppe oder ein anders Amt völlig andere Verhaltensweisen an den Tag legen. Leistungsschwache Mitarbeiter werden auf einmal zu den zentralen Leistungsträgern. Hinterfragt man die Gründe, so entdeckt man, dass sie ein Betätigungsfeld gefunden haben, in dem ihre Fähigkeiten genutzt und anerkannt werden.

Als Vorgesetzter haben sie viele Möglichkeiten Potenziale zu erkennen. Manchmal reicht der Blick in die Personalakte. Die Übersicht über den beruflichen Werdegang, frühere Tätigkeiten, Ausbildungen und Fortbildungen gibt wichtige Informationen über Potenziale der Mitarbeiter. Wir machen auch in Unternehmen die Erfahrungen, dass viele Vorgesetzte schon wenige Monate nach dem Einstellungsgespräch über wichtige Eckdaten aus dem beruflichen Werdegang der Mitarbeiter keine Auskunft mehr geben können. Damit verzichten Sie zugleich auch auf den bewussten Zugriff auf frühere Kenntnisse, wenn diese einmal gebraucht werden. Neue Mitarbeiter können gefragt werden, wo sie ihre Arbeit früher besonders gerne erbracht haben, was ihnen besonders leicht von der Hand gegangen ist und wo sie sich selber als besonders gut erlebt haben. Aber auch die Frage, was sie an der jetzigen Arbeit besonders gerne machen und warum, ist hilfreich für die Entdeckung von Potenzialen der Mitarbeiter. Selbst im Bereich der Feizeit liegen beruflich wertvolle Potenziale. Mitarbeiter, die in der Freizeit das Sommerfest des Sportvereins auf die Beine stellen, zeigen ein enormes Organisationstalent. Dieses Erfahrungswissen kann genutzt werden, wenn am Arbeitsplatz Organisationstalent gefragt ist.

Aber auch bei bereits länger in der Gruppe tätigen Mitarbeitern lassen sich Potenziale entdecken. Hierzu dient einerseits die gezielte Beobachtung: Was geht dem Mitarbeiter leicht von der Hand? Wo kann der Mitarbeiter besonders gut Dinge erklären und vermitteln? Bei welchen Arbeitsaufgaben sind diese Fähigkeiten besonders gefragt? Was kann getan werden, um den Mitarbeiter möglichst optimal einzusetzen.

Im Mitarbeitergespräch kann gezielt gefragt werden, welche Ideen zur Verbesserung des derzeitigen Arbeitsplatzes bestehen und in welche Richtung der Mitarbeiter die eigene Arbeit verändern möchte.

Für den Bereich der Gesamtverwaltung stellt sich die Frage: wie gelingt es uns einen Überblick über die Potenziale unserer Mitarbeiter zu erhalten und diesen bei der Stellenbesetzung gezielt zu nutzen. Die Praxis der meisten Verwaltungen zeigt, dass selbst die grundlegendsten Informationen aus den Personalakten nicht genutzt werden, um Potenzialträger zu ermitteln. Dies führt immer wieder dazu, dass für Führungsaufgaben die besten Fachleute ausgewählt werden und nicht die am besten geeigneten Führungskräfte.

Was kann ich als Führungskraft tun, um das Potenzial meiner Mitarbeiter zu fördern. Einige Möglichkeiten:
— Anleiten zu bestimmten Tätigkeiten
— Beratung bei bestimmten Fällen
— Gemeinsames Erarbeiten von Inhalten
— Fortbilden
— Kollegiale Beratung ermöglichen
— Erweiterung des Aufgabenfeldes
— Beauftragung mit der Einarbeitung neuer Mitarbeiter
— „Horizonterweiterung" (z. B. durch Teilnahme an Terminen, Arbeitskreisen, Hospitationen etc.)
— Übernahme von Vertretungsaufgaben.

Erfolgreich geförderte Mitarbeiter entwickeln Lust auf mehr. Sie wollen abwechslungsreichere und anspruchsvollere Aufgaben wahrnehmen. Führungskräfte, die gleichermaßen fordern und fördern, stellen bedauernd fest, dass gerade die Besten sich dann in andere Bereiche bewerben, um die erkannten Potenziale einzusetzen und die eigenen Chancen zu nutzen. Manch eine Führungskraft bedauert diese Situation. „Und wenn ich sie richtig gut gemacht habe, sie wirklich gut einsetzbar sind, dann gehen sie." Dieses Dilemma lässt sich nicht auflösen. Bedenken Sie aber Folgendes. Mitarbeiter, die engagiert sind und etwas bewegen wollen, leisten mehr und aus eigenem Antrieb als die Mitarbeiter, die sie täglich „zum Jagen tragen müssen". Somit sind die geförderten und engagierten Mitarbeiter wichtige Leistungsträger. Führungskräfte, die ein Engagement bei der Förderung zeigen, sind in der Verwaltung über kurz oder lang bekannt. Ihr Image des Förderers spricht sich herum und führt dazu, dass gezielt diejenigen Nachwuchskräfte in ihre Gruppe/Abteilung drängen, die wiederum Potenzialträger sind. Bereits nach wenigen Jahren wird bekannt sein: „Das ist der Stall aus dem viele gute Leute kommen."

Mittelpunkt der Führung: Kommunikation

Lassen Sie uns einen kurzen Ausflug in die Theorie von Kommunikation unternehmen. Sie haben mit dem Mitarbeiter Meier eine Besprechung. Es gab in letzter Zeit Schwierigkeiten und Sie schlagen vor, eine bisher praktizierte Vorgehensweise nun zu ändern. Herr Meier soll ab morgen mit dem neuen Modell arbeiten. Herr Meier reagiert ablehnend: *„Das haben wir aber doch noch nie so gemacht".* Hier kann das Gespräch schnell in eine Sackgasse geraten, wenn Sie nun „anordnen".

Machen Sie sich bewusst, wie Herr Meier Ihren Vorschlag verstanden haben kann. Er könnte „gehört" haben:
- Der Chef will immer bestimmen.
- Meine Arbeit ist dem Chef wohl nicht gut genug.
- Ich habe hier nichts zu sagen.
- Der Chef weiß alles besser.

Und machen Sie sich bewusst, wie Sie seine Äußerung „Das haben wir noch nie so gemacht" verstehen:
- Herr Meier will, dass wir alles so lassen, wie es ist.
- Der ist ziemlich unflexibel.
- Er hat Angst vor Veränderungen.
- Er ist sauer, weil er sich jetzt in was Neues einarbeiten muss.
- Ich verunsichere ihn.
- Er ist von seiner Arbeit überzeugt und will sich nicht verändern ... .

Achten Sie bei der Kommunikation auf die „vier Ohren" des Kommunikationsmodells von Friedemann Schulz von Thun. Hier wird eine Äußerung auf verschiedene Botschaften hin untersucht. Botschaften werden gesendet auf der Sachebene, der Selbstkundgabe (Ich-Aussage), der Appell- und Beziehungsebene (Du-Aussage). Alle Menschen hören nun mit diesen vier Ohren unterschiedliche Botschaften:

Auf der Sachebene hören wir, was faktisch gesagt wurde, was alle hören können: Mit dem (indirekten) Appell wollen wir andere veranlassen, etwas zu denken, zu tun, zu fühlen, zu lassen etc. Weiterhin ist eine Aussage zur Beziehung zwischen den beiden enthalten, z. B.: Ich bin der Chef und kann bestimmen. Der Äußerung des Vorgesetzten liegt eine Motivation zugrunde, warum er das neue Modell vorschlägt, z. B.: Seine Abteilung soll die innovativste in der Verwaltung sein, er will alte Zöpfe abschneiden und neue Wege gehen.

Welche Botschaften sendet Herr Meier?

Sachebene: „Das haben wir noch nicht gemacht".

Appell: „Verändern Sie die Abläufe nicht" oder „lassen Sie es, wie es ist".

Selbstkundgabe: „Meine Meinung ist unwichtig" oder „ich habe Angst vor Veränderungen" oder „ich bin unsicher" oder „ich brauche Unterstützung" oder „meine Arbeit ist nicht gut genug" oder „ich will selbst bestimmen, wie ich meine Arbeit erledige" oder „ich weiß besser wie es geht"...

Beziehung: „Sie haben mir gar nichts zu sagen" oder „Sie verunsichern mich" oder „bin ich nicht gut genug für Sie?" oder „Sie sollen mir nichts vorschreiben" oder ...

Sie merken, fast alles, was wir „hören" wurde gar nicht gesagt. Wir interpretieren also die Äußerungen. Wir interpretieren Tonfall, Sprechtempo, Stimmlage, Lautstärke und die nonverbalen Signale wie Mimik und Gestik. In welche Botschaften wir das Gesagte (und Ungesagte) umsetzen, hat mit unserem „Strickmuster" als Persönlichkeit und unseren Lebenserfahrungen zu tun und wie die Beziehung zum Mitarbeiter gestaltet ist.

Abb. 11: Kommunikation mit „vier Ohren".

Je nach dem, in „welchem Ohr" eine Äußerung auf fruchtbaren Boden fällt, werden wir von dort aus reagieren. Die Antwort oder Reaktion Ihres Gesprächspartners zeigt Ihnen, in welchem Maße Sie Ihre Botschaft erfolgreich vermitteln konnten. Interessant ist demnach nicht so sehr, was Sie sagen, sondern was beim anderen ankommt, wie Sie verstanden werden. Wie heißt es so schön: Ich weiß erst, was ich gesagt habe, wenn ich die Antwort meines Gegenübers höre.

- Die positive Absicht

Bleiben wir noch ein wenig bei unserem letzten Beispiel. Sie schlagen ein anderes Verfahren der Bearbeitung vor und erhalten als Antwort: „Aber das haben wir doch noch nie so gemacht!" – vielleicht auch noch mit einer unwirschen Stimme und säuerlicher Mimik. Bevor Sie nun ärgerlich werden und denken, der Mitarbeiter sei geistig unbeweglich, ein Bedenkenträger, nicht offen für neue Ideen, überlegen Sie einmal, welche positiven Absichten der Mitarbeiter auch mit einer „pampigen" Äußerung verfolgen könnte. Destruktive Äußerungen eines Mitarbeiters nutzen Sie am besten, wenn Sie sich überlegen, welche positive Absicht der Mitarbeiter mit negativen Beiträgen verfolgt. So wie bei z. B. aggressiven Kindern die positive Botschaft sein kann, bitte nimm mich und meine Probleme wahr, so lässt sich auch im Berufsleben eine positive Absicht erkennen.

Die positive Absicht im Beispiel „das haben wir noch nie so gemacht" könnte sein: Ich möchte, dass meine bisherige Arbeit gewürdigt wird. Günstige Reaktionen sind: „Möchten Sie, dass wir das alte Verfahren beibehalten? Was könnte passieren, wenn wir es verändern?" Oder: „Verstehe ich Sie richtig, dass Sie durch das neue Verfahren verunsichert sind?" Oder: „Ich höre heraus, dass Sie das Verfahren nicht ändern möchten. Welche Vorteile hat das bisherige Vorgehen, welche Nachteile?" Damit signalisieren Sie dem Mitarbeiter, dass Sie ihn mit seinen Befürchtungen ernst nehmen. Sie kennen sicher Killerphrasen, die jedes Gespräch blockieren. Welche positiven Absichten könnten mit solchen Äußerungen verfolgt werden?

Tabelle 6: Killerphrasen und dahinter stehende Absichten

Killerphrase	Positive Absicht:
Das haben wir schon immer so gemacht.	
Das haben wir noch nie so gemacht.	
Das ist zu radikal.	
Das dauert viel zu lange.	
Es ist hoffnungslos.	
Das funktioniert doch nie.	
Wenn Sie erst mal so lange hier sind wie ich.	

Der Umgang mit „schwierigen" Mitarbeitern

Vielleicht haben Sie Mitarbeiter, die für Sie irgendwie schwierig sind. Die Kommunikation klappt nicht gut, es entstehen Missverständnisse. Es kann für Sie eine Hilfe sein, in Äußerungen und Verhalten das Gute zu suchen: Die gute Absicht Ihres Mitarbeiters können Sie im Gespräch ansprechen und gemeinsam herausarbeiten. Destruktive Äußerungen verweisen auf ungelöste Probleme und Wissensdefizite des Mitarbeiters, die erst durch das Gespräch und das Benennen der Situation verdeutlicht werden können und damit die Grundlage für die Entwicklung von Lösungen geschaffen wird.

Übung: Problemanalyse

Denken Sie bitte an einen Mitarbeiter, mit dem immer wieder Probleme auftauchen.

— Erinnern Sie sich an eine bestimmte Situation?

— Was ist dabei genau passiert? Was wurde gesagt? Wie wurde es gesagt?

— Welche gute Absicht hat der Mitarbeiter, die man z. B. hinter einer unfreundlichen Äußerung vermuten kann? Formulieren Sie, welche guten Absichten hinter der Äußerung oder Verhaltensweise aus der Sicht des Mitarbeiters stecken.

— Wie kann ich die „gute Absicht" ansprechen?

Beziehungs-Brücken bauen

Die Beziehung zwischen Führungskraft und Mitarbeiter ist von entscheidender Bedeutung für die Leitungsbereitschaft und die Qualität der Arbeitsergebnisse. Je nachdem, wie die Beziehung (der „unsichtbare" Teil der Kommunikation) gesehen wird, so wird auch auf der Sachebene reagiert.

Damit Sie erfolgreich Ihre Themen mit Ihren Mitarbeitern besprechen können, ist es wichtig, dass die Beziehungsebene stimmt. Wenn die Gesprächspartner wertschätzend miteinander umgehen, werden sie konstruktiv und nicht ablehnend negativ kommunizieren. Je tragfähiger die Beziehungsbrücke ist, umso besser fahren die schweren LKWs mit den schwierigen Problemen darüber. Bauen Sie eine stabile Brücke, damit die Lasten (Sachthemen) sicher von einer Seite (Vorgesetzter) zur anderen (Mitarbeiter) transportiert werden können.

Wie können Sie die Beziehung verbessern?

Geben Sie sich ehrliche Antworten, wie Sie ihre Mitarbeiter wahrnehmen. Was fällt Ihnen auf, was bewerten Sie positiv, was negativ? Welche „Geschichte" haben Sie mit den Mitarbeiter? Wer ist Ihnen sympathisch? Wer nicht? Woran können Sie das festmachen? Wer ist Ihnen im Denken eher ähnlich? Wer denkt ganz anders? Wie behandeln Sie abweichende Meinungen? Sehen Sie insgesamt Ihre Mitarbeiter als wichtige Menschen, so wie Sie sich selbst für wichtig halten?

Alle Ihre (meist unbewussten) Einschätzungen werden durch die Art und Weise der Kommunikation, der Mimik, Gestik, Körperhaltung, Klang der Stimme, Tempo etc. vermittelt. Ihre Mitarbeiter spüren, wie Sie zu Ihnen stehen. Diese Anteile des Verhaltens laufen zum allergrößten Teil unbewusst, von unseren Gefühlen gesteuert.

Daher macht es keinen Sinn, wenn Sie sich vornehmen, einem Mitarbeiter, den Sie ablehnen, nun ganz gezielt freundlich auch in Mimik und Gestik begegnen zu wollen, nach dem Motto: Er ist eine Niete, aber er soll nicht merken, dass ich das denke. Sie können eher die Beziehung verbessern, wenn Sie sich ehrlich klarmachen, warum Sie ihn als Niete sehen. Hat er den falschen Arbeitsplatz? Ist er frustriert? Wie wohl fühlt er sich in der Abteilung? Wollen Sie sich die Chance geben, Ihr Bild von ihm zu überprüfen (Wo ist er kompetent)? Oder ist er als Sündenbock gerade recht?

Im Alltag können Sie die Beziehungen verbessern, in dem Sie in Gesprächen:

- freundlich sind, auch einen Stuhl oder einen Kaffee anbieten,

- den Gesprächspartner mit Namen ansprechen,

- körperlich zugewandt sind, den Gesprächspartner anschauen,

- ausreichend Zeit einkalulieren und auch mal das Telefon umstellen,

- auch von sich und Ihren Gefühlen sprechen: Es tut mir leid, dass der Austausch nicht klappt: Wie kann ich Sie unterstützen?,

- Ihre Unterstützung anbieten,

- andere ermuntern, ihre Sicht darzustellen,

- Verständnis äußern,

- andere ermutigen, Vorschläge zu machen und Sie diese Vorschläge umsetzen lassen (wir sind motivierter, wenn wir eigenen Ideen ausprobieren dürfen),

- aktiv zuhören: Habe ich Sie richtig verstanden? Meinen Sie das so und so?,

- ehrlich sind und auch einen Fehler zugeben,

- von sich selbst sprechen.

• Ich-Botschaften

Machen Sie sich noch einmal die vier verschiedenen Botschaften in der zwischenmenschlichen Kommunikation bewusst. Die Selbstkundgabe (Ich-Botschaft) ist der Bereich, wo Sie als Person sichtbar werden. Sprechen Sie aus, wie Ihnen zumute ist, wie Sie sich fühlen, welche Annahmen oder Wertvorstellungen Sie haben. Sie werden für Ihren Gesprächspartner als Mensch greifbarer.

• Aktives Zuhören

Eine wichtige Hilfe ist das bewusste aktive Zuhören. Beim aktiven Zuhören versuchen Sie zu verstehen, was der andere meint, was er zum Ausdruck bringen will, welche Gefühle er hat. Es geht darum, nicht nur den Sachverhalt zu verstehen, sondern auch die anderen „gehörten" Botschaften der vier Ebenen (das was „zwischen den Zeilen steht") herauszufinden und mitzuteilen.

Beim aktiven Zuhören fragen Sie sich:
- Was empfindet mein Gesprächspartner?
- Was beschäftigt ihn daran so sehr?
- Welches Interesse will er damit verfolgen?
- Wie ist ihm zumute?
- Was ist ihm an dem, was er gerade äußert, so wichtig?

Aktives Zuhören ist der Schlüssel zum Gesprächspartner, denn es begünstigt ein Klima des Verständnisses, der Verbundenheit und des Vertrauens. Aktives Zuhören versucht, den Sachverhalt aus der Sicht des Gegenübers zu verstehen und geht auf mitschwingende Emotionen ein.

Leiten Sie aktives Zuhören ein mit:
- Verstehe ich Sie richtig, dass ...?
- Meinen Sie das so und so ...?
- Aus Ihrer Perspektive ...
- Ich verstehe Sie so, ...
- Sind Sie (froh, verärgert, glücklich ...) über ...?

Die Welt menschlicher Wahrnehmungen

Warum gibt es Missverständnisse, warum nimmt jeder Mensch Probleme, Ereignisse und Situationen anders wahr? Weil wir selektiv wahrnehmen. Wir können nicht alle Informationen, die uns unsere Umgebung anbietet, über unsere Sinne wahrnehmen. So viele Informationen kann unser Gehirn nicht verarbeiten.

Stellen Sie sich vor, Sie machen einen gemeinsamen Spaziergang durch Ihre Stadt mit einem Mitarbeiter des Sozialamtes, des Grünflächenamtes, einem Denkmalschützer, einem Verkehrsplaner. Danach schreiben alle einen Aufsatz: Was ich in meiner Stadt erlebt und wahrgenommen habe. Sie bekommen garantiert sehr unterschiedliche Berichte. Weil jeder die Stadt durch seine „Brille" wahrnimmt: Der Verkehrsplaner wird bemerken, dass die Busspur zugeparkt ist, der Mitarbeiter vom Grünflächenamt, wo schon wieder das Unkraut hoch steht etc.

Oder stellen Sie sich vor, Sie gehen hungrig durch eine fremde Stadt. Wetten, dass Sie später erzählen können, welche Restaurants Ihnen aufgefallen sind? An einen schönen Park oder eine Kirche können Sie sich aber absolut nicht erinnern. Oder Sie suchen einen Briefkasten oder (vor der Handyzeit) ein Telefonhäuschen, dann gehen Sie durch die Stadt, die Augen auf gelbe Kästen fixiert.

Wir alle nehmen Daten aus der Umwelt wahr, die unser Gehirn als wichtig für uns aussucht. Unsere Lebensgeschichte hat uns mit Filtern ausgestattet, aber auch Erwartungen oder Bedürfnisse steuern unsere Wahrnehmung. Das, was wir sehen, ist unsere Wahrheit, was wir „für wahr nehmen". Wahrnehmung heißt auch: Was *nehme* ich aus der Umwelt wahr, welche Informationen *lasse* ich weg, was ist *wahr*, was ist *unwahr*. Mit unserer individuellen Wahrnehmung haben wir recht, es ist unsere Wahrheit. Meine Wahrnehmung ist für mich immer richtig – aber die des Kollegen auch.

Was sehen Sie auf dem unten dargestellten Bild? Einen alten Mann, der aus einer Schale trinkt?

Abb. 12: Alter Mann ...

Zur Wahrnehmung gibt es sehr viele Experimente. Ein kleines: Zwei Versuchspersonen tauchen für eine bestimmte Zeit ihre Hände in Wasser, einer in heißes, einer in Eiswasser. Danach bekommen beide ein Gefäß mit gleich temperiertem Wasser, lauwarm. Auf ihre Empfindung angesprochen wird einer sagen, das (lauwarme) Wasser sei eiskalt, der andere wird sagen, es sei heiß. Na logisch, werden Sie jetzt denken, durch die unterschiedliche Vorerfahrung können die das gar nicht gleich empfinden.

Aber berücksichtigen Sie bei unterschiedlichen Sichtweisen oder Empfindungen einer Situation auch die Vorgeschichte, bemühen Sie sich zu verstehen, wie jemand zu seiner Sichtweise kommt, welche Faktoren zu einer Einschätzung beitragen?

Wir alle erschaffen uns unsere eigene Welt, unser eigenes Weltbild. Dies ist nie „die" Wirklichkeit, sondern immer ein Ausschnitt daraus.

Es gibt verschiedene Filter, die unsere Wahrnehmung selektieren:

Wahrnehmungsfilter: Sozialisation

Unsere Erziehung, Erfahrungen in Familie, Schule und Arbeitswelt prägen unsere Vorstellungen, unsere Werte, Verhalten, die Denk- und Wahrnehmungsweise. Die Hintergründe unserer Verhaltens sind so selbstverständlich, dass sie uns nicht mehr bewusst sind.

Was wir von Natur aus mitbringen und das, was unsere Umwelt aus uns gemacht hat, wirkt zusammen. Dazu gehören unser Temperament, unsere Fähigkeiten, Überzeugungen, Grundannahmen, Ideologien, Etikettierungen, Vorurteile, Ziele, Interessen. Eingebettet ist die biographisch vermittelte Weltsicht in gesellschaftliche Normen, Konventionen, Sprachkultur. Beispiele: Haben wir als Kinder gelernt, dass jeder Misserfolg quasi schicksalhaft ist, man gegen die Umstände nichts machen kann, wird man als Erwachsener keine „Kämpfernatur" werden, oder gerade eine. Ein Vorgesetzter, der sich als Arbeiterkind hochgearbeitet hat, wird als künftigen Mitarbeiter eher einen auswählen, der auch etwas für die Erreichung seiner Ziele getan hat, dem nicht die Eltern „alles in den Schoß legten".

Wahrnehmungsfilter: Gefühle, Empfindungen, Bedürfnisse

Sie sind ein weiterer wichtiger Filter und ein zentraler Faktor für Wahrnehmungsprozesse. Wer in einer wichtigen Besprechung Zahnschmerzen hat, wird kaum zuhören können. Wer hungrig in einer fremden Stadt ist oder dringend eine Toilette sucht, hat wenig Sinn für die schönen Geschäfte. Bringen wir anderen Menschen positive Gefühle wie Vertrauen entgegen, werden deren Handlungen eher positiv bewertet. Ist uns jemand unsympathisch, werden wir unbewusst eher Dinge wahrnehmen, die unsere Meinung über ihn untermauern (s. auch Kapitel zu Wahrnehmungsfehlern). Sie kennen das Sprichwort: „Liebe macht blind". Der Geliebte wird durch eine rosarote Brille gesehen.

Depressive Gefühle dagegen lassen alles dunkel erscheinen, es werden nur Informationen aufgenommen, die die eigenen Gefühlslage bestätigen. Auch Angst verändert die Wahrnehmung. Wenn jemand Angst hat, leistungsmäßig zu versagen, für den wird leicht jeder Gang zum Chef ein Gang zum Schafott.

Wahrnehmungsfilter: Situation und Erwartung

Unsere Wahrnehmung hängt auch von der jeweiligen Situation und vom Kontext des Erlebten ab. Beschreibt ein junger Mann seine Erlebnisse in einer Fortbildung, wird er sicher darauf geachtet haben, wie viele hübsche Mädels dabei waren. Er wird das Seminar als angenehm bewerten, wenn er mit Flirtversuchen erfolgreich war. Seine Erwartung war nicht, möglichst viel zu lernen, sondern möglichst viel Spaß zu haben. Auch die räumlichen Gegebenheiten spielen bei der Wahrnehmung eine Rolle. Haben Sie schon mal in einem dunklen, muffigen Raum lernen müssen?

Das Verhalten und die Wahrnehmung ist sicher auch anders, wenn Sie einen Vortrag vor einer Gruppe Bürgermeister oder einer Gruppe Personalratsmitglieder halten müssen.

Die Wahrnehmung ist mit definiert durch die Rolle, die jemand in einer Organisation spielt, die Organisationskultur und geheime Spielregeln. Daher rührt auch der Begriff der „Betriebsblindheit". Ein Außenstehender kann tatsächlich Dinge sehen, die ein Interner nicht (mehr) wahrnimmt.

Doch allein die Informationsaufnahme ist noch nicht die Wahrnehmung: Wir interpretieren die Daten, wir geben ihnen die Bedeutung, die sie für uns haben. „Wie, der sagt, das Wasser sei kalt (oder heiß)? Mit seinen Nerven muss wohl was nicht stimmen, es ist doch lauwarm!" Wir bewerten Ereignisse in gut oder schlecht, angenehm oder unangenehm, gut oder böse. Ein Verhalten meiner Kinder, für mich akzeptabel, ist für meine Schwiegermutter noch lange nicht akzeptabel. Sie bewertet ein Verhalten als „schlecht erzogen", weil in ihrer Situationsdefinition die Abweichung zwischen der Erwartung und dem Erwünschten relativ groß ist.

Erinnern Sie sich noch an das Bild zu Beginn dieses Abschnitts. Hatten Sie auch einen Blick für die drei Grazien im Bild? Schauen Sie sich nun das Bild noch einmal an. Erkennen Sie die verschiedenen Bilder: den alten Mann und die drei jungen Frauen?

- Einschätzung von Mitarbeitern

Als Führungskräfte müssen Sie Ihre Mitarbeiter einschätzen, Stärken und Schwächen benennen können. Hierfür reicht der „gesunde Menschenverstand" nicht aus, der die gesammelte (unreflektierte) Bewertung Ihrer Erfahrungen ist.

Wenn wir uns nicht mit unseren Wahrnehmungen, Bewertungen und Annahmen auseinandersetzen, leiten wir aus unseren Wahrnehmungen Persönlichkeitstheorien ab, die wir für allgemeingültig halten. Das heißt wir ziehen Rückschlüsse vom beobachteten Verhalten auf die Eigenschaften, die wir einem Mitarbeiter zuschreiben. Wenn sich der Vorgesetzte ungeachtet der Fehler, die seine „Theorien" mit sich bringen können, voll auf diese verlässt, führt das zu einer Fehleinschätzung des Mitarbeiters und damit zu unangemessenen Führungsaktivitäten. Wenn zum Beispiel der Vorgesetzte die implizite Theorie hat, dass Personen, die etwas von Technik verstehen wenig soziale Kompetenzen haben, wird er die Sozialkompetenzen eines „Technikfreaks" immer unterschätzen und nicht fördern.

Unsere Wahrnehmung von Menschen kann sich durch verschiedene Einflüsse täuschen lassen. Sie sollten diese Einflüsse kennen, damit Sie eine Einschätzung Ihrer Mitarbeiter bewusster vornehmen können. Jede Führungskraft muss sich selber gut kennen, um zu wissen, auf welche Verhaltensweisen anderer sie besonders reagiert. Die Einschätzung wird zwar immer subjektiv bleiben, aber sehr viel differenzierter ausfallen.

Wahrnehmungstäuschungen:

Die erste Fehlerquelle bei der Einschätzung von Mitarbeitern ist die Beobachtung. Unsere Wahrnehmung kann sich durch viele verschiedene Einflüsse täuschen lassen. Wir sollten diese Einflüsse kennen, damit wir sie bei der Beobachtung so gut wie möglich kontrollieren können. Im Folgenden werden einige Ursachen für Wahrnehmungstäuschungen beschrieben.

Erster Eindruck

Der erste Eindruck besitzt eine nicht zu unterschätzende Stabilität. Das Bild, das wir im ersten Eindruck von einer Person bekommen, ist kaum zu verändern oder zu löschen. Es wird unsere Eindrücke vom Anderen immer wieder beeinflussen.

Der erste Eindruck entsteht in den ersten Sekunden einer Begegnung und wird in der Regel vom Aussehen der Person, vom Auftreten oder von der Sprache (Stimme, Dialekt) bestimmt. Es ist häufig geprägt durch Vorurteile. Der erste Eindruck entscheidet oft darüber, ob wir unserem Gegenüber Sympathie oder Antipathie entgegenbringen.

Dieser Eindruck wirkt sich auf die Interaktion aus und kann zu einer „selbsterfüllenden Prophezeiung" werden. Wenn der erste Eindruck negativ ist, wird die Person häufig gemieden und hat es besonders schwer, dem entstandenen Eindruck entgegenzuwirken.

Sympathie und Antipathie:

Beides sind normale Gefühlserscheinungen, die häufig unbewusst die Wahrnehmung verzerren. Sympathie und Antipathie werden oft durch den ersten Eindruck bestimmt. Durch die Gefühle von Sympathie und Antipathie wiederholen sich die Wahrnehmungsfehler.

Menschen, die uns ähnlich sind, sind uns häufig sympathisch, weil Sympathie etwas damit zu tun hat wie gut wir mit dem Anderen mitfühlen können. Personen mit ähnlichen Merkmale wie: gleiche Universität, gleicher Dialekt, gleiche Geburtsstadt, gleiche politische Richtung erhalten einen Sympathiebonus. Menschen, die Facetten aufweisen, die wir an uns ganz und gar nicht mögen, sind uns häufig unsympathisch. Beispiel: Ein Kollege bringt Ihnen etwas aus der Kantine mit und rechnet jedes Mal auf den Pfennig genau ab. Sie würden hier viel großzügiger verfahren und empfinden dieses Verhalten als geizig. Forschen Sie einmal nach, welches Verhältnis Sie zu Geld haben: Wo sind Sie großzügig, wo schauen Sie auf die Mark? Bei wem sind Sie großzügig, bei wem nicht?

Vorurteile (Stereotypen)

Vorurteile sind unsere Schubladen, unsere persönlichen Vorlieben und Abneigungen, also Verallgemeinerungen, wie wir andere Menschen einordnen. Diese Unterstellung werden der Individualität der Person nicht gerecht und führen häufig zu einer „selbsterfüllenden Prophezeiung".

Ein gutes Beispiel für die Wirkung von Vorurteilen bei Beurteilungen gibt folgendes Experiment: Beobachter sahen auf Video wie eine Studentin eine Prüfung absolvierte. Einige erhielten vorher die Information, die Studentin gehöre einer niedrigen sozialen Schicht an. Sie bewerteten die Leistungen der Studentin als unterdurchschnittlich. Den anderen Beobachtern wurde mitgeteilt sie gehöre einer hohen sozialen Schicht an. Diese bewerteten die Leistungen als überdurchschnittlich. Beide Gruppen hatten „Beweise" gefunden, die ihre Beurteilung stützten.

Ein kleiner Test: Welche Person ist wohl ein deutscher Beamter? A, B, C, D, E oder F? Die Ergebnisse des Experimentes sehen Sie am Ende des Kapitels.

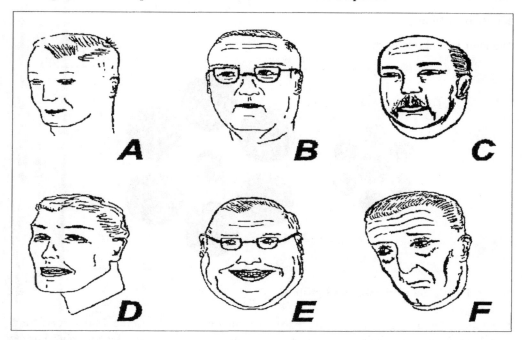

Abb. 13: Welches der Bilder bringen sie mit Ihren Vorstellungen eines deutschen Beamten in Verbindung?

Halo-Effekt:

Ein besonderes Merkmal oder eine Fähigkeit überstrahlt alle anderen und blendet Sie so, dass Sie einen Mitarbeiter nicht differenziert betrachten können. Dieses herausragende Merkmal oder diese Fähigkeit wird auf alle anderen Leistungen übertragen. So kann zum Beispiel Redegewandtheit des Anderen dazu führen, dass ihm auch hohe Intelligenz und soziale Kompetenz zugesprochen wird. Im negativen Fall kann beispielsweise Stottern dazu führen, dass mangelnde Intelligenz und Schwächen in der Bewältigung der gestellten Aufgaben unterstellt werden.

Gruppen-Effekt:

Die Dynamik in Gruppen zeigt sich besonders in der Bewertung von Teamarbeit. Die offiziellen und inoffiziellen Regeln, „feststehende" Rollen oder die emotionalen Bindungen. Regel in einer Gruppe kann z. B. sein, dass Einzelleistungen oder Schwächen nicht herausgehoben werden: „Wir haben nur beste Mitarbeiter." In jeder Gruppe nehmen die einzelnen Mitglieder bestimmte Rollen ein oder Rollen werden ihnen zugeschrieben, die nicht unbedingt ihren wirklichen Fähigkeiten und Leistungen entsprechen. So können z. B. Einschätzungen entstehen wie: „der X ist ein Faulpelz", „der Y ist der Clown" oder

„Q ist unser Leistungsträger". Diese Rollenbilder können die Wahrnehmung der Gruppe und ihrer Leistung beeinflussen.

Kontrast-Effekt:

Welcher Innenkreis ist größer?

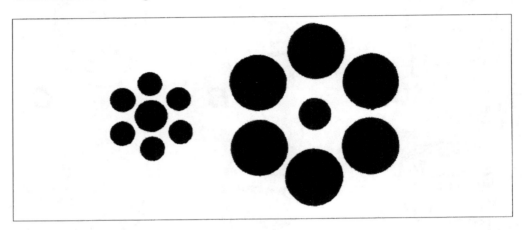

Abb. 14:   Welcher Innenkreis ist größer?

Sie fallen darauf nicht herein und haben es richtig erkannt? Beide Innenkreise sind gleich groß. Aber ehrlich, erscheint nicht der linke Innenkreis größer zu sein? Dieser Kontrast-Effekt ist für die Einschätzung von Mitarbeiter von großer Bedeutung: Ein schwacher Mitarbeiter wird in einem Kollegium von noch schwächeren als relativ leistungsstark eingeschätzt, in einem Kreis von leistungsstärkeren tritt seine Schwäche deutlich zu Tage.

Projektion:

Eigene, dem Vorgesetzten selbst meist unangenehme Eigenschaften und Verhaltensweisen werden auf den Mitarbeiter übertragen und bei diesem wahrgenommen und abgewertet. So kann zum Beispiel ein Vorgesetzter, dem es selbst unangenehm ist, dass er andere häufig beim Reden unterbricht Unterbrechungen von anderen als besonders negativ wahrnehmen. Oder jemand, der häufig zu spät kommt, regt sich besonders darüber auf, wenn andere es tun.

Nikolaus-Effekt

Sie stehen vor dem jährlichen Mitarbeitergespräch. Wem würden Sie die bessere Beurteilung in puncto Leistungsmenge geben? Mitarbeiter 1, Mitarbeiter 2, Mitarbeiter 3, oder sind alle gleich?

Wenn Sie sagen, Mitarbeiter 1 hat die meiste Leistung erbracht, sind Sie dem Nikolauseffekt erlegen. Sie haben die Entwicklung des Mitarbeiters gesehen und eine Potenzialeinschätzung vorgenommen (die auch bei Mitarbeiter 3 positiv ausfällt).

Tabelle 7: Beurteilung der Leistung von Mitarbeitern

Bearbeitete Fälle im letzten Jahr				
Quartal	I	II	III	IV
Mitarbeiter 1	20	30	10	50
Mitarbeiter 2	45	30	25	10
Mitarbeiter 3	25	25	25	35

Die Leistung im Jahr ist bei allen gleich. Der Nikolaus-Effekt besagt, dass die letzten Eindrücke und Leistungen besser haften bleiben und bei einer Leistungseinschätzung mehr zählen als zurückliegende Leistungen. Nikolaus-Effekt deshalb, weil die Nikolaus-Frage an die Kinder: „Wart ihr alle brav", sich für die Kinder auf die letzten drei Tage bezieht, während der Nikolaus mit seinem goldenen Buch so tut, als hätte er auch längst vergessene „Schandtaten" aufgeschrieben.

Es geht nicht darum, die Taten Ihrer Mitarbeiter penibel aufzulisten. Vielmehr ist es wichtig, die Entwicklung der Leistung zu verfolgen und bei größeren Abweichungen direkt ein Gespräch über die Ursachen zu führen. Bei der Überprüfung von Zielvereinbarungen wird auch der gesamte Zeitraum betrachtet. Ergebnisse, d. h. Vereinbarungen, die Sie mit Mitarbeiter treffen, sollten Sie kontinuierlich schriftlich festhalten, damit Sie z. B. bei einer anstehenden Beurteilung den gesamten Zeitraum betrachten können und nicht nur die letzten drei Monate.

Selektive Wahrnehmung:

Nur ein Teil des Verhaltens wird gesehen, anderes nicht. Der Vorgesetzte nimmt nur einzelne Ereignisse wahr, ob positiv oder negativ, anderes wird übersehen. Die selektive Wahrnehmung führt dazu, dass wir Informationen suchen, die unsere Überzeugungen stützen. Informationen, die von unseren Annahmen abweichen, werden vernachlässigt. Wir sind dabei für bestimmte Aspekte des Verhaltens sensibilisiert. Diese Aspekte schieben sich dann bei der Zusammenarbeit in den Vordergrund.

Geschlechts-Stereotypen

Typisch männlich, typisch weiblich. Wir haben unsere Vorstellungen über typische Eigenschaften von Frauen und Männern. Vieles spricht dafür, dass diese Geschlechtsstereotypen zentrale Schubladen in der Personenwahrnehmung sind: Nicht nur die Leistung zählt! Auf diese mögliche Ungleichbehandlung bei der Beurteilung ist besonders zu achten: Gleiches Verhalten wird unterschiedlich bewertet, je nachdem ob es von einer Frau oder von einem Mann gezeigt wird. So wird zum Beispiel energisches Auftreten bei einem Mann oft ganz anders bewertet als bei einer Frau. Die Erwartungen an eine Frau sind oft andere als die an einen Mann in gleicher Position. Bei gleichem Verhalten wird unterschiedlich bewertet: Der Mann wird laut – die Frau wird hysterisch; der Mann setzt sich durch – die Frau ist rücksichtslos.

Maßstabsfehler:

Sie messen Ihre Mitarbeiter mit Ihren eigenen Maßstäben. Die Mitarbeiter, die Ihren Maßstäben entsprechen, werden Sie besser bewerten und sympathischer finden.

Damit werden Sie Ihren Mitarbeitern nicht gerecht. So wird zum Beispiel ein Vorgesetzter, der selbst im „kreativen Chaos" arbeitet, die Bedeutung der Ordnung für bestimmte Aufgaben nicht angemessen wahrnehmen. Oder ein Mitarbeiter, der bei Veränderungen zuerst überlegt, was am alten System gut war und was gegen das Neue spricht, wird in die Rolle des Bedenkenträgers gedrängt. Dabei wird nicht berücksichtigt, dass Mitarbeiter mit anderen Herangehensweisen einen wichtigen Beitrag bei Veränderungen leisten.

„Selbsterfüllende Prophezeiung":

Jede Wahrnehmungstäuschung kann zu einer „selbsterfüllenden Prophezeiung" führen. Das bedeutet, dass alle Annahmen, die wir über eine Person haben, unser Verhalten gegenüber dieser Person beeinflussen. Dies hat wiederum Einfluss auf das Verhalten und auf die Entwicklung des Anderen. Auswirkungen auf der Beziehungsebene können sein: wir treten Personen, die uns sympathisch erscheinen, freundlicher entgegen, diese Freundlichkeit wird oft erwidert, was wiederum dazu führt, dass uns die Person sympathisch erscheint. Eine selbsterfüllende Prophezeiung kann aber auch Auswirkungen auf die Entwicklung und Förderungen von Mitarbeitern haben. Glauben wir von einem Mitarbeiter - aus welchen Gründen auch immer – er habe besondere Fähigkeiten, so werden wir diese Fähigkeiten besonders fordern und fördern. Dies kann dazu führen, dass sich genau diese Fähigkeiten besonders entwickeln.

Klebereffekt:

Wenn Sie von einem Mitarbeiter einmal eine gute Einschätzung haben, behält er diese längere Zeit. Ebenso, wenn Sie glauben, dass die Leistungen sich nicht positiv entwickelt haben. Hier wird die Einschätzung oder Bewertung zum Vorurteil, das weitere Beobachtungen beeinflusst. Die alte Einschätzung bleibt an dem Mitarbeiter kleben.

Auswertung des Experiments: Welche Person ist wohl ein deutscher Beamter?

Theoretisch könnte natürlich jeder ein Beamter sein. Der überwiegende Teil von Testpersonen entscheidet sich für Kopf B. Damit werden Stereotypen deutlich, wie wohl ein deutscher Beamter ist:
- Stirnrunzeln: Bedenkenträger
- Frisur: penibel gescheitelt
- Brille: liest viel
- Nach unten gezogene Mundwinkel: ernst, verkniffen
- Gesamterscheinung: eher älter und gesetzt, nicht jung und dynamisch.

In diesem wissenschaftlichen Experiment (vgl. Frank Dulisch), werden Beamte überwiegend als sparsam, ernst, kühl, geordnet, nüchtern, missmutig und starr bezeichnet. Die meisten dieser Eigenschaften werden anscheinend in der Person B am besten nachempfunden. Stereotype sind emotional gefärbte Schubladen, in die wir andere Menschen aufgrund von Wahrnehmungen einordnen. Wir alle haben Vorurteile gegenüber Mantafahrern, Obdachlosen, Wein- oder Biertrinkern, Zahnärzten, Jazz-Liebhabern, Personalratsmitgliedern. Wichtig ist, sich dessen bewusst zu sein und Vorurteile zu überprüfen.

- Schlussfolgerungen für Ihre Führungsarbeit:

Berücksichtigen Sie die Tatsache, dass es verschiedene Darstellungen der Wirklichkeit gibt, die alle ihre Gültigkeit haben. Auch wenn sie sehr widersprüchlich sind, kann niemand behaupten, die eine Wirklichkeit sei wichtiger als die andere.

– Achten Sie auf Ihre eigenen Filter. Beobachten Sie sich selbst. Dies ist nicht leicht. Versuchen Sie, hinter Ihre Grundannahmen zu kommen. Wenn Sie z. B. überlegen, wie Sie Mitarbeiter motivieren können, fragen Sie sich: Was ist meine Annahme über die Mitarbeiter: Glaube ich, dass sie eher faul sind oder glaube ich, dass sie Lust haben, etwas zu leisten und aus guter Leistung Arbeitszufriedenheit ziehen? Welche Gefühle haben Sie gegenüber den Mitarbeitern?

– Wenn Sie akzeptieren, dass Sie Ihre eigene Realität selbst mitkonstruieren, dann müssen Sie auch akzeptieren, dass es eigene Wahrnehmungsanteile bzw. Verhaltensweisen gibt, die Sie zu einer Situation beitragen. Sie können die Schuld nicht ausschließlich auf andere abwälzen. Falls Sie z. B. glauben, ein Mitarbeiter will nie mit Ihnen reden, prüfen Sie, wie Sie mit diesem Mitarbeiter umgehen, ob Sie irgendwelche Signale aussenden, die ihn so reagieren lassen.

– Wenn Sie akzeptieren, dass jeder seine Wirklichkeit hat, geht kein Weg am Gespräch vorbei. Nur so können unterschiedliche Sichtweisen ausgetauscht werden. Jede andere Sichtweise eröffnet Ihnen ein Stück mehr Horizont für Ihre Wahrnehmung. Betätigen Sie sich als Forscher, seien Sie neugierig auf Ihre Mitarbeiter. Nur im Dialog, wenn beide Seiten gemeinsam herausfinden wollen, wie der andere die Welt (die Arbeitssituation) sieht, kann man zu einer neuen gemeinsamen Sicht der Dinge kommen. Dies gelingt nicht, wenn Sie Ihre vorgefertigte Meinung haben, die die Mitarbeiter übernehmen sollen, Sie also mit Ihrer Sicht „gewinnen" wollen. Einen Dialog führen heißt, offen für neue Sichtweisen zu sein, offen für gemeinsam gefundene Ergebnisse zu sein.

– Versuchen Sie, Mitarbeiter so unvoreingenommen zu betrachten wie irgend möglich (und nicht so, wie Sie sie gerne hätten). So, wie Sie einen Sonnenaufgang betrachten oder eine Landschaft (ich weiß, Sie lachen jetzt). Beim Betrachten eines Sonnenauf- oder -untergangs sagen Sie sicher nicht, er könnte aber etwas röter sein oder die Hügel der Landschaft könnten etwas höher sein. Bemühen Sie sich, Ihre Mitarbeiter so zu sehen, wie sie sind.

Konflikten nicht aus dem Weg gehen

Vielleicht schrecken auch Sie manchmal davor zurück mit Konflikten produktiv umzugehen. Viele Menschen versuchen Konflikten aus dem Weg zu gehen und möglichst nicht mit ihnen konfrontiert zu werden. Manchmal gelingt es auch tatsächlich, dass ein Konflikt einen nicht weiter trifft, wenn man ihn nur lange genug ignoriert. Böswillig wird dann von „aussitzen" gesprochen. Tatsächlich ist es so, dass sich manch eine Konfliktsituation durch den Ablauf von Zeit verändert. Die Dinge werden nicht so heiß gegessen, wie sie gekocht werden. Und auch bei manchen Konflikten ist es so. Was in einem Moment mit großer Aufregung geäußert wird, wird mit ein klein wenig Distanz mit ganz anderen Augen gesehen, neu bewertet und stellt sich ganz anders dar, sehr häufig als weniger wichtig oder vielleicht sogar ohne Bedeutung.

Konflikte unterscheiden sich von Problemen durch die emotionale Aufladung. Ein Ereignis wird für Betroffene/Beteiligte zu einem Konflikt, weil sie sich subjektiv angegriffen fühlen und versuchen, sich dagegen zu wehren. Die gefühlsmäßige Aufladung führt dazu, dass wir emotional mit Flucht und Rückzug oder mit Angriff und Verteidigung reagieren. Diese natürlichen Reaktionen unterliegen nicht der bewussten Steuerung, sondern sind instinktiv hormongesteuert. In der Kommunikationsberatung sprechen wir davon, dass die Gefühlsebene die Verstandesebene dominiert.

Im Alltag begegnen uns viele Situationen mit diesen Reaktionsmustern. Das Kritikgespräch beim Vorgesetzten ist ein schönes Beispiel. Die unvermittelt geäußerte Kritik an der Arbeitshaltung eines Mitarbeiters führt bei dem einen dazu, dass er sich zurückzieht. Innerlich sagt er sich: „Rede Du nur, Du weißt ja gar nicht, wie es mir damit geht, und wenn ich jetzt Ja und Amen sage, geht diese Situation schnell vorbei." Dieser Fluchtmechanismus ist ein In-sich-Zurückziehen. Niemand kommt mehr an den Mitarbeiter heran. Er lässt nichts mehr an sich herankommen. Die gegenteilige Reaktion ist der Angriff: „Das kann man so nicht sehen. In der Situation ...," und schon beginnt eine endlose Litanei an Rechtfertigungsgründen, warum dieses Handeln richtig und notwendig war. Eine wahre Mauer von Argumenten wird aufgeschichtet und man fühlt sich fast erschlagen.

Was kann man nun in solchen Situationen tun?
1. Seien Sie sich bewusst, dass in kritischen Situationen die Emotionen ganz schnell dazwischenfunken und eine rein rationale Auseinandersetzung mit der Sache erschweren.
2. Da die Emotionen nun schon einmal da sind, ist es wichtig sie anzuerkennen und zu akzeptieren. Sprechen Sie sie direkt an. Offenheit bewährt sich.
3. Geben Sie Raum, die Gefühle auszudrücken, Ärger zu formulieren, oder auch nur Abstand zu gewinnen.
4. Lassen Sie es zu, dass der Ärger benannt wird. Es ist besser, dass der Ärger, der sich direkt gegen Sie richtet auch direkt formuliert werden kann. So können Sie direkt darauf eingehen und vermeiden, dass er für die nächsten Tage Gesprächsstoff im Kollegenkreis ist.

5. Widersprechen Sie nicht. Die Gefühle sind da und können nicht weggeredet werden. Wenn es Ihnen leid tut, dass Sie solche Gefühle ausgelöst haben, dann sagen Sie es auch. Sagen Sie klar, dass Sie die Gefühle wahrgenommen haben.
6. Fragen Sie nach, was passieren muss, damit in der Sachangelegenheit weitergesprochen werden kann. Manchmal ist eine kurze Pause ganz gut.

Eine wichtige Hilfe ist es auch, sich einige Gedanken darüber zu machen, wie Sie eine kritische Aussage treffen. Ein Vorwurf wie „immer bringen Sie die Unterlagen zu spät,, treibt den anderen in eine Verteidigungs- und Abwehrhaltung.

Übung: Konstruktiv kritisieren

Die Konfrontation mit der Kritik ist leichter verdaulich, wenn Sie die folgenden Elemente berücksichtigen.

1. Beschreiben Sie genau das störende Verhalten.

2. Beschreiben Sie die Auswirkungen des störenden Verhaltens auf Sie persönlich.

3. Benennen Sie Ihre Gefühle dabei.

4. Treffen Sie eine Vereinbarung, damit diese Situation nicht wieder eintritt.

Ein Beispiel zum Vorwurf: „Immer bringen Sie mir die Unterlagen zu spät!" So kann die konstruktive Kritik aussehen.

1. „Wir hatten vereinbart, dass dieser Vorgang heute fertig bearbeitet sein soll. Sie sagen mir erst jetzt, wo ich danach frage, dass Sie den Termin nicht einhalten können.

2. Jetzt muss ich meine Planungen kurzfristig umstoßen und mit Kollegen neue Vereinbarungen treffen.

3. Mich ärgert das.

4. Für mich ist es wichtig, dass Sie mich spätestens am Morgen vorher von sich aus informieren, wenn Sie einen Termin nicht einhalten können. Welche Lösung schlagen Sie vor, damit dies nicht wieder passiert?"

Die vorwurfslose Beschreibung der Situation führt zu einem konkreten Bezug der Kritik. Die Kritik ist somit nicht im luftleeren Raum oder allgemein und global geäußert. Sie ermöglicht es dem Gegenüber, die Situation selber in Gedanken noch einmal durchzuspielen und selber neu einzuschätzen. Die Beschreibung der Folgen der angesprochenen Situation zeigt, dass das Verhalten Konsequenzen hatte, die nicht gewünscht wurden. Vielfach werden Ihrem Gesprächspartner Folgewirkungen eines Verhaltens erst in dieser Situation klar und bewusst. Der Ausdruck Ihres Gefühls, der Verärgerung und Enttäuschung, verstärkt, dass es Ihnen persönlich wichtig ist, dass sich hieran etwas ändert. Die abschließende Vereinbarung einer Veränderung lässt das Gespräch nicht im unverbindlichen Rahmen, sondern schafft eine Selbstverpflichtung und eine Grundlage für die Beobachtung der Veränderung des Verhaltens.

• Konfliktkreislauf

Die Analyse von Konflikten zeigt, dass bestimmte Abläufe zu einer positiven Bewältigung beitragen. Der Kreislauf einer positiven Konfliktbewältigung setzt immer zunächst
bei mir selber ein. Wie erlebe ich den Konflikt, die Situation? Was bewegt mich? Welche Gefühle gibt es zur Sache und zu meinem Gegenüber? Wo fühle ich mich angegriffen oder verletzt? Worin bin ich enttäuscht worden?

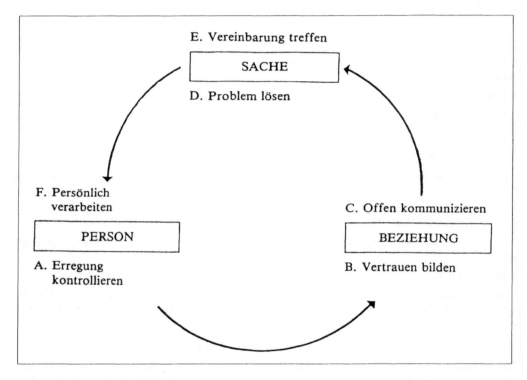

Abb. 16: Konfliktkreislauf

Entscheidend ist jedoch die Frage, ob ich bereit bin auf meinen Konfliktpartner zuzuge-
hen und die Situation zu klären. Dies geht nicht, wenn ich auf „180" bin und am liebsten
schreien möchte. Eine gute Form des Abreagierens ist körperliche Betätigung, am besten
Laufen. Erst wenn ich dazu innerlich bereit bin, wenn ich meine größte Wut im Griff
habe, kann ich im nächsten Schritt auf meinen Konfliktpartner zugehen und die Bereitschaft fördern, miteinander an der Lösung des Sachkonfliktes zu arbeiten. Diese Wie-
derherstellung einer guten Beziehung oder einer Grundlage für das Miteinander-Arbeiten
und Klären der Situation ist die unbedingt erforderliche Basis für eine Konfliktbearbei-
tung. Solange auf der sog. Beziehungsebene Störungen vorliegen, werden uns diese hin-

dern am Thema zu arbeiten. Jede sachlich gemeinte Äußerung wird zunächst vor dem Hintergrund der gestörten Beziehung analysiert und von den Emotionen überlagert. Dadurch ist eine Sachklärung unmöglich oder zumindest enorm erschwert.

Der erste Teil der Klärung auf der Beziehungsebene setzt ein Aufeinander zugehen voraus. Ich habe mich entschieden, den Konflikt zu bearbeiten und mit meinem Konfliktpartner zu klären. Ich gehe auf ihn zu und teile mit, dass ich den Konflikt sehe, ihn klären will und beschreibe meine eigenen Fehler und Unzulänglichkeiten in dem bisherigen Konfliktverlauf. Dabei treffe ich keinerlei Zuweisungen, die das Handeln des Anderen betreffen.

Eine große Hilfe für diesen Teil der Gespräche ist das Formulieren von Ich-Botschaften. Sätze, die mit „Ich ..." beginnen, offenbaren eigene Wahrnehmungen und Sichtweisen und vermeiden Verallgemeinerungen, die vom Anderen als Angriff wahrgenommen werden können. Da es in dieser Phase sehr stark darum geht, eine Vertrauensbasis herzustellen, steht die Selbstoffenbarung im Mittelpunkt. Daraus kann dann ein Gespräch über die gegenseitigen Empfindungen in dieser Situation entstehen. An dessen Ende steht die gemeinsame Bereitschaft, den Sachkonflikt zu klären.

Nach der Klärung des Sachkonfliktes wird eine gemeinsame Vereinbarung über die Ergebnisse hergestellt. Abschließend prüfen Sie für sich persönlich, in welcher Weise sich das Problem geändert hat, und welche Empfindungen Sie nun für das Ergebnis haben.

- Konflikte und Interessen

Wie kommt es eigentlich zu Konflikten? Ein ganz häufig anzutreffender Punkt ist das Nicht-Übereinstimmen von Zielen. Der Konflikt entzündet sich zumeist an der Lösung eines Problems oder einer Verhaltensweise. Die Kontrahenten haben Lösungen des Problems im Auge und vertreten diese mit wohlüberlegten Argumenten. Unklar bleibt häufig, welche Ziele verfolgt werden. Wenn man nachfragt, was ist Dir an der Lösung wichtig? Was willst Du damit erreichen, kann man zumeist hinter die Konfliktkulisse schauen. Stellt sich nun heraus, dass die Kontrahenten ganz unterschiedliche Ziele verfolgen, so braucht man sich gar nicht weiter mit den verschiedenen Lösungen zu befassen. Zunächst müssen die gemeinsamen und unterschiedlichen Ziele erörtert werden. Solange es keine gemeinsam akzeptierten Ziele gibt, werden auch keine Lösungen entwickelt werden, die beide Seiten akzeptieren können.

Hinter den meisten Konflikten stehen Interessen. Vor dem Auftreten der Konflikte haben die Partner jeder für sich die Ausgangslage analysiert, ihre Interessen betrachtet und auf dieser Grundlage ihre Ziele bestimmt. Die Ziele waren wiederum Grundlage für die Überlegung, welche alternativen Möglichkeiten es gibt, diese Ziele zu erreichen. Nach einem persönlichen Bewertungsraster ist am Ende eine Lösung übriggeblieben und diese wird mit zusätzlichen Argumenten untermauert und damit stabilisiert. Der Konflikt entsteht durch das Aufeinanderprallen der beiden Lösungen mit einem Haufen guter Argumente.

Die Vorgeschichte der Konflikte bleibt meist im Dunkeln. Wenn die Lösungsvorstellungen weit auseinanderliegen oder die ‚unbekannten' Interessen der Parteien bei der Konfliktlösung nicht berücksichtigt werden verhaken sich die Konfliktparteien. In solchen vielfach als aussichtslos erscheinenden Situationen ist es möglich, durch ein Hinterfragen der gegenseitige Interessen zu einer Akzeptanz für eine bereits genannte Lösung zu kommen oder völlig neue Lösungsideen gemeinsam zu entwickeln.

Ausgangspunkt hierfür ist die Frage nach der Analyse der Situation und den verschiedenen Interessen, die eine Problemlösung erfüllen muss, um Akzeptanz zu finden. Wenn diese Aussagen der Konfliktbeteiligten deutlich geworden sind, kann geschaut werden, ob es gemeinsame Interessen gibt. Dies ist zumeist der Fall. Nun kann man sich zunächst auf die Gemeinsamkeiten konzentrieren. Für alle gemeinsamen Interessen werden neue Lösungen gemeinsam erarbeitet. Ist der Anfang erst einmal gemacht, fällt es immer leichter. Wir stellen in der Praxis fest, dass sich die Bedeutung der voneinander abweichenden Interessen verändert, nachdem erst einmal gemeinsam an einer Lösung gearbeitet worden ist.

Beim Hinterfragen der Interessen der Konfliktparteien wird immer wieder deutlich, dass die Interessen häufig auf einer Ebene der Emotionen, der Anerkennung und Akzeptanz liegen. Eine Problem- und Konfliktlösung fällt immer dann leichter, wenn es gelingt, ein Klima der gegenseitigen Wertschätzung herzustellen.

- Gesprächsvorbereitung und innere Einstellung

Gerade auf ein Konfliktgespräch muss man sich sorgfältig vorbereiten. Wir empfehlen Ihnen zunächst, die eigene innere Haltung zu hinterfragen und danach die konkrete Vorbereitung auf die Sachaspekte zu leisten.

Übung: Innere Einstellung

Wir laden Sie ein, Ihre eigene Einstellung zu dem nun anstehenden Konfliktgespräch zu hinterfragen. Die folgenden Fragestellungen helfen Ihnen beim Strukturieren der Gedanken.

— Wie wird das Gespräch Ihrer Einschätzung nach verlaufen?

— Welche inhaltlichen Ergebnisse erwarten Sie? Glauben Sie, diese erreichen zu können oder eher nicht?

— Was erwarten Sie von Ihrem Gesprächspartner?

— Wie wird das Gesprächsklima sein? Positiv und konstruktiv oder schwierig und destruktiv?

— Sind Sie eher offensiv oder defensiv eingestellt?

— Fühlen Sie sich eher sicher oder unsicher?

— Welche Vorerfahrung haben Sie mit dem Gesprächspartner? Wie beeinflusst das Ihre Erwartungen an das Gespräch?

— Wie beeinflusst das Ihre Vorbereitung?

— Gehen Sie offen und flexibel in das Gespräch oder sind Sie eingeengt, was die für Sie akzeptablen Lösungen angeht?

Die eigene innere Einstellung beeinflusst sehr stark den Verlauf von Konfliktgesprächen. Erwarte ich Probleme und Widerstände, so werde ich diese durch mein Verhalten mit beeinflussen und zum Teil schaffen. Wie eine „self-fullfilling prophecy" schafft die eigene innere Erwartung eine Situation, die das Eintreten dieser Befürchtungen befördert.

Übung Gesprächsvorbereitung

Nutzen Sie die folgenden Anregungen als Basis für Ihre Gesprächsvorbereitung. Die Hinweise sind so universal, dass sie für nahezu alle Gesprächs- und Verhandlungssituationen als Vorbereitung genutzt werden können.

Was will ich mit dem Gespräch erreichen?	Was ist das Thema?	Welche Emotionen beeinflussen das Gespräch?
Das weiß ich über den Gesprächspartner:	Das weiß ich nicht über den anderen:	Das werde ich erfragen:
Das ist der Vorteil aus der Sicht des anderen:	Mit diesen Einwänden muss ich rechnen:	So werde ich auf die Einwände eingehen:
So fange ich das Gespräch an:	So lenke ich das Gespräch auf mein Ziel hin:	So beende ich das Gespräch:

- Fallbeispiel

Da der Umgang mit Konflikten für Führungskräfte von besonderer Bedeutung ist, möchten wir anhand eines Fallbeispiels aus unserer Praxis die Bearbeitung von Konflikten aufzeigen.

Unangemessene Verhaltensweisen eines Mitarbeiters

Das folgende Gespräch findet zwischen einem Gruppenleiter und dem Mitarbeiter in der Registratur statt. Der Registrator erledigt die Standardaufgaben ordentlich. Hin und wieder zeigt er einen übertriebenen Ordnungssinn, wenn selbst die Post in den Postfächern nach Alphabet sortiert wird.

Er wird häufig als muffelig beschrieben und besonders zur warmen Jahreszeit regt sein starker, tatsächlich auffälliger Körpergeruch die Sachbearbeiterinnen in der Gruppe auf. Er zeigt sich in vielen Situationen als ein wenig tolpatschig und ungeschickt. So unterbricht er lautstark Gespräche, wenn er in ein Zimmer kommt, tritt den Mitarbeitern körperlich recht nahe oder hält anderen seine Zigarette fast direkt unter die Nase. Aufgrund dieser Verhaltensweisen ist der Registrator ausgegrenzt und wird gemieden. Ziel des Gruppenleiters im Gespräch ist es, das Verhalten des Registrators zu beeinflussen und ihn zunehmend in die Gruppe zu integrieren.

Gruppenleiter: Ich möchte mich heute einmal über einige Aspekte Ihrer Arbeit mit Ihnen unterhalten. Ich habe in der letzten Zeit einige kleinere Feststellungen gemacht, z. B. dass Sie hin und wieder beim Verteilen der Post Notizen in den Unterlagen vornehmen oder die Post nicht immer richtig zuordnen. Außerdem gibt es da noch einen heiklen Punkt und das ist Ihr Körpergeruch.

Registrator: Ich habe ganz den Eindruck, dass ich gar nichts richtig mache. Ganz so sehe ich das nicht. Häufig soll ich irgendwelche Akten heraussuchen und wenn ich sie dann zur Kollegin bringe, ist ihr Zimmer abgeschlossen. Oder ich werde mit Unterlagen hin und her geschickt.

Gruppenleiter: Dem kann ich nicht ganz folgen, wir haben doch die Frühstücksrunde, wo über solche Themen gesprochen werden kann.

Registrator: Da habe ich einen Vorschlag. Damit ich nicht immer hin und her renne, kann doch jeder seine Akten selber holen.

Gruppenleiter: Da sollten wir noch einmal drüber sprechen. Ich möchte jedoch mit Ihnen verbindlich vereinbaren, dass Sie künftig keine Notizen in die Akten eintragen und die Post in die Körbe der jeweiligen Kollegin einsortieren. Ich werde das im nächsten Monat genau beobachten und ab und an auch einmal in den Fächern kontrollieren. Ich möchte jetzt noch einmal die Sache mit Ihrem Körpergeruch ansprechen. Ich glaube, dass es nicht damit getan ist, dass Sie sich mit Seife waschen. Vielleicht ist das ja organisch bedingt und Sie sollten einmal einen Arzt befragen.

Registrator: Ich glaube kaum, dass Sie das etwas angeht. Sie unterstellen mir wohl, dass ich hier nicht mehr arbeiten kann und krank bin. So führe ich das Gespräch nicht mehr weiter. Wenn Sie mich hier rausdrängen wollen, dann schalte ich eben den Personalrat ein.

Gruppenleiter: Vielleicht gibt es hierfür ja eine ganz einfache Lösung.

Registrator: Sie unterstellen mir hier etwas. Ich spreche mit Ihnen nur mit dem Personalrat weiter.

Gruppenleiter: Nein, ich unterstelle Ihnen gar nichts. Aber ich sehe, dass Sie sehr erregt sind und dann schlage ich vor, das Gespräch heute Mittag fortzusetzen. Lassen Sie uns um 13 Uhr weitersprechen.

Hier wird das Gespräch abgebrochen. Auch um 13 Uhr kann es nicht fortgesetzt werden. Was ist in diesem Gespräch passiert? Der Gruppenleiter hat zwei verschiedene Problembereiche zunächst angesprochen. Ein Sachproblem, bei dem der Registrator zeitweise Aufgaben wahrnimmt, mit denen er nichts zu tun hat und andere kleine Fehler. Ein persönliches Problem wird mit dem Körpergeruch zugleich angesprochen. Der Registrator fühlt sich offenbar durch diese Themenstellung persönlich angegriffen und glaubt, man wolle kein gutes Haar an ihm lassen. Daraufhin geht er in „Aufstellung" und fährt einen „Gegenangriff", dass er ein ganz armer Kerl sei, der nichts richtig mache und von allen nur hin und her gescheucht würde.

Der Registrator zeigt damit, dass es ihm an Anerkennung seiner Arbeit fehlt und diese ihm wichtig ist. Seine Kernaufgaben erfüllt er offenbar sorgfältig, schießt sogar manchmal bei Ordnungsaufgaben über das Ziel hinaus. Daher sollte diese Leistung positiv herausgehoben werden. Diese sollte auch vor allen Mitarbeiter in der Dienstbesprechung erfolgen. Vielleicht folgendermaßen: „Ich habe mir in den letzten Wochen noch mal so angeschaut, wie es in der Registratur bei uns zugeht. Die Unterlagen werden bei uns richtig zugeordnet. Es geht exakt zu. Man findet die Unterlagen da, wo sie sein sollen. Das ist toll. Wir können auf unseren Registrator richtig stolz sein." Im Anschluss an ein öffentliches Lob kann im Zweiergespräch gut die fachliche Kritik geäußert werden. Dabei muss der Stellenwert dieser Kritik aber auch deutlich gemacht werden. Handelt es sich um ein großes oder ein kleines Problem? Taucht es hin und wieder oder regelmäßig auf? Ist es wichtig oder unwichtig?

Die persönliche Fragestellung des Körpergeruchs sollte hingegen in einem gesonderten Gespräch angesprochen werden. Sie wird vom Registrator auch als eine persönliche Angelegenheit verstanden. Die Atmosphäre für ein solches Gespräch muss ungestört sein. Es sollte zu zweit geführt werden und ohne äußeren, z. B. zeitlichen Druck erfolgen.

Gesprächsentscheidend wird der Anfang des Gespräches sein. Er entscheidet darüber, ob es eine Akzeptanz für das Thema gibt oder eine Abwehrhaltung aufgebaut wird. Hilfreich ist sicherlich eine Darstellung der Wahrnehmung der Führungskraft, die beobachteten Folgen und Wirkungen auf den Gruppenleiter selbst und eine Frage wie der Registrator das selbst wahrnimmt.

Ein Beispieleinstieg: „Herr ... ich bin mir ein wenig unsicher, wie ich es formulieren soll, damit Sie mich nicht missverstehen. Es geht in den persönlichen Bereich hinein. Aber ich will es einmal versuchen. Ich habe in den letzten Wochen festgestellt, dass besonders an warmen Tagen von Ihnen ein sehr starker Körpergeruch ausgeht. Ich empfinde das selbst als störend. Manchmal gehe ich Ihnen deshalb sogar aus dem Weg und würde mit Ihnen gerne überlegen, ob es da Möglichkeiten gibt, daran etwas zu verändern. Wie sehen Sie das?"

Danach kann überlegt werden, was der Registrator selber bereits unternommen hat, welche Ursachen er dafür sieht. Und was gegebenenfalls noch unternommen werden kann.

- Kollegiale Beratung

Nicht jeder Konflikt kann aus eigener Kraft im positiven Sinne gestaltet werden. Die eigenen Sichtweisen auf die Dinge führen immer auch zu einer gewissen Betriebsblindheit, die uns behindert, alternative Wege zu sehen und in die Konfliktlösung einzubringen. Die kollegiale Beratung ist dann eine gute Möglichkeit, neue Anregungen zu erhalten. Im Unterschied zum Stammtischgespräch geht es in der kollegialen Beratung nicht darum, gegenseitig darüber zu klagen, dass die Welt ja so schlecht und alles ganz aussichtslos sei. Vielmehr geht es darum, mit unverstelltem Blick auf die Dinge zu schauen und neuartigen Betrachtungsweisen Raum zu geben. Die Gruppe besteht aus fünf bis acht Personen. Sie kann aus unterschiedlichen Bereichen der Verwaltung zusammengesetzt sein. Bewusst werden bei der kollegialen Beratung Phasen unterschieden, in denen nur der Problemeinbringer bzw. in denen nur die Ratgeber aktiv sind.

Schrittfolge in der kollegialen Beratung:

1. Der Ratsuchende stellt die Situation dar, für die er Anregungen und Hilfestellungen sucht und formuliert die Beratungsanfrage.

2. Im zweiten Schritt lehnt sich der Ratsuchende zurück. Währenddessen sammeln die Ratgeber Fragen, die sie an den Ratsuchenden haben. Diese Fragen dienen dem besseren Verständnis der Problemsituation und der bereits versuchten Lösungen. Sie sollen keine versteckten Lösungen enthalten.

3. Der Ratsuchende beantwortet die Fragen nach bestem Wissen, während die Ratgeber zuhören.

4. Die Ratgeber überlegen, worin das wirkliche Problem liegen kann und bilden Hypothesen zur Situation. Der Ratsuchende hört zu.

5. Nun hat der Ratsuchende die Gelegenheit, seine Meinung zu den unter den Ratgebern diskutierten Vermutungen einzubringen.

6. Im nächsten Schritt entwickeln die Ratgeber Vorschläge, wie sie an der Stelle des Ratsuchenden handeln würden.

7. Abschließend teilt der Ratsuchende der Gruppe mit, welche Vorschläge interessant und hilfreich zu sein scheinen und was er nun unternehmen will.

Die Teilnehmer dieses Verfahrens berichten, dass es besonders angenehm ist, die Kollegen bei der Lösung des eigenen Problems zu beobachten und sich selber dabei zurücklehnen zu können. Immer wieder wird bei der Problembearbeitung deutlich, dass die Sichtweise des Ratsuchenden Beschränkungen aus der Alltagssichtweise unterworfen ist, die nur ganz bestimmte Lösungsversuche zulässt. Achten Sie beim ersten Einsatz dieses Hilfsinstruments darauf, dass die Trennung zwischen den Phasen eingehalten wird. Jeder Ratsuchende verspürt den Impuls, sich direkt in die Fragesammlung oder die Thesenbildung der Ratgeber einzumischen. Gerade in dem Zuhören liegt jedoch die besondere Qualität dieses Vorgehens, da es ermöglicht, Abstand und Distanz zum eigenen Alltag zu gewinnen.

Teamarbeit und Führung sind kein Widerspruch

*   Teamarbeit weckt Erwartungen

Die Erwartungen an Teamarbeit in der Verwaltung sind hoch. Begriffe wie „Spitzenleistungen im Team", „Super-Team", „Top-Team" oder „Hochleistungsteam" erwecken den Eindruck, Teamarbeit könne Wunder bewirken. In vielen Verwaltungsleitbildern heißt es daher auch: „Wir arbeiten im Team" oder „Wir fördern die teamorientierte Zusammenarbeit".

Befragt man die Mitarbeiter in Verwaltungen zur Teamarbeit so hört man viel von Enttäuschungen und auch eine ganze Reihe von Führungskräften sagt, Teamarbeit wäre für Verwaltungen doch nicht so geeignet. Tatsächlich ist es so, dass nahezu alle „Türschild"-Teams nach kurzer Zeit zu dem Ergebnis kommen, dass Teamarbeit nichts bringt. „Türschild"-Teams sind für uns alle die Gruppen, die lediglich durch Dienstanweisung oder durch das Auswechseln von Türschildern zu Teams gemacht wurden, ansonsten aber nichts unternommen haben, um die Teamarbeit zu fördern. Hingegen ernten Gruppen, die sich gezielt mit den Anforderungen und der Entwicklung von Teamarbeit befassen, vielfachen Nutzen, bessere Leistungen und höhere Zufriedenheit.

Viele Missverständnisse rund um das Thema Teamarbeit müssen dazu jedoch ausgeräumt werden. Der Begriff Team ist mit vielen Phantasien verbunden. Entscheidungsfreiheit, keine Hierarchien, kein Chef, Autonomie sind vielfach geäußerte Erwartungen an Teamarbeit und zugleich eine Illusion, die immer wieder deutlich zerstört werden muss. Funktionierende Teamarbeit zeichnet sich durch definierte Entscheidungsfreiheit, kaum erkennbare Hierarchien, weitgehende Gestaltungsfreiheit innerhalb definierter Handlungsrahmen aus.

Ohne Fleiß kein Preis. Das gilt auch für die Teamarbeit. Die Funktionsfähigkeit eines Teams muss sich die Gruppe erarbeiten. Wichtige Vorraussetzungen sind hierfür die Klärung des Auftrages, die Form der Teamarbeit und ein Bewusstsein über die Entwicklung von Gruppen zum Team. Ein Team ist zunächst einmal eine Gruppe von Menschen, die gemeinsam an der Verfolgung eines Ziels arbeitet und gerade durch die Zusammenarbeit eine bessere Leistungsqualität oder eine schnellere Erledigung des Auftrages erzielt. Vor diesem Hintergrund ist natürlich zunächst zu prüfen, ob durch Teamarbeit eine Verbesserung tatsächlich zu erzielen ist. Dies ist nicht bei allen Aufgabenstellungen der Fall. Zumindest muss bei vielen Aufgaben der Anspruch an die Arbeit im Rahmen von Teamarbeit genau beschrieben werden.

* Verschiedene Formen der Teamarbeit

Teamarbeit ist nicht gleich Teamarbeit. Mit den unterschiedlichen Aufgaben, die eine Gruppe zu bewältigen hat, ändern sich auch die Anforderungen an die Teamarbeit.

Teamarbeit bei gleich strukturierter Sachbearbeitung. Im Sozialamt finden sich eine Reihe von Sachbearbeitern in der allgemeinen Sozialhilfe/Hilfe zum Lebensunterhalt. Sie erledigen im Grundsatz die gleichen Tätigkeiten. Unterschiede ergeben sich z. B. aus den Anfangsbuchstaben der Nachnamen der Antragstellern oder den Stadtbezirken. Die Sachbearbeitungsaufgaben sind jedoch gleichartig. Durch Teamarbeit können folgende Ziele verfolgt werden:
- gegenseitiger Informationsaustausch
- gegenseitige Vertretung bei Abwesenheit
- Ausgleich von „Arbeitsspitzen"
- Einarbeitung
- Kollegiale Beratung bei schwierigen Einzelfällen

– Spezialisierung und gegenseitige Fortbildung über veränderte Rechtsgrundlagen und Rechtssprechung
– Übernahme der „Außenvertretung"

Eine Vielzahl dieser Aufgabenstellungen liegen in der herkömmlichen Organisation bei der Gruppenleitung. Im Team heißt es: „Wir regeln es innerhalb des Teams miteinander ohne den Eingriff von Vorgesetzten".

Teamarbeit bei aneinandergrenzenden Sachbearbeitungsaufgaben. In einer anderen Organisationsform im Sozialamt unterstützt Teamarbeit die Zusammenarbeit verschiedener Fachaufgaben für einen Hilfeempfänger. Hierbei arbeiten die Mitarbeiter der Hilfe zum Lebensunterhalt, der Familienhilfe, des Jugendamtes und der Hilfe zur Arbeit Hand in Hand, um eine Unterstützung aus einem Guss und eine optimale Abstimmung zu gewährleisten. Ziel eines solchen heterogen zusammengesetzten Teams ist es nicht, dass jeder die Arbeit des anderen erledigen kann. Die verschiedenen sinnvollen Spezialisierungen werden jedoch so aufeinander abgestimmt, dass eine optimale Leistung erbracht werden kann. Im Mittelpunkt der Teamarbeit stehen:
– Das Wissen über alle Leistungsmöglichkeiten im Team, Kenntnis des Spezialwissens aller Beteiligten
– Übersicht über die generellen Anforderungen an die Aufgabenerledigung der Einzelnen
– Gegenseitiger Informationsaustausch
– Gemeinsame Problemlösung

Ämterübergreifende Teamarbeit. Zugleich sind viele Sozialämter in ämterübergreifende Teams eingebunden. Im Rahmen der Stadtentwicklung sind Belange der Sozialämter, Jugendämter, der Wirtschaftsentwicklung, Stadtplanung, Verkehrsführung und Umweltentwicklung miteinander zu koordinieren und zu harmonisieren. Diese Teams stehen insbesondere vor folgenden Herausforderungen:
– Transparenz unterschiedlicher fachlicher Sichtweisen
– Nutzung unterschiedlicher Erfahrungen und Zugänge
– Abstimmung und Prioritätenfestlegung von Zielen
– Gemeinsame Ausrichtung auf ein Ziel
– Klärung der verschiedenen Rollen zur Umsetzung des Ziels
– Vernetzung und Informationsfluss in die entsendenden Ämter und Abteilungen

Angesichts unterschiedlicher Aufgabenstellungen und Konstellationen von Teams ergeben sich verschiedene Herausforderungen, auf die besonders geachtet werden muss.

Wann ist Teamarbeit sinnvoll?
– Teamarbeit ermöglicht Entlastung und verbessert die Leistung.
– Teamarbeit ermöglicht, dass mehrere Sichtweisen zur Problemlösung genutzt werden.
– Teamarbeit verbessert den Informationsfluss und die Transparenz.
– Teamarbeit erhöht die Gesamtverantwortung aller.
– Teamarbeit fördert und erfordert die Konfliktlösung in der Gruppe.

• Führen im Team

Es gibt nur wenige Gruppen, die dauerhaft ohne Leitung und Führung auskommen. In sehr gut funktionierenden Teams fällt die Führungskraft des Teams nicht auf den ersten Blick auf. Sie lenkt und steuert die Geschicke des Teams mit Bedacht und einer Menge Fingerspitzengefühl. Sie leistet Unterstützung und Vernetzung, sie moderiert und hält sich noch häufiger sehr stark zurück. In entscheidenden Momenten stützt sie jedoch einen Klärungsprozess oder sorgt dafür, dass die richtigen Personen zusammentreffen, um sich gegenseitig zu informieren oder sich durch Beratung zu unterstützen.

Eine genaue Beobachtung der Gruppenentwicklung zeigt, dass Teams verschiedene Phasen der Zusammenarbeit durchlaufen. In den verschiedenen Phasen ist ein differenziertes Handeln der Teamleitung erforderlich. Mit Forming, Storming, Norming und Performing werden sie im englischen Sprachraum umschrieben. Wir nutzen gerne die etwas bildhaften Bezeichnungen: Testphase, „Nahkampfphase", Organisierungsphase und Verschmelzungsphase. Wie die Zeiger einer Uhr geht die Entwicklung zunächst immer im Uhrzeigersinn voran. Die meisten Teams bleiben nach ihrer eigenen Einschätzung und ohne systematische Förderung zwischen „4 Uhr" und „8 Uhr" stecken.

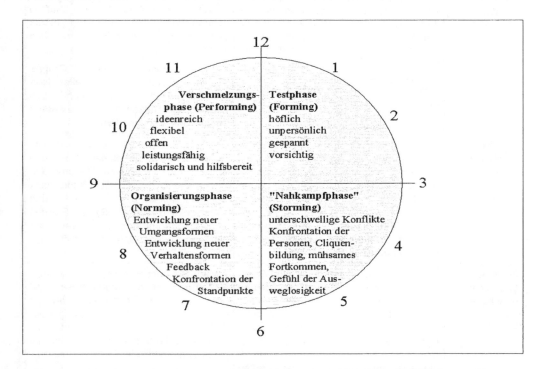

Abb. 17: Die Phasen der Teamentwicklung können als Teamuhr abgebildet werden.

Erst durch ein gezieltes Eingreifen der Teamleitung wird eine weitere Entwicklung und produktive Leistungssteigerung erzielt.

Die Teamuhr zeigt verschiedene Phasen der Entwicklung einer Gruppe. Die Aufgabe der Teamleitung ist es, die Arbeit der Gruppe je nach Entwicklungsstand zu fördern und Leistungsfähigkeit und Kooperation zu unterstützen.

Die Teamleitung unterstützt die Gruppe entsprechend des jeweiligen Entwicklungsstandes, zugleich achtet sie auf die Klarheit und Transparenz des Zieles und stellt sicher, dass jedes Teammitglied weiß, welche Aufgabe und welchen Platz es im Team innehat. Viele Teamkonflikte haben ihre Ursache in Unklarheiten über die eigene Aufgabe und die Verfahren der Meinungsbildung und Entscheidung in der Gruppe.

Tabelle 8:   Beschreibung der Teamentwicklungsphasen

Phase	Entwicklung des Teams	Führungsaufgaben
Forming Testphase	Die Gruppe formt sich zum Team. Jedes Mitglied versucht seine Position im Team zu finden. Der erste Meinungsaustausch bezüglich Arbeitsstil und Einstellungen der anderen findet statt. Diese „Kennenlernphase" dauert so lange an, bis jedes Teammitglied in etwa weiß, wie es die anderen einzuschätzen hat.	Achten Sie darauf, dass Meinungsaustausch möglich ist und jedes Mitglied „seinen Platz" findet. Definieren Sie das gemeinsame Arbeitsziel klar mit dem Team. Dafür benötigen Sie mit der Gruppe Zeit und Spielraum, damit alles Notwendige geklärt werden kann und jedes Mitglied den Nutzen der gemeinsamen Teamarbeit erkennen kann.
Storming "Nahkampfphase"	Jetzt wird festgelegt, wie zusammengearbeitet wird. Die Diskussion dreht sich um Gruppenregeln und Kontrolle. Was passiert, wenn ein Teammitglied gegen Gruppenregeln verstößt? Manche Teams scheitern an dieser Stelle, weil sie den Eindruck haben, dass zunächst nichts mehr vorangeht. Manche Diskussionen erscheinen endlos.	Helfen Sie, diese Phase zu gestalten. Behalten Sie einen kühlen Kopf und Ruhe. Ermutigen Sie zu Offenheit und Engagement. Sorgen Sie dafür, dass Konflikte geklärt und nicht unter den Tisch gekehrt werden. Stellen Sie das Verbindende immer wieder heraus, um eine gemeinsame Basis zu schaffen.
Norming Organisationsphase	Die Gruppe gibt sich Normen und Spielregeln. Es wird festgelegt, wer welche Rolle übernimmt und wie die Zusammenarbeit nun tatsächlich gestaltet werden soll. Nachdem Konflikte diskutiert wurden, beruhigt sich nun die Atmosphäre und Standpunkte können offen ausgetauscht werden, um kreativ nach Lösungsmöglichkeiten zu suchen. Möglichkeiten der Kooperation werden gesucht und Kompromisse geschlossen.	Achten Sie darauf, dass das vereinbarte Ziel noch einmal überprüft wird und alle vereinbarten Spielregeln schriftlich dokumentiert werden. Die Aufgaben- und Rollenverteilung, die nun etabliert wird, sollte die Bedürfnisse und Stärken jedes Teammitgliedes berücksichtigen.

Phase	Entwicklung des Teams	Führungsaufgaben
Performing intensive Arbeitsphase	Das Team agiert geschlossen. Es herrscht eine Atmosphäre von gegenseitiger Anerkennung, Akzeptanz und Wertschätzung. Häufig entwickeln sich gemeinsame Aktivitäten, die über die Arbeit hinaus reichen.	Sie können sich nun etwas zurückziehen. Als Moderator können Sie dem Team vertrauen. Regelmäßige Besprechungen und Standortbestimmungen sind wichtige Führungsaktivitäten. Sie können sich nun darauf konzentrieren, das Team nach außen zu vertreten.

Übung: Teamentwicklungsstand

Denken Sie an die letzten Ereignisse in Ihrem Team: die Zusammenarbeit, der gegenseitige Informationsaustausch, die gemeinsame Entscheidungsfindung, geäußerte und nicht geäußerte Konflikte.

— Auf welchem Entwicklungsstand befindet sich Ihr Team zur Zeit? Wieviel Uhr ist es in Ihrem Team zur Zeit?

— An welchen Beobachtungen und Ereignissen machen Sie diese Einschätzung fest?

— Was ist Ihr Ziel für die nächste Zeit?

— Was muss geklärt werden, um das Team weiterzuentwickeln?

— Was müssen Sie als Teamleiter vorrangig tun?

In unseren Wirtschaftsunternehmen stehen die Schaffung von Hochleistungsteams und die „team based organization" auf der Tagesordnung. Rolf Stiefel, ein Schweizer Berater stellt Stellhebel für ein Team Empowerment zusammen. Jeder einzelne Faktor ist dafür verantwortlich, dass es gelingt, ein Team zu hoher Leistungsfähigkeit, Leistungsbereitschaft und überragenden Ergebnissen zu führen. Nutzen Sie diese Übersicht für sich, indem Sie sich fragen:

1. Wie weit haben wir diesen Punkt in unserem Team realisiert?
2. Wie kann ich mir eine optimale Umsetzung dieses Punkte in unserem Team vorstellen?
3. Was müsste dazu geschehen?
4. Was kann ich sofort umsetzen?

Stellhebel für Team Empowerment

Führungsverhalten

— Die Teammitglieder für ihre Arbeit verantwortlich machen.

— Nach Teamvorschlägen fragen und Teamvorschläge benutzen, wenn es um das Treffen von Entscheidungen geht.

— Teammitglieder ermutigen, ihre Arbeit selber zu kontrollieren.

- Erzeugen einer Umgebung, in der Teammitglieder ihre eigenen Teamziele setzen.

- Sich zurückhalten, wenn Teammitglieder versuchen, arbeitsbezogene Probleme zu lösen.

- Erzeugen hoher Teamerwartungen.

- Verbreiten von Vertrauen und Zuversicht in die Fähigkeiten des Teams.

Leistungs- und Serviceverantwortlichkeiten

- Das Team setzt sich eigene Leistungs- und Serviceziele und –standards.

- Das Team verteilt Zuständigkeiten und Aufgaben an die Mitglieder.

- Die Teammitglieder entwickeln ihre eigenen Qualitätsstandards und Beurteilungsverfahren.

- Die Teammitglieder nehmen Gelegenheiten zum Lernen wahr.

- Die Teammitglieder behandeln ihre Probleme mit internen und externen Kunden selbst.

- Das Team arbeitet an einen kompletten Produkt oder einer vollständigen Dienstleistung, nicht nur an einem Teil.

Human Resource Management System

- Das Team wird – zumindest teilweise – als Team bezahlt.

- Die Teammitglieder bilden sich gegenseitig weiter.

- Die Teammitglieder sind verantwortlich für die Auswahl neuer Teammitglieder, Training, gegenseitige Sanktion und Entlassung aus dem Team.

- Die Teammitglieder nutzen kollegiale Beratung, um sich gegenseitig zu unterstützen.

Soziale Struktur

- Das Team erhält bei Bedarf Unterstützung von anderen Teams und Abteilungen.

- Das Team hat Zugang zu den benötigten Ressourcen und verwendet strategische Informationen.

- Das Team nutzt Ressourcen anderer Teams.

- Das Team nutzt externe Ressourcen.

- Das Team kommuniziert häufig mit anderen Teams.

- Das Team formuliert seine eigenen Strategien

Vielleicht haben Sie beim Durcharbeiten den Eindruck gehabt, dass der eine oder andere Punkt zur Zeit völlig undenkbar ist, weil er gegen Grundfeste der Verwaltungsstruktur und der Verwaltungskultur verstößt. Nutzen Sie die Punkte als Anregung und Impuls sich zu fragen, was man heute schon umsetzen könnte.

Wir möchten Sie ein wenig trösten. Die Wirtschaft hat auch so ihre Probleme bei der Umsetzung von Teamarbeit. Die obige Liste dient Unternehmensvertretern dazu, deutlich zu machen, mit welch vielfältigen Fragestellungen bei der Teamentwicklung zu rechnen ist, um wirklich leistungsfähige Teams aufzubauen.

Übung: Unser Team als Auto

Als Abschluss unseres Abschnitts zur Teamarbeit möchten wir Ihnen noch eine kleine Übung anbieten, die Sie mit Ihrem Team durchführen können, und die einen guten Start für eine Diskussion über die verschiedenen Rollen im Team darstellt.

Stellen Sie sich vor, Ihr Team wäre ein Auto. Wie sieht dieses Auto aus? Ist es eher eine Familienkutsche, ein schnittiges Sportauto, ein Lastwagen oder eine ganz andere Art von Auto? Wir haben nun einige Fragen für Sie und Ihr Team vorbereitet, die helfen, die Rollen- und Aufgabenverteilung in Ihrem Auto-Team zu verdeutlichen. Beantworten Sie die Fragen gemeinsam. Gerne können Sie die Fragen ergänzen.

— Wer lenkt Ihr Auto?

— Wer liest die Straßenkarte und dirigiert?

— Wer ist der Motor?

— Wer ist der „Sprit"?

— Wer gibt Gas?

— Wer bremst?

— Wer beleuchtet den Weg?

— Wer hat den Zündschlüssel?

— Was liegt im Kofferraum?

— Wer sitzt auf den Vorderbänken und wer im Fond?

— Wer ist Trittbrettfahrer?

— Wie ist die Straße beschaffen auf der das Auto unterwegs ist?

— Gibt es Wegweiser? Wer erkennt Sie zuerst?

— Gibt es eine Werkstatt/Tankstelle?

— Fährt das Auto zur Zeit vorwärts oder rückwärts?

— Wo fährt das Auto hin?

All die verschiedenen Funktionen und Aufgaben sind beim Auto von Bedeutung. Es gibt noch eine Reihe weiterer Funktionen des Autos, die auf Ihr Team übertragen werden können. Denken Sie an den Warnblinker, Hupe, Air condition, Aschenbecher, Radio, Auspuff, Sicherheitsgurt u. a. Auch das Team braucht die verschiedenen Funktionen, damit es vom Fleck weg kommt und sicher sein Ziel erreicht. Diese gemeinsame Betrachtung der Rollen und Funktionen im Team ist eine gute Grundlage zur Erörterung der Fragen:

— Wozu brauchen wir die anderen?

— Wie wäre das Team ohne ... (eine bestimmte Person)?

— Womit sind wir zufrieden?

— Was stört uns?

— Was wollen wir ändern?

Rolle der Personalentwicklung in der modernen Verwaltung

„Der entscheidende Mangel, der allen Problemen in der Qualifizierung des öffentlichen Sektors zugrunde liegt, ist die Unfähigkeit, das Personal nicht nur als die wichtigste Ressource zu benennen, sondern auch als solche zu begreifen und Konsequenzen daraus zu ziehen." (Regina Görner, DGB-Bundesvorstand). In allen Wirtschaftsbereichen ist allen voran der Mensch die entscheidende Größe für die Leistungsqualität und die Wirtschaftlichkeit. Völlig zu Recht wird daher in allen programmatischen Reden von der herausragenden Bedeutung der Ressource Personal gesprochen. Entscheidend ist jedoch, was darüber hinaus konkret passiert.

Die meisten Personalämter in den Verwaltungen sind Personalverwaltungsämter. Ihre vorrangige Tätigkeit liegt in der Abwicklung administrativer Aufgaben. Deutlich zeigt dies die Beschreibung des Produkts Personalentwicklung.

Produkt Personalentwicklung

Beschreibung:

Durchführung von Stellenbesetzungen mit externen Bewerbern, vorhandenen Mitarbeitern oder selbst ausgebildeten Nachwuchskräften auf der Grundlage des Stellenplans. Qualifizierung von Mitarbeitern sowie Betreuung des vorhandenen und ehemaligen Personals in allen Angelegenheiten aus dem Arbeits- und Beamtenverhältnis, Überprüfung und Entscheidung von Dienstaufsichtsbeschwerden Dritter über Mitarbeiter der Verwaltung. Berechnung und Zahlbarmachung der Gehälter, des Kindergeldes und sonstiger Geldleistungen, Festsetzung der Versorgungsbezüge sowie Geltendmachung von Erstattungsansprüchen; Berechnung und Auszahlung von Beihilfen sowie Bewilligung von Heilkuren, Sanatoriumskuren und psychotherapeutischen Behandlungen.

Ziele/Kennzahlen:

Mitteilung an Bewerber über beabsichtigte Einstellungen bei Stellenausschreibungen innerhalb von drei bzw. sechs Wochen nach Ablauf der Bewerbungsfrist.

Teilnahme von mindestens 20 % der Mitarbeiter an Fortbildungsveranstaltungen.

Die Anforderungen an die Personalbereiche verändern sich. Ausschlaggebende Faktoren sind dabei kontinuierlich sich verändernde Anforderungen an die Leistungen der Mitarbeiter und veränderte Vorstellungen über die Gestaltung der Arbeit der Mitarbeiter. Der Wertewandel in der Gesellschaft macht auch vor der Verwaltung nicht halt. Der Sinngehalt der Arbeit und die Gestaltung des Arbeitsablaufs gewinnt für die Leistungsbereitschaft und Motivation immer mehr an Bedeutung.

Die KGSt legt ihrem Bericht Personalentwicklung 1994 folgende Definition zugrunde: „Personalentwicklung sind systematisch gestaltete Prozesse, die es ermöglichen, das Leistungs- und Entwicklungspotenzial von Mitarbeitern zu erkennen, zu erhalten und in Abstimmung mit dem Verwaltungsbedarf verwendungs- und entwicklungsbezogen zu fördern." Diese Definition orientiert sich an zwei Dimensionen: dem Bedarf in der Verwaltung und den Potenzialen der Mitarbeiter. Diese Sichtweise führt uns zu zwei zentralen Fragekomplexen:

1. Welche Aufgaben hat die Verwaltung heute? Welche Anforderungen werden an die Mitarbeiter gestellt? Wie verändern sich die Aufgabenbereiche und die Anforderungen in der Zukunft?

2. Wie erfüllen die Beschäftigten heute die Aufgaben der Verwaltungen und welche weiteren Potenziale haben die Mitarbeiter?

Über die aufgabenbezogenen Veränderungen wird heute im Rahmen der Verwaltungsstrukturreform umfassend nachgedacht. Die Potenziale der Beschäftigten werden in kaum einer Verwaltung systematisch analysiert und genutzt. Dadurch entgehen den Verwaltungen vielfältige Chancen.

Eine weitergehende Definition von Personalentwicklung bringt Martin Hilb in die Diskussion ein. „Mit Personalentwicklung wird bezweckt, dass möglichst viele Mitarbeiter Tätigkeiten ausüben, die ihnen persönlichen und gesellschaftlichen Sinn, Befriedigung und Freiraum bieten und ihnen eine Balance von Lern-, Arbeits- und (Familien-) Freizeit ermöglicht. Es sollte angestrebt werden, Bedürfnisse der Mitarbeiter nach Entfaltung der eigenen Potenziale mit den Entwicklungsbedürfnissen der Unternehmenseigentümer, der Kunden, der Mitwelt in Einklang zu bringen."

Der zentrale Unterschied zwischen den Definitionen von KGSt und Hilb liegt in der Berücksichtigung der Beschäftigten als Subjekt bei Hilb. Die Beschäftigten haben Bedürfnisse, deren Berücksichtigung und Erfüllung sich auf die Leistungsbereitschaft, Motivation und Zufriedenheit auswirkt. Letztlich werden die Mitarbeiter Engagement insbesondere dann entwickeln, wenn sie in der Tätigkeit einen Sinn erkennen und eigene Gestaltungsmöglichkeiten verwirklichen können.

Personalentwicklung verfolgt die Ziele, einzelne Mitarbeiter und gesamte Gruppen bei der Bewältigung der strategischen Herausforderungen für die unmittelbare und fernere Zukunft zu unterstützen.

Das gegenwärtige System soll leistungsfähig erhalten werden und damit auch den unternehmenskulturellen Status quo festigen, Mitarbeiter müssen bei der Bewältigung ihrer gegenwärtigen Aufgaben unterstützt werden.

Gleichzeitig wird die Verwaltung durch ein neues Rollenverständnis der Mitarbeiter und Führungskräfte auf die Zukunft vorbereitet, um damit den Status quo zu verändern. Es werden wie in jedem Entwicklungsprozess bewahrende und verändernde Kräfte wirksam.

Eine plakative Zielbeschreibung von Personalentwicklung lautet: *Den richtigen Mitarbeiter zur richtigen Zeit am richtigen Platz.* So schlicht, so schwer umzusetzen. Denn vielfältige Fragen und Handlungsanforderungen ergeben sich daraus, will man dem gerecht werden:
- Welche Qualifikationen haben meine Mitarbeiter?
- Welche beruflichen Ziele haben sie? Wo würden sie gerne arbeiten?
- Können sie alle (welche) Qualifikationen am heutigen Arbeitsplatz einbringen?
- Wie werden sich Anforderungen verändern?

– Wie kann ich heute schon beginnen, Mitarbeiter darauf vorzubereiten?
– Wie viele Mitarbeiter werde ich wann für welche Aufgaben brauchen?

Diese Fragen sind u. a. zentral für die Personalentwicklung in der gesamten Verwaltung. Aber auch für Sie ist es sinnvoll, sich mit Personalentwicklung in Ihrem Bereich (egal ob Sachgebiet, Amt, Fachbereich, Dezernat) auseinander zu setzen und Konzepte für Bereiche mit vorrangigem Handlungsbedarf zu entwickeln. Das Mitarbeitergespräch ist das wichtigste Instrument, um den Status quo zu erfassen. Dies ist der Ort, um über Ziele, Perspektiven, Erfolge, Stärken und Schwächen und die Verbesserung der Zusammenarbeit zu sprechen und Vereinbarungen zu verabreden.

Die folgende Übersicht zeigt Ihnen Personalentwicklung aufgefaltet in Aktionsfelder, denen Instrumente zur Umsetzung zugeordnet sind.

Tabelle 9: Aktionsfelder der Personalentwicklung

Aktionsfelder	Instrumente der Personalentwicklung (Beispiele)			
Personal-gewinnung	Zeitungs-anzeigen	Job-Börsen	Anzeigen im Internet	
Personal-auswahl	Interviews	Übungsaufgabe Fallbeispiel	Assessment-Center	
Einarbeitung	Paten-Modell Mentoring	Einarbeitungs-konzepte		
Personal-bedarfsanalyse	Entwicklung der Aufgaben/ Zahl der benötigten Mitarbeiter	Veränderungen im Umfeld und in Verwaltung erfassen		
Potenzial-analyse	Beruflicher Werdegang	Weiterbildung	Führungs-erfahrung	Projekterfahrung
	Interessen der MA	Lernbereitschaft		
Ausbildung/ Weiterbildung	Anpassungs-qualifizierung	Interne/externe Fortbildung	Berufsbeglei-tende Qualifizie-rung	Computer–Based-Training (CBT)
Team-entwicklung	Training	Beratung	Start-Workshop	
Karriere-planung	Vertikal: Aufstieg als Führungs- oder Fachkraft	Horizontal: breitere Aufgaben	Projekt-aufgaben	
Führungs-kräfte-entwicklung	Führungskräfte-leitbild	Fortbildungs-angebot	Coaching	Kollegiale Beratung
Nachwuchs-führungskräfte-entwicklung	Identifizierung von Nach-wuchskräften	Programm zur Förderung		

Aktionsfelder	Instrumente der Personalentwicklung (Beispiele)			
Veränderung der Arbeitsplätze	Job-Rotation (geplanter Arbeitsplatzwechsel)	Job-Enlargement (Aufgabenverbreiterung)	Job-Enrichment (zusätzliche Entscheidungskompetenz)	
Qualitätssicherung	Betriebliches Vorschlagswesen	Qualitätszirkel	Kollegiale Beratung	Supervision
Führungsinstrumente	Mitarbeitergespräch	Beurteilung	360-Grad-Feedback	Situativer Führungsstil
Frauenförderung	Training	Personalauswahl	Frauennetzwerke	Arbeitsbedingungen
Anreizsysteme	Immateriell (z. B. Arbeitszeitflexibilisierung, Kinderbetreuung)	Materiell (z. B. Prämien)		
Arbeitszeitflexibilisierung	Vertrauensarbeitszeit	Zeitkonten	Sabbaticals	
Personalfreisetzung	Konzept für Kündigungsgespräche	Out-Placement		
Ruhestandsregelungen	Altersteilzeit			

Erst aus der gemeinsamen Betrachtung und Verknüpfung von Personalressourcen, Beobachtungen des Umfeldes, Anforderungen/Bedürfnissen der Kunden und der Entwicklungsziele der Verwaltung lassen sich Ziele für die Personalentwicklung ableiten. Diese Form, Personalentwicklung zu betrachten und zu betreiben, nennen wir strategieumsetzende Personalentwicklung. Diese Herangehensweise ist die wirkungsvollste. Voraussetzung ist jedoch, dass Personalentwicklung nicht an einen Sachbearbeiter delegiert werden kann. Personalentwicklungsverantwortliche müssen mit der Führungsspitze der Verwaltung eng zusammenarbeiten.

Ansonsten besteht die Gefahr, dass in bester Absicht mit dem Auftrag „tut mal was für die Fortbildung" („mach mal") Gelder, z. B. für Fortbildung bereitgestellt werden. Die Fortbildungsabteilung sucht sich aus Katalogen von Anbietern interessante Themen heraus, bietet diese in einem Seminarkatalog an und wer will, nimmt teil. Dieses Gießkannenprinzip finden wir häufig. Es muss nicht immer schlecht sein, viele Themen passen („Konfliktmanagement kann man immer brauchen"), doch strategieumsetzend ist dieses Vorgehen nicht.

Tabelle 10:   Personalentwicklung: Checkliste zur Analyse des Ist-Zustandes

---

Personalentwicklung: Checkliste zur Betrachtung des Ist-Zustandes

— Wie denken die Mitarbeiter über ihre Arbeit und ihre Entwicklung? Wie zufrieden sind sie? Erleben sie sich als gefördert oder gefordert, geduldet, verkauft, vergessen, geschätzt? Lassen sich Unterschiede ausmachen zwischen verschiedenen (Berufs-)-Gruppen, Altersgruppen, hierarchischen Ebenen?

— Wie wird in der Organisation Personal ausgewählt, aus- und fortgebildet, beurteilt, beraten, befragt, versetzt, entlassen?
- Wer ist damit befasst? Wer wird beteiligt?
- Werden die Entscheidungen offen oder im Verborgenen gefällt?
- Welche Rolle spielen Personalrat, Gleichstellungsstelle?
- Wie wird das Personal an Entscheidungen beteiligt?
- Gibt es Regeln, Abmachungen, ungeschriebene Gesetze für Stellenbesetzungen?

— Was sind die Werte, das Menschenbild in der Verwaltung?

— Wer in der Verwaltung ist Empfänger von Personalentwicklung?

— Welcher konkrete Entwicklungsbedarf besteht in einzelnen Abteilungen?

— Existieren Anforderungsprofile für einzelne Stellen?

— Wer definiert bei Neubesetzung die Anforderungen?

— Wie sieht die Einarbeitung neuer Mitarbeiter aus?

— Werden Mitarbeitergespräche regelmäßig durchgeführt? Welche Folgen haben sie?

— Können Mitarbeiter in der Organisation wechseln? Wie verläuft ein solcher Wechsel?

— Welche Rollen und Aufgaben haben die Führungskräfte?

— Existiert Personalplanung gemessen an Zielen und Bedarfen?
Welche Perspektiven haben die Mitarbeiter bezüglich ihrer Entwicklung?

— Wie kann nachhaltig (dauerhaft wirkungsvoll) der Einsatz neuen Wissens, neuer Verfahren, von Motivationen und Ideen sichergestellt werden?

— Wie findet in der Verwaltung Lernen statt? Welche Arten von Lernen werden gebraucht?

— Was sind die zentralen Zukunftsherausforderungen für die Verwaltung?

Die letzte Frage muss bei der Entwicklung eines Personalentwicklungskonzeptes im Mittelpunkt stehen. Alle Ziele und Maßnahmen der Personalentwicklung müssen sich an folgenden Dimensionen orientieren:

Umfeld	Vision	Mitarbeiter
Entwicklung	Ziele der Kommune	Potenziale
Kundenanforderung	Strategie, Leitbild der Verwaltung	Erfolge
Wettbewerb	(Produkt-)Entwicklung der Verwaltung	Motivationen

Personalentwicklung und Laufbahnrecht

Das Beamtenrecht benennt die Laufbahngruppen des einfachen, mittleren, gehobenen und höheren Dienstes. An diesen vier Gruppen sind die grundsätzlichen Entwicklungsmöglichkeiten ausgerichtet. Der Aufstieg innerhalb einer Laufbahngruppe ist mit einer neuen Amtsbezeichnung und einem höheren Endgrundgehalt verbunden. Der Übergang zwischen den Laufbahngruppen ist an besondere Bedingungen geknüpft. Diese werden eher als Ausnahme, denn als Regelmöglichkeit betrachtet. Die zu absolvierende Aufstiegsprüfung orientiert sich an abstrakten Fähigkeiten und Kenntnissen und nicht an den Anforderungen einer konkret zu besetzenden Position.

Die zugrunde gelegte Frage des Laufbahnrechtes lautet bei der Stellenbesetzung zunächst: Hat der Bewerber die entsprechende abstrakte Befähigung nach Schulbildung, Vorbereitungsdienst und bisherigen Laufbahnprüfungen für die Übernahme einer bestimmten Laufbahnposition? Die Anforderungen an die konkret zu besetzende Stelle sind nachgeordnet.

Formale Kriterien haben den Vorrang vor stellenbezogenen Anforderungen und der Passung des Bewerbers. Die Laufbahngestaltung führt zusätzlich zum sog. EDEKA-Effekt. Viele Mitarbeiter sind oft schon mit 30 Jahren am „Ende der Karriere" angekommen und haben dem Laufbahnrecht zu folge keinen Anspruch auf eine weitere Beförderung, auch wenn sie über entsprechende Potenziale verfügen und Fähigkeiten nachweisen. Zusätzlich wirkt sich die Hierarchieverflachung durch Abbau von Beförderungspositionen aus. Sie reduziert die Zahl der „Zwischenstationen" in den einzelnen Laufbahnen.

Die genannten Effekte wirken sich auf die Motivation vieler Mitarbeiter aus. „Wozu soll ich mich im Beruf besonders anstrengen? Ich kann hier ja doch nichts werden." Personalentwicklung stellt an dieser Stelle die Frage nach den Bedürfnissen der Beschäftigten. Einige Bedürfnisse können sein: Herausforderung, veränderte Aufgabenfelder, Abwechslung, Anerkennung, bessere Bezahlung.

Führungskräfte und Personalabteilungen können auf diese Bedürfnisse eingehen.

— **Herausforderungen** schaffen durch Übertragung von Projektaufgaben und neue Zielvereinbarungen im Aufgabengebiet.

— **Veränderte Aufgabenfelder** durch horizontalen Arbeitsplatzwechsel (Job-Rotation).

— **Abwechslung** durch Anreicherung des Aufgabengebietes mit höherwertigen Tätigkeiten. Die Einführung von Teamarbeit führt zu abwechslungsreicheren Tätigkeiten mit höheren Anforderungen, ohne dass zugleich Ansprüche auf eine höhere Besoldung entstehen.

— **Anerkennung** durch den Vorgesetzten. „Ich wäre ja schon zufrieden, wenn er wenigstens ein einziges Mal „Danke!" sagen würde!" Die verbale Anerkennung von Leistungen wird immer wieder als großer Mangel festgestellt und kann leicht abgestellt werden.

- **Bessere Bezahlung** ist grundsätzlich leistungsbezogen nach der Dienstrechtsreform von 1998 möglich. In der praktischen Anwendung wird mit ihr jedoch recht zögerlich umgegangen. Neben den praktischen Problemen der Umsetzung ist die begrenzte Wirksamkeit zu berücksichtigen. Finanzielle Bonifikationen wirken nur für kurze Zeit auf die Motivation. Bereits nach wenigen Monaten werden sie als selbstverständlich angesehen und nicht mehr als zusätzliche Anerkennung wahrgenommen.

Dezentrale Personalverantwortung

Wirkungsvolle Personalentwicklung muss dezentral ansetzen. Nur die Führungskräfte vor Ort erleben alltäglich die Anforderungen durch die Bürger, das Potenzial der Mitarbeiter, die Arbeitspraxis und die Stimmungslage der Mitarbeiter. Diese gilt es aufzugreifen und mit Hilfe von Fördergesprächen, zielgerichteter Fortbildung, Arbeitsplatzgestaltung und durch Bereichsentwicklung zu gestalten.

Zentrale Personalabteilungen können diese Aufgaben nicht wahrnehmen, da sie den Arbeitsalltag nicht erleben. Die Führungskräfte müssen somit neben der fachlichen Führungsarbeit auch die disziplinarische - wir nennen sie hier personale oder personenbezogene Führungsverantwortung übernehmen.

Wir erleben immer wieder, dass die Beurteilungen eines Mitarbeiters vom Amtsleiter vorgenommen werden muss, der die zu beurteilende Person im Arbeitszusammenhang nie kennen gelernt hat und folglich auch nicht einschätzen kann.

Wenn Verwaltungen wirklich die Potenziale ihrer Beschäftigten fördern und nutzen wollen, müssen sie dafür sorgen, dass jede Führungskraft die volle Verantwortung für die ihr zugeordneten Beschäftigten besitzt.

Zentrale Personalentwicklung als Servicefunktion

Eine so verstandene Personalentwicklung orientiert sich an konkreten differenzierten Anforderungsprofilen, Fähigkeiten und Bedürfnissen der einzelnen Menschen. Ein wesentlicher Teil der Personalentwicklung muss daher im Arbeitsumfeld geleistet bzw. angestoßen werden. Hier ist die Führungskraft direkt gefordert.

Die zentrale Personalentwicklung, die in der Regel Teil des Personalbereichs ist, muss sich an den konkreten Anforderungen der Dezernate, Ämter und Abteilungen orientieren. Daraus resultieren neue Leistungsangebote und -formen.

In vielen Fortbildungsprogrammen wird die Zahl der zentralen Fortbildungsangebote geringer. Dafür nimmt die Zahl der ämterbezogenen Fortbildung zu. Seminare und Workshops zur Unterstützung der Teamarbeit und Maßnahmen zur Verbesserung der

Kommunikation in den Ämtern, externe Moderation, Supervision und Coaching werden von den Verwaltungen immer häufiger angefragt. Diese Instrumente unterstützen kleine Gruppen und einzelne Personen bei der Ausschöpfung ihrer Fähigkeiten und der Optimierung der Arbeitsprozesse.

Die Fortbildungsabteilungen werden dadurch immer stärker zum Dienstleister für die Fachabteilungen. Spätestens mit der Budgetierung von Fortbildungsetats müssen die zentralen Personalbereiche ihre Angebote verwaltungsintern „verkaufen“. Dies gelingt nur dann, wenn im engen Kontakt mit den „Kunden“ maßgeschneiderte Lösungen bereitgestellt werden.

Die Angebote der zentralen Serviceabteilung können alle Aktionsfelder der Personalentwicklung einbeziehen: von den Hilfestellungen für das Formulieren einer Stellenanzeige bis zur Beratung beim Erstellen eines Arbeitszeugnisses.

Schön und gut – aber bei uns geht das alles nicht

Lassen Sie es einfach sein, wenn Sie persönlich nicht überzeugt sind. Das hört sich vielleicht merkwürdig an, wenn wir als Buchautoren Ihnen diesen Rat geben. Aber wir meinen es so: Wenn Sie etwas nicht überzeugt oder es Ihnen nicht passend erscheint, dann sollten Sie es auslassen, es abwandeln oder ganz verzichten. Es gibt Situationen, in denen manche Handlungsvorschläge gerade nicht passend erscheinen. Dann sollten sie auch die Finger davon lassen.

Wenn Sie Dinge verändern wollen, dann sollten Sie sie nur dann anfangen, wenn Sie selber völlig von ihnen überzeugt sind. Wenn Sie zugleich zu viele „Baustellen" eröffnen, ist die Gefahr groß, dass Sie sich nicht allen mit der nötigen Aufmerksamkeit widmen können und einige versanden. Gerade bei Veränderung im Führungshandeln kommt es jedoch darauf an, die richtigen Dinge richtig zu machen und konsequent anzugehen.

Sie werden Erfahrungen sammeln. Sie werden erleben, dass Sie in der einen Situationen mit den vorgestellten Hilfen weiterkommen und in einer anderen Situation etwas verändern und anpassen müssen oder einen völlig anderen Weg gehen müssen. Es gibt keine vorgefertigten Schablonen für jede Situation.

Sie müssen sich also entscheiden anzufangen. Sie können das tun, indem Sie den von uns vorbereiteten Weg begehen und dort Ihre eigenen Fußspuren hinterlassen. Sie können jedoch auch Stippvisiten an einzelnen Stellen machen und damit experimentieren.

- Probieren geht über studieren

Das ist eine alte Weisheit. Führen lässt sich nun einmal nicht durch Studieren alleine lernen. Sie können noch einige Dutzend Bücher in den Bücherschrank legen oder sogar lesen, wenn Sie persönlich nicht anfangen, wird sich gar nichts verändern. Fangen Sie an und probieren Sie aus, was Ihnen einleuchtend erscheint.

Wir halten es aber auch für erforderlich, die konkreten Erfahrungen auszuwerten. Deshalb reflektieren Sie nach wichtigen Gesprächen oder nach festgelegten Abständen ihre Erfolge und Erfahrungen.

Unser Tipp:

Legen Sie einen Termin fest, an dem Sie anfangen. Nehmen Sie sich drei konkrete Handlungen/Gespräche vor und planen Sie diese sorgfältig. Planen Sie auch Zeit für Vorbereitung und Nachbereitung ein. Nehmen Sie sich die Zeit, nach den ersten Aktivitäten einzuhalten alles noch einmal Revue passieren zu lassen. Erstellen Sie eine kleine Erfolgsbilanz. Dann erst nehmen Sie sich die nächsten Dinge vor.

Übung: Anleitung zur Reflexion von Erfahrungen

Nutzen Sie dazu die folgenden Fragen.

— Was war mein Ziel?

— Was genau ist passiert? Wie habe ich reagiert? Was habe ich damit erreicht?

— Wie hätte ich mein Vorgehen verändern können, um mein Ziel zu erreichen?

— Waren meine Vorannahmen wirklich angemessen und richtig? Hätte ich mein Ziel verändern können, um einen weiteren Fortschritt erzielen zu können?

— Wie hätte ein angemesseneres Ziel lauten können?

— Was kann oder muss ich jetzt noch tun?

— Was habe ich unternommen?

— Wie habe ich es unternommen?

— Was lief meinen Vorstellungen entsprechend? Was nicht?

— Was hat sich positiv bewährt? In welchen anderen Situationen kann ich dieses Vorgehen auch einsetzen?

— Was hat sich nicht bewährt?

— Wenn die obigen Fragen noch nicht weiterhelfen, sind vielleicht folgende Aspekte hilfreich: Gab es früher schon einmal Situationen, in denen ich vor einer ähnlichen Problemstellung stand? Wie habe ich damals die Situation gestaltet? Was kann ich davon in meine jetzige Situation übernehmen?
Kenne ich jemanden, der schon einmal eine ähnliche Situation bewältigt hat? Wie ist diese Führungskraft vorgegangen? Was ist davon für mich hilfreich?

Nutzen Sie auch die paradoxe Vorgehensweisen: Was müsste ich tun, um das genaue Gegenteil dessen zu erreichen, was ich erreichen will? Oder: Was würde die Situation dramatisch verschlechtern? In manchen Situationen fällt es leichter, die Umkehrung des Gewollten zu formulieren, um dann das genaue Gegenteil als hilfreiche Strategie zu erarbeiten. Erstellen Sie sich dafür eine Tabelle und füllen Sie erst die linke, dann die rechte Spalte aus.

Was müsste ich tun, um das genaue Gegenteil dessen zu erreichen, was ich erreichen will? Was würde die Situation dramatisch verschlechtern?	Was kann ich tun, um das Gewünschte zu erreichen? Umkehrung der links genannten Punkte

- Den Mitarbeitern erklären

Das Verhalten einer Führungskraft wird von den eigenen Mitarbeitern genauestens beobachtet. Unterschiede im Verhalten gegenüber verschiedenen Personen werden peinlich genau registriert und interpretiert. Wenn Sie an einem Seminar zu Führungsfragen teilgenommen haben, wird in den nächsten Wochen besonders genau beobachtet, welche „Tricks" Sie denn jetzt anwenden.

Unter Mitarbeitern geht der Spruch um: Der Chef war auf einem Seminar. Dem zeigen wir jetzt, dass sich hier nichts verändert. Informieren und erklären Sie daher Ihren Mitarbeitern genau, was Sie sich überlegt haben und was Sie warum tun wollen. Machen Sie dabei genau deutlich, was Sie mit Ihren Mitarbeitern noch diskutieren wollen und an welchen Stellen Ihre Vorhaben nicht zur Diskussion stehen.

Wenn Sie künftig Mitarbeitergespräche als Jahreszielvereinbarungen führen wollen, erklären Sie in einer Sachgebietsbesprechung, was Sie mit einem Mitarbeitergespräch erreichen wollen, was sich dadurch verändern wird, was sich dadurch nicht verändert. Sagen Sie deutlich, wie Sie sich die Gespräche vorstellen, wie sie vorbereitet werden, wie sie ablaufen, was davon dokumentiert wird, was intern bleibt und was öffentlich wird.

Besonders hilfreich ist es, wenn Sie bekannte Probleme aus der Sicht der Mitarbeiter aufgreifen und verdeutlichen, wie deren Lösung durch die Mitarbeitergespräche gefördert wird. Lassen Sie in dem Gespräch bewusst Raum für Fragen, Probleme und Ideen aus Mitarbeiter-Sicht und arbeiten Sie diese Bedenken in Ihr Vorhaben ein.

Erklären Sie Ihren Mitarbeitern, wenn Sie einen Gesprächstermin vereinbaren, um was es Ihnen geht, warum Sie das Gespräch führen und wofür Sie eine neue Lösung entwickeln wollen. Unklare Absichten schaffen wilde Spekulationen. Diese lenken nicht nur von der Arbeit ab, sondern sind zumeist auch völlig überzogen. Deshalb ist es immer hilfreich, das eigene Handeln und die eigenen Ziele zu erläutern.

- Die besten Killerphrasen und wie man ihnen begegnet

Sicher werden Ihnen im Laufe der Zeit manche Äußerungen begegnen, die Ihnen die Sprache verschlagen. Wir nennen solche Äußerungen Killerphrasen, denn Ihr Ziel ist es, uns so perplex stehen zu lassen, dass wir nichts entgegnen können und unserem Gesprächspartner vielfach zustimmen müssen, weil wir im Moment nichts anderes entgegen können.

Ein paar übliche Killerphrasen:
„Das haben wir doch alles schon versucht."
„Geht nicht."
„Macht nur einen Haufen Arbeit."
„So haben wir das früher doch nicht gemacht."

„In einer Verwaltung kann man das so nicht machen. "

Nun, was kann man tun, wenn man mit diesen Sätzen konfrontiert wird? Die erste Überlegung geht dahin, zu hinterfragen, welche eigentliche Aussage hinter der Killerphrase
steht. Was ist die Ich-Botschaft hinter dem Satz? Hierüber können wir meist nur Spekulationen anstellen. Wenn uns aber bewusst wird, dass es eigentlich eine zweite, nicht
formulierte Äußerung gibt, können wir Fragen entwickeln, um unsere Vermutungen zu
überprüfen und unseren Gesprächspartner zu unterstützen, eine Handlungsmöglichkeit
zu entdecken.

Tabelle 11: Produktive Auflösung von Killerphrasen

Killerphrase	Welche Ich-Botschaft könnte dahinter stehen?	Welche Fragen zur Prüfung der Ich-Botschaft und zur Lösung des Problems kann ich formulieren?
Das haben wir doch alles schon versucht.	Ich weiß nicht, was ich tun kann. Ich sehe keinen Sinn darin. Ich will nichts verändern.	Welche Versuche haben Sie schon unternommen? Was haben Sie als Möglichkeiten bisher zurückgestellt? Wer könnte uns einen Rat geben? Was müsste sich ändern, damit es geht? Wie sollten wir Ihrer Meinung nach vorgehen?
Macht nur einen Haufen Arbeit.	Ich habe dafür zur Zeit keine Zeit. Ich bin vom Sinn/Ziel noch nicht überzeugt. Ich weiß nicht, welche Priorität dies im Vergleich zu den anderen Aufgaben hat. Das schaffe ich nicht, das ist mir zuviel. Ich bin überfordert.	Wann haben Sie dafür Zeit? Was ist Ihnen noch nicht klar? Welche Aufgaben müssten dafür zurückgestellt werden? Welche Unterstützung brauchen Sie? Wer könnte Ihnen helfen?
So haben wir das früher doch nicht gemacht.		
In einer Verwaltung kann man das so nicht machen.		

Probieren Sie es ruhig mit den obigen und weiteren Killerphrasen aus.

• Schnell, transparent und konsequent auswerten

Nicht alles, was wir tun, wird auf Anhieb gelingen. Deshalb ist es wichtig, zu Schwierigkeiten, Fehlern und Fehlentwicklungen zu stehen. Lernen besteht aus dem Erkennen von Verbesserungswürdigem. Wir sollten froh sein, wenn Fehler auftauchen, diese dann jedoch korrigieren und durch bewusstes Lernen sicherstellen, dass der gleiche Fehler nicht ein zweites Mal gemacht wird. Legen Sie grundsätzlich für alle Neuerungen eine Erprobungsphase fest. Für diesen Zeitraum steht die Veränderung nicht zur Diskussion. Es sei denn, es stellt sich als Katastrophe heraus – dann muss natürlich sofort korrigiert werden. Wenn für alle sichtbar ist, dass nach einer Erprobungsphase eine Auswertung erfolgt und Veränderungen möglich sind, dann fällt es auch Skeptikern leichter sich auf Neuerungen einzulassen und die Dinge erst einmal auszuprobieren.

Viele Verwaltungen tun sich mit solch einem Vorgehen schwer. Verwaltungsvorschriften sind nach allgemeiner Einschätzung für die Ewigkeit. Selbst wenn Gesetze und Verordnungen immer häufiger mit einer begrenzten Gültigkeitsdauer verabschiedet werden, ist die Grundannahme doch, was einmal vereinbart ist, das bleibt so für eine (kleine) Ewigkeit. Erprobungsphasen und kontinuierliche Verbesserungen passen mancherorts nicht in das Welt- und Erfahrungsbild von Verwaltungshandeln. Gerade in solch einer Situation ist es wichtig, schnell spürbar werden zu lassen, dass es Ihnen ernst ist mit einer Einführung auf Probe und einer Auswertung und Optimierung. Nach der ersten Runde von Mitarbeitergesprächen kann z. B. in einer Sachgebietsbesprechung ausgewertet werden, was war gut/was hat uns gefallen und was lief noch nicht so gut oder was soll nächstes Mal geändert werden.

Kritische Stimmen produktiv nutzen

Veränderungen der Führung bleiben nicht ohne Kritik. Deshalb sollten Sie sich frühzeitig auch darauf einstellen, dass nicht alles unwidersprochen und mit Begeisterung aufgenommen werden wird.

• Wo bleibt denn hier Recht und Ordnung?

In welcher Weise ist die Gestaltung der Führungsaufgabe eigentlich rechtlich definiert? Diese Frage wird immer wieder gestellt, wenn es um eine weitgehende Dezentralisierung von Verantwortung geht. Eine bestimmte Führungspraxis ist meist eher tradiert als juristisch normiert.

Die Mitarbeiter der Verwaltung sind gut ausgebildet und verfügen über ein breites Wissen. Daher können sie Sachverhalte einschätzen. In einem produktiven Klima werden sie selber merken, wenn sie an ihre Grenzen stoßen oder sich unsicher sind. Dann sprechen sie die Kollegen oder den Vorgesetzten an.

Recht und Ordnung wird nicht dadurch hergestellt, dass ein Vorgang über mehrere Schreibtische läuft. In den meisten Fällen wird dadurch eine Entscheidung nicht besser, sondern häufiger schlechter, teurer und zeitaufwändiger.

Recht und Ordnung betrifft natürlich auch die Regelungen in der Allgemeinen Geschäftsanweisung der Verwaltung. Die Allgemeine Geschäftsanweisung (AGA) regelt zumeist grundlegende Vorgänge und Zuständigkeiten. Wir erleben hier eine sehr unterschiedliche Praxis in den Kommunen. Es gibt Kommunen, die die AGA seit zwanzig Jahren nicht mehr angesehen und aktualisiert haben; andere Kommunen haben bereits vor vielen Jahren in der AGA eine sehr weitgehende Delegation der Verantwortung für Bearbeitung und Zeichnung von Vorgängen auf die sachbearbeitende Kraft verfügt. Dies heißt jedoch nicht, dass auch so verfahren wird. In diesem Fall ist eine Ausweitung der Spielräume für die Mitarbeiter durch die AGA abgedeckt.

- Und was ist mit Eingruppierung und Tarifrecht?

Im Rahmen von Verwaltungsmodernisierungsprozessen kommt es häufig zu Veränderungen der Verantwortung und des Aufgabenfeldes. Schließlich soll ja auch Verantwortung dezentralisiert werden. Hieraus ergeben sich Fragen der künftigen Eingruppierung der Beschäftigten. Dies gilt aber auch, wenn in einer Gruppe eine Veränderung vorgenommen wird oder ein Mitarbeiter neue erweiterte Aufgaben im Rahmen der Zielvereinbarung übernimmt.

Nach unserer Auffassung muss sich mittelfristig das Tarifrecht an veränderte Verwaltungsführungskonzepte angleichen. Das Tarifrecht bildet in seinen Strukturen und Verfahrensweisen ein Modell der öffentlichen Verwaltung ab, das lange Zeit Bestand hatte. Mit den Veränderungen in der Verwaltungsorganisation müssen sich auch die Tarifstrukturen verändern. Wann und in welcher Weise das passieren wird, ist nicht absehbar. In der Übergangszeit gilt es, entweder die Begrenzungen zu akzeptieren oder Spielräume unterhalb des Tarifrechts zu nutzen.

Hierzu gehören einerseits Rahmenvereinbarungen mit dem Personalrat oder Einzelvereinbarungen mit Mitarbeitern. Besonders häufig werden – auch wenn Personalabteilung und Personalrat das nicht gerne sehen – Absprachen zwischen Mitarbeiter und Führungskraft getroffen über die Übernahme höherwertiger, herausfordernder und abwechslungsreicherer Arbeit ohne gleichzeitige Forderung nach anderer Eingruppierung. Diese Regelungen werden außerhalb des Tarifrechts abgesprochen und haben rechtlich keinen Bestand. Es handelt sich um ein „Agreement" unter Freunden: „Ich kann Dir als Führungskraft diese Aufgaben übertragen, wenn Du im Gegenzug keine Ansprüche auf höhere Besoldung erhebst." Solange das Arbeitsklima gut ist, haben diese Absprachen Bestand. Im Konfliktfall führen sie jedoch zu Ärger.

Jede Führungskraft muss daher von sich aus überlegen, ob sie derartige Absprachen eingehen will oder nicht.

- Was sagt da nur der Personalrat?

Der Personalrat hat die Interessen der Kollegen im Blick. Die meisten Personalräte sind einer veränderten Führung gegenüber aufgeschlossen. Sie sorgen sich jedoch auch, ob dadurch nicht immer mehr Aufgaben auf die untersten Sachbearbeitungsebenen abgewälzt werden, sich die Anforderungen immer mehr erhöhen, ohne dass es zu einem entsprechenden Ausgleich kommt. Wenn sich durch Veränderungen die Handlungsspielräume erweitern, sind die Personalräte zumeist aufgeschlossen.

Eine kritische Haltung haben die Personalräte gegenüber einer Dokumentation der Zielvereinbarungen im Mitarbeitergespräch in den Personalakten. Dies ist unseres Erachtens nach jedoch auch nicht nötig und daher grundsätzlich verzichtbar.

Eine wichtige Frage werfen Personalräte auf, wenn es um den Abbau von Hierarchieebenen geht. Durch eine Verringerung der Zahl der Hierarchiestufen fallen auch Beförderungspositionen weg. Hier haben die öffentlichen Verwaltung bislang kaum passende Konzepte entwickelt. In Unternehmen werden immer häufiger horizontale Karrierewege geschaffen, die sich an den Fähigkeiten und Einsatzmöglichkeiten für Mitarbeiter orientieren.

- Und was denken die Kollegen?

Nicht nur Ihre Mitarbeiter beobachten Sie. Auch die Kollegen achten darauf was Sie tun. Einerseits gespannt, ob etwas, was Sie anders machen, denn auch tatsächlich klappt. Andererseits neidisch, weil Sie etwas tun, was die anderen sich nicht trauen. Vielleicht ist der eine oder andere Voyeur dabei, der nur hämisch darauf wartet, dass Sie scheitern oder Schwierigkeiten erleben. Dahinter steckt zumeist aber auch, dass er sich selber nicht zutraut, was Sie vorhaben.

Nutzen Sie diese Situation für sich positiv. Informieren Sie die Kollegen. Deklarieren Sie Ihre Aktivitäten als Versuch. Fordern Sie die Kollegen auf, eigene Tipps, Vorschläge und Erfahrungen mit Ihnen zu teilen. Insbesondere: Machen Sie Werbung in eigener Sache. Berichten Sie über Ihre Schritte, die Erfolge und Veränderungen ausführlich und an verschiedenen Stellen. Nichts ist so überzeugend wie der Erfolg.

Exkurs: Führen als oberste Führungskraft

Das folgende Schreiben stammt aus einem Briefwechsel mit einem Landrat:

Guten Tag,

als wir in der vergangenen Woche im Coaching zusammensaßen, haben Sie einen Satz gesagt, der mich hat nachdenken lassen. Sie sagten: *„Ich habe um mich herum lauter hoch motivierte Mitarbeiterinnen und Mitarbeiter, die brauche ich doch gar nicht zu führen."* Warum habe ich über diesen Satz nachgedacht. Eine oberste Führungskraft, die nicht führt, dachte ich, das kann es doch nicht geben, das darf es nicht geben.

Ich habe dann darüber noch einmal eine Weile nachgedacht und ein wenig sortiert. Mit wem hat die Spitzenkraft einer Verwaltung in seinem Umfeld zu tun. Da sind ganz verschiedene Gruppen:
- die Dezernenten als politische Beamte,
- die Amtsleiter im eigenen Dezernat,
- Stabskräfte,
- das Vorzimmer und Sekretariat des Landrats.

Braucht es in diesem Bereich nun Führung? Ich denke ja, aber in ganz unterschiedlicher Weise. Schauen wir uns die verschiedenen Gruppen einmal etwas genauer an.

Zunächst die Dezernenten. Sicher können wir davon ausgehen, dass diese Personen von sich aus motiviert sind. Sie verfügen über eine vergleichsweise große Gestaltungsmöglichkeit. Führung dieser Personen bedeutet zum einen das gemeinsame Entwickeln und Abstimmen von Zielen und Handlungsstrategien. Hierzu reicht es nicht aus, wöchentliche Dezernentenkonferenzen durchzuführen. Diese befassen sich nach meiner Erfahrung in aller Regel mit Einzelfragen der fachlichen Entwicklung und konkreter Problembearbeitung. Zumindest jährlich sollte es zwischen Ihnen und den einzelnen Dezernenten Strategiebesprechungen geben, in denen die grundsätzliche Aufstellung des Dezernates, die Gewichtungen und Prioritäten besprochen werden.

Dezernenten, die lange in ihrer Position tätig sind, ermüden auch schon mal. Die Abläufe sind bekannt. Es taucht Routine auf. Manche Dezernenten konzentrieren sich dann auf ihre Lieblingstätigkeiten oder Bereiche. Andere Aufgabenfelder geraten aus dem Blick. Da gibt es Dezernenten, die ausschließlich repräsentative Außentermine wahrnehmen oder mehr als Frühstücksdirektoren tätig sind. Hier ist es erforderlich, von Ihrer Seite aus einzugreifen und diese aufzufordern, neue Handlungsimpulse zu setzen.

Für die Amtsleiter in Ihrem Dezernat gilt vom Grundsatz her das gleiche. Nicht nur Einzelfragen sollten besprochen werden, sondern auch Fragen von grundsätzlicher Bedeutung und der strategischen Weiterentwicklung des Amtes sind wichtig. Hier erwarten die Amtsleiter auch von Ihnen eine führende Hand. Woher sonst erhalten sie Rückmeldung über ihre Arbeit, ihre Leistung und Verhaltensweisen. Selbstverständlich sollten Sie mit den Amtsleitern ein Mitarbeitergespräch als Jahres-Zielvereinbarungsgespräch führen.

Und dann sind da die Mitarbeiter in Ihrem Stab. Das ist ja so etwas wie Ihre persönliche Feuerwehr, vielleicht auch Ihr Brainpool. Sie bewältigen laufend neue Anforderungen. Sie vernetzen und koordinieren zwischen verschiedenen Gruppen, Ämtern und Abteilungen in der Verwaltung und nach außen. Das macht diesen Job spannend, aufregend und manches Mal auch aufreibend. Gerade diese Mitarbeiter sind Ihnen eine wichtige Stütze. Wenn Sie diese Personen gut ausgewählt haben, dann sind darunter ganz unterschiedliche Charaktere und Menschen mit unterschiedlichen Stärken, Fähigkeiten und Vorlieben vertreten. Setzen Sie diese Menschen optimal ein? Welche Vorstellungen habe diese Personen über das Feedback, die Art der Bestätigung, die sie von Ihnen wünschen?

Gerade hier wird unter enormen Zeitdruck gearbeitet und regelmäßige Arbeitszeiten sind eher die Ausnahme als die Regel. Das schafft nur selten Zeiten zum Durchatmen und Durchdenken: Wo stehe ich eigentlich? Was habe ich geschafft? Was sind wichtige Dinge? Was sind dringliche Fragen?

An dieser Stelle ist die Gefahr des Ausgebranntseins, des Burn-Outs, wie es in psychosozialen Berufsfeldern häufiger vorkommt, hoch. Typisch für Burn-Out-Situationen ist die ständige hohe Anforderung, das starke auch persönliche Einlassen auf die Herausforderungen und seltene Rückmeldungen über die eigenen Leistungen. Wer stärkt den Stabsmitarbeitern den Rücken, wenn nicht Sie als Landrat? Das gilt übrigens auch für das aktive Aufzeigen von Perspektiven. Nicht jeder will sein Leben lang im Stab arbeiten. Amtsleiterpositionen sind jedoch auch nicht für jeden etwas. Als Amtsleiter ist man viel mehr in Routinen eingebunden als in der projektgeprägten Stabsarbeit. Nicht jede Persönlichkeit, die gute Stabsarbeit macht, würde sich in der Amtsleitung wohl fühlen.

Welche Perspektiven haben Ihre Stabskräfte, welche Perspektiven bieten Sie an? Oder ist die Stabsarbeit die EDEKA-Position?

Und dann sind da Ihre Sekretariatskräfte. Die haben ja tatsächlich niemand anderen als Vorgesetzten als Sie persönlich. Nicht alle Landräte nehmen wahr, was dort täglich geleistet wird. Die vielen Außentermine machen es schwer, zu erkennen, was dort geleistet wird, welche individuell gute oder auch weniger gute Arbeit von den einzelnen Mitarbeitern erbracht wird. Die meisten Vorstandssekretariate funktionieren im Team gut. Für den Mann oder die Frau an der Spitze wird häufig nicht mehr erkennbar, was die Leistung des Einzelnen ist. Deshalb ist es eine ganz besondere Herausforderung für Sie, die Leistungen der Einzelnen wahrzunehmen und Feedback zu geben.

Beim Stichwort Feedback sind wir bei einem ganz sensiblen Punkt. Sie kennen unsere Aussage, dass die meisten Menschen niemals mehr so häufig Feedback erhalten wie in der Grundschule. Fragen Sie ruhig einmal bei einem Besuch in einer Ihrer Schulen nach, wie die Grundschullehrerinnen den Schülern Rückmeldung zu ihren Leistungen geben. Das erfolgt ganz direkt und konkret. Und jetzt vergleichen Sie dies einmal mit dem Feedback für Ihre Mitarbeiter.

Damit Sie mich nicht missverstehen. Ich möchte Sie jetzt nicht auffordern, eine Tafel mit Leistungspunkten im Vorzimmer aufzuhängen und nach jeder guten Leistung etwas dazuzukleben. Vielmehr geht es mir darum, bewusst die Leistungen jedes einzelnen Mitarbeiters wahrzunehmen und sich dazu zu äußern.

Es geht Ihren Mitarbeitern genauso wie Ihnen persönlich auch. Je höher man in der Hierarchie sitzt und je näher man an den hierarchisch höchsten Personen einer Organisation sitzt, desto seltener erhält man ein ehrliches Feedback. Daniel Goeudevert hat nicht zufällig sein erstes Buch mit „Wie ein Vogel im Aquarium" betitelt. Er beschreibt sehr deutlich die Gefahr, im Vorstand eines Unternehmens nur noch mit den Informationen versorgt zu werden, die in das eigene Weltbild passen. Kritische und problematische Informationen werden ausgefiltert. Zugleich verändert sich nach seiner Wahrnehmung auch die eigene Sicht der Dinge. Ein Sekretariat hat einfach zu funktionieren. Dass dort Menschen ihre Arbeit tun, wird leicht aus dem Auge verloren.

Was heißt das nun fürs Führen? Verlieren Sie die einzelnen Menschen nicht aus dem Auge. Wahren Sie Ihr Augenmaß für die besonderen Fähigkeiten, die Stärken genauso wie die kleinen und großen Schwächen der Menschen um sie herum. Vereinbaren Sie auch hier persönliche Entwicklungsziele und beobachten Sie, wie die Menschen damit umgehen.

Es gibt noch einen anderen Aspekt, den ich für bedeutsam halte. Sie sind Vorbild. Sie sind die Person, die die Chance und – ich denke auch – die Pflicht hat, durch ihr tägliches Verhalten prägend auf andere zu wirken.

Wir kennen Beispiele, wo das Verhalten des Oberbürgermeisters als Begründung dazu herhalten muss, dass Amtsleiter und Abteilungsleiter bestimmte Dinge tun – oder viel schlimmer – nicht tun. Gerade bei der Einführung von Mitarbeitergesprächen beobachten wir immer wieder, dass einige Amtsleiter sagen: „Warum soll ich denn Mitarbeitergespräche führen? Der Dezernent führt mit mir ja auch keins." Ihr Verhalten wird als Legitimation für Abweichungen von Anordnungen und Spielregeln herangezogen. Kaum jemand kann in der Verwaltung dagegen noch argumentieren und eine andere Verhaltensweise einfordern.

Was heißt nun Führen in dieser Position? Sicher nicht das konkrete Anweisen im Detail. Viel wichtiger ist das Entwickeln und Ausrichten der Arbeit an Zielen und Strategien.

Zum Schluss ein Gebet

O Herr, Du weißt besser als ich, dass ich von Tag zu Tag älter und eines Tages alt sein werde. Bewahre mich vor der Einbildung, bei jeder Gelegenheit und zu jedem Thema etwas sagen zu müssen. Erlöse mich von der großen Leidenschaft, die Angelegenheiten anderer ordnen zu wollen. Lehre mich, nachdenklich (aber nicht grüblerisch), hilfreich (aber nicht diktatorisch) zu sein. Bei meiner ungeheuren Ansammlung von Weisheiten erscheint es mir ja schade, sie nicht weiterzugeben – aber Du verstehst, Herr, dass ich mir ein paar Freunde erhalten möchte.

Bewahre mich vor der Aufzählung endloser Einzelheiten und verleihe mir Schwingen, zur Pointe zu gelangen. Lehre mich schweigen über meine Krankheiten und Beschwerden. Sie nehmen zu – und die Lust, sie zu beschreiben, wächst von Jahr zu Jahr. Ich wage nicht, die Gabe zu erflehen, mir Krankheitsschilderungen anderer mit Freude anzuhören, aber lehre mich, sie geduldig zu ertragen. Lehre mich die wunderbare Weisheit, dass ich mich irren kann. Erhalte mich so liebenswert wie möglich. Ich möchte kein Heiliger sein – mit ihnen lebt es sich so schwer, aber ein alter Griesgram ist das Königswerk des Teufels.

Lehre mich, an anderen Menschen unerwartet Talente zu entdecken, und verleihe mir, Herr, die schöne Gabe, sie auch zu erwähnen.

Theresia v. Avila (Nonne und Äbtissin im Karmeliter-Kloster in Sevilla/Spanien, 16. Jahrhundert)

Literatur

Ansoff, H. Igor, Strategic Management, o. O. 1979

Berendt, Joachim-Ernst, Geschichten wie Edelsteine, München 1996

Berkel, Karl, Konflikttraining, Heidelberg 1990

Birkenbihl, Vera, Kommunikationstraining, Landsberg 1991

Blanchard, Kenneth; Zigarmi, Patricia, Der Minuten-Manager: Führungsstile, Reinbek 1999.

Bohlen, Fred N., Zielwirksam beurteilen und fördern, Renningen, Malmsheim 1998

Bonsen, Mathias zur, Führen mit Visionen, Wiesbaden 1994

Butler, Timothy; Waldroop, James, Wie Unternehmen die besten Leute an sich binden, in: Harvard Business Manager 2/2000, S. 70-78

Carlzon, Jan, Alles für den Kunden, München 1995

Christiani, Alexander, Weck den Sieger in Dir!, Wiesbaden 1997

Creighton, James L., Schlag nicht die Türe zu, Reinbek 1992

Crisand, Ekkehard; Reinhard, Petra, Methodik der Konfliktlösung, Heidelberg 1995

Csikszentmihalyi, Mihaly, Lebe Gut! Wie Sie das Beste aus Ihrem Leben machen, Stuttgart 1999

Doppler, Klaus; Lauterburg, Christoph, Change Management. Frankfurt/Main, New 122York, 1994

Dulisch, Frank, Psychologie der Personalbeurteilung – ein Lernprogramm. http://home. t-online.de/home/frank.dulisch/index.htm.

Elkinor, Linda; Gleuma, Gerard, Der Dialog im Unternehmen, Stuttgart 2000

Fisher, Roger; Brown, Scott, Gute Beziehungen, Frankfurt 1989

Fisher, Roger; Ury, Wiliam; Patton, Bruce, Das Harvard-Konzept, Frankfurt 1993

Goldratt, Eliyahu M.; Cox, Jeff, Das Ziel, Hamburg 1990

Goleman, Daniel, Emotionale Intelligenz, München 1995

Görner, Regina, DGB (Hrsg.), Bildung für den öffentlichen Dienst – Herausforderung für heute und morgen, Düsseldorf 1998.

Goeudevert, Daniel, Wie ein Vogel im Aquarium, Reinbek 1998

Hartkemeyer, Martina; Hartkemeyer, Johannes F.; Dhority, L. Freeman, Miteinander Denken, das Geheimnis des Dialogs, Stuttgart 1998

Hilb, Martin, Integriertes Personal-Management, Neuwied, Kriftel, Berlin, 1997

Howaldt, Jürgen, u. a.; Personal- und Organisationsdiagnose. RKW-Rationalisierungs- und Innovationszentrum der Deutschen Wirtschaft e.V., Eschborn 2000

Kobjoll, Klaus, Motivaction, Landsberg 1998

Leymann, Heinz, Mobbing, Reinbek 1993

Meier, Rolf, Richtig kritisieren, Regensburg 1994

Mentzel, W.; Grotzfeld, S.; Dürr, C., Mitarbeitergespräche, Freiburg, Berlin, München 2000

Mintzberg, Henry, Den Staat besser managen – nur wie?, in: Harvard Business Manager, 4/1996

Neuberger, Oswald (Hrsg.), Das 360-Grad-Feedback, München, Mering 2000

Osterhold, Gisela, Veränderungsmanagement, Wiesbaden 1996

Probst, Gilbert J. B., Organisation, Strukturen, Lenkungsinstrumente, Entwicklungsperspektiven, Landsberg 1993

Quest Quality Education, Der Weg zum Team, o. O. 1996

Riemann, Fritz, Grundformen der Angst, München 1975

Roschmann, Christian, Effiziente Kommunikation in der öffentlichen Verwaltung, Berlin, Bonn, Regensburg, 1994

Saul, Siegmar, Führen durch Kommunikation, Weinheim 1993

Schott, Barbara; Birker, Klaus, Kompetent verhandeln, Reinbek 1995

Schulz von Thun, Friedemann, Miteinander reden, Bd. 1-3, Reinbek 1988 ff.

Schulz von Thun, Friedemann u. a., Miteinander reden. Kommunikationspsychologie für Führungskräfte, Reinbek 2000

Senge, Peter M.; Kleiner, Art u. a., Das Fieldbook zur Fünften Disziplin, Stuttgart 1996

Senge, Peter M., Die Fünfte Disziplin, Stuttgart 1994

Simon, Fritz B.; Rech-Simon, Christel, Zirkuläres Fragen, Heidelberg 1999

Sprenger, Reinhard K., Die Entscheidung liegt bei Dir! Frankfurt 1997

Sprenger, Reinhard K., Mythos Motivation, Frankfurt

Stiefel, Dr. Rolf, Zeitschrift für Management-Andragogik und Organisationsentwicklung (MAO), St. Gallen, 22. Jg. 2000

Stroebe, Rainer W.; Stroebe, G. H., Grundlagen der Führung, Heidelberg 1996

Thomann, Christoph, Klärungshilfe, Konflikte im Beruf, Reinbek, 1998

Tominaga, Minoru, Die kundenfeindliche Gesellschaft, Düsseldorf, München 1996

Ury, William L., Schwierige Verhandlungen, Frankfurt 1992

Walter, Henry, Mobbing: Kleinkrieg am Arbeitsplatz, Frankfurt 1993

Weber, Max, Wirtschaft und Gesellschaft, Nachdruck der Erstausgabe von 1922, Tübingen 1972

Wildenmann, Bernd, Die Faszination des Ziels, Neuwied 2001

Wildenmann, Bernd, Professionell führen, Neuwied, Kriftel 1999

Die Autoren

Renate Jirmann (Diplom-Pädagogin, Jg. 1959) und Ralf Hilgenstock (Sozialwissenschaftler, Jg. 1961) sind Inhaber der DIALOGE Beratungsgesellschaft.

Seit 1994 beraten sie erfolgreich Unternehmen und öffentliche Verwaltungen. Schwerpunkte sind systemische Organisationsberatung und Personalentwicklung – von der Konzeption bis zur konkreten Umsetzung.

Das Leistungsspektrum reicht von Strategieentwicklung für Veränderungsprozesse, Coaching von Führungskräften, Führungskräfteentwicklung, Einführung von Mitarbeitergesprächen, Moderation bis hin zu Großgruppenveranstaltungen und Begleitung von Dialogprozessen.

Im Mittelpunkt ihrer Tätigkeit steht das Potenzial der Beschäftigten einer Organisation zur Lösung der Organisationsprobleme. Jeder Beratungsprozess ist ein Unikat, das sich an den Gegebenheiten der Kunden orientiert und neu gestaltet wird.

Kontakt:

DIALOGE Beratungsgesellschaft
Hubert-Peter-Str. 14
53175 Bonn
Telefon: (0228) 9 77 46-0
Telefax: (0228) 9 77 46-19
E-Mail: info@dialoge.net
www.dialoge.net

Einer von vielen guten Gründen warum Sie VOP lesen sollten

V·O·P

Die führende Fachzeitschrift für erfolgreiche Verwaltungsführung

Mehr als nur das Standardwerk für innovative Verwaltungen, ist die **VOP** die ideale Fachzeitschrift für alle Führungskräfte und Mitarbeiter/innen in öffentlichen Einrichtungen.

10mal im Jahr erhalten Sie alle wichtigen Fein-, Eck- und Hintergrunddaten für erfolgreiche Veränderungen in Ihrer Organisation. Kein Lehrbuchwissen, sondern ausschließlich Berichte, Tipps und Tricks, die aus den persönlichen Erfahrungen von Verwaltungsexperten stammen.

Fordern Sie Ihr kostenloses Probeheft an unter
Gabler Verlag, Leserservice VOP, Abraham-Lincoln-Straße 46, 65189 Wiesbaden
Telefon 0611 · 78 78-129
oder unter www.vop-online.de

GABLER